梁溪历史文化丛书

梁溪历史文化丛书二

政协无锡市梁溪区委员会 编

风骨

东林书院讲学生活丛谈

蔡家彬　夏刚草　著

广陵书社

图书在版编目（ＣＩＰ）数据

风骨 ： 东林书院讲学生活丛谈 / 蔡家彬，夏刚草著
. -- 扬州 ： 广陵书社，2023.12
　（梁溪历史文化丛书 ； 2）
　ISBN 978-7-5554-2156-6

　Ⅰ．①风… Ⅱ．①蔡… ②夏… Ⅲ．①区（城市）－书
院－教育史－史料－无锡 Ⅳ．①G649.299.533

中国国家版本馆CIP数据核字(2023)第228168号

目 录

东林书院

天子失官，学在四夷
——私学与书院的缘起

　　书院是中国传统社会特有的教育组织形式，以私人聚徒讲学为主要特点。按讲学不同的侧重点，可分为课士书院与学术书院两类。课士书院始于五代南唐，宋、元、明、清时朝廷都有鼓励政策，以补官学之不足。学术书院是宋明理学和清代朴学各学派的传承渠道，随着统治者对学说的认可与否而浮沉兴衰。到光绪末年书院改制，书院前后延续近一千年。

私人讲学的缘起

　　中国的私人讲学始于春秋战国时期的百家争鸣，与同处于"轴心时代"①的古希腊、古埃及、古印度相比，中华文明较早摆脱神学的控制，老子"道法自然"、孔子"仁者爱人"、墨子"兼爱"等，都反映了从尊奉"神"转向尊重自然或尊重民意的转变。孔子用"天子失官，学在四夷"②表述了这一过程。

①德国哲学家雅斯贝尔斯认为，"公元前800年至公元前200年是人类文明的'轴心时代'，是人类文明精神的重大突破时期，当时古代希腊、古代中国、古代印度等文明都产生了伟大的思想家，他们提出的思想原则塑造了不同文化传统，并一直影响着人类生活"。转引自习近平2014年10月15日《在文艺工作座谈会上的讲话》。
②源自《孔子家语·辨物》。四夷，参见《逸周书·职方解》："职方氏掌天下之图，辨其邦国、都鄙、四夷、八蛮、七闽、九貉、五戎、六狄之人民。"

汉代砖画——孔子见老子画像

"天子失官,学在四夷"首见于《春秋左传·昭公十七年》。"天子失官"是说施政思想走出原始宗教束缚。上古是神道设教,部落统领以图腾神的人间代理人自居才有权威性。所以上古官职多以图腾命名,黄帝、炎帝、共工、大昊氏分别以"××云""××火""××水""××龙"命名官员。图腾文化到东夷部落首领少昊时有了变化,他命名的"凤鸟氏""玄鸟氏""青鸟氏"等虽然仍保留图腾徽记,但已开始按民生民事分工,注意"利器用、正度量"等。颛顼则不再以图腾虚拟职官名,而是"为民师而命以民事",任命句芒、祝融、后土、蓐收、玄冥为五正官职,分工相当于后世的司徒、司农、司寇、司马、司空。职官名的改变,体现了统治思想走出神学,转向"民学",由"尊尊"向"亲亲"转变。郯子是少昊的后裔,孔子27岁那年特地到郯国(今临沂市郯城县)向郯子学习,而后告诉他人:"我听说,'天子失去对职官的控制,真正的学术在四夷',果然如此啊。"这是孔子对东夷"民学"的肯定,郯子的介绍,使他增强了改变官学、创立新学的信心。30岁,孔子之"仁学"已在诸侯间享有名气。

尊奉神灵的官学日衰,以民为本的私学日兴,这是中国最早的"人文启蒙"。春秋战国时期"百花齐放",刘歆《七略》,把先秦诸子分为儒家、道家、阴阳家、法家、名家、墨家、纵横家、杂家、农家"九流"。诸子冀期"得君行道",

"九流"各以其"道"——治国理政方案游说诸侯，孔子"为政以德"，老子"治大国如烹小鲜"，墨子"圣王之道"，许行"贤者与民并耕而食"，等等。"九家之术，蜂出并作，各引一端，崇其所善。以此驰说，取合诸侯。"①其中儒、道、墨、农四家的共同特点是关注民生，顺应民意，当时都是入世经世的学说。

诸子百家以私人讲学作为主要传播方式。以前一般认为孔子首开私人讲学的风气，实际并不尽然。在孔子之前有邓析在郑国讲学，老子有学生文子、关尹子，孔子本人也曾向老子问学。《淮南子·俶真训》载："周室衰而王道废，儒墨乃始列道而议，分徒而讼。"儒道、儒墨争锋，孔子有"弟子三千，贤者七十二"，墨子门徒从《墨子·公输》一文中可以看出有禽滑厘等二百人。所以，只能说学术性讲学以孔子之规模最大，但不一定最早。

始于齐桓公(前374—前357在位)，扩建于齐宣王(前319—前301在位)的稷下学宫可印证春秋战国时私学之盛。齐桓公创办稷下学宫，官方主办并供养学者，聘请私人主持讲学。儒、道、法、名、农、阴阳等学派的重要人物如荀子、宋钘、尹文、鲁仲连、田巴、驺奭，都到过稷下讲学论辩。据《史记·田敬仲完世家》记载："宣王喜文学游说之士，自邹衍、淳于髡、田骈、接舆、慎到、环渊之徒七十六人，皆赐列第，为上大夫，不治而议论。是以齐稷下学士复盛，且数百千人。"

中国古代历史长河中，"天子失官"只是春秋战国短时期存在的现象，秦汉统治者调整了指导思想，学术主导权又回到了官方。但"学在四夷"首开先例，私人讲学之风得以流传，成为新学术、新思想挑战官学的有力工具，汉代古文经学、宋代理学、明代阳明心学都是通过私人讲学立言立学。

孔子讲学图

①〔汉〕班固：《汉书·艺文志序》。

平民教育的发展

中国古代的教育,无论教学思想、教育内容还是教育方式,都经历由贵族化教育走向平民化教育的漫长过程。商周实行世卿世禄制,贵族世代为官,受教育只是贵族的特权。孔子是提倡平民教育第一人,他主张"有教无类",反对"大人世及",提倡"选贤与能""学而优则仕",希望能让平民儒士有阶层上升空间,立场是站在平民一边的。钱穆肯定"孔子以平民儒士,批评贵族君大夫之生活,而欲加以矫正",指出先秦诸子为"平民阶级之觉醒"。①

临淄稷下学宫遗址

"士为四民之首",孔子一方面呼吁提高士民地位,一方面对士民立身处世、人格修养制订严格标准,他的理想是建立一个君子社会。"君子"原是对上流社会贵族的称呼,孔子用来称呼有道德的士子,一本《论语》,就是君子教科书。《论语》提到"君子"共106处,提到"小人"24处,其中"君子""小人"对举18处。孔子认为,区别"君子""小人"不是地位,而是道德,是"喻于义"与"喻于利"的差别。孔子告诫子夏说:"女为君子儒,毋为小人儒。"(《论语·雍也》)"小人儒"指从事祭祀赞礼以谋食,"君子儒"则重在"谋道","君子谋道不谋食"。

孔子为平民教育设计了一整套通识和素质教育框架,"志于道、据于德、

①钱穆:《国学概论》,北京:商务印书馆,1997年,第39页。

国子监辟雍殿

依于仁、游于艺"(《论语·述而》),把学术教育与通识教育结合起来。其中"艺"指六艺,有两种解释:一是指"诗书礼乐易春秋"六经,即《诗经》《尚书》《周礼》《乐经》《易经》《春秋》,秦火以后《乐经》佚失,剩下"五经";一是指礼、乐、射、御、书、数,西周用来培养贵族子弟,孔子移作治国理政人才的通识教育。后来把两个方面统一起来,称通才为"通五经、贯六艺"。

造纸和印刷术使普及教育有了可能。教育的平民化与科技发展水平有关,汉代以前竹简抄本,一本经书要用一辆车装,用丝帛记载文字则很贵,经籍只有世族豪门才可能拥有或查阅。东汉蔡伦改进了造纸技术,纸质抄本开始流传。隋唐有了雕版印刷,经籍传布面扩大。中国的科举制度始于隋唐,隋炀帝始建进士科,武则天为抑制门阀世族势力,加快从寒门士子中选拔人才,初创殿试制度[1],"始以文章选士"[2]。宋代有了活字印刷,经籍普及,《四书章句集注》在朱熹生前就有宝婺本、静江本等多个版本传世[3]。印刷技术为普及教育提供前提,中国科举制度形成于南宋,朝廷通过考试选拔人才,世荫世袭制度不再占主导地位。

---

[1]〔元〕马端临:《文献通考》卷二十九《选举考二》。

[2]〔唐〕杜佑:《通典》卷十五《选举三》。

[3]徐德明:《〈四书章句集注〉版本考略》,《华东师范大学学报(哲学社会科学版)》1998年第4期。

书院补充官学不足

中国上古就有较完善的官学体制，"夏曰校，殷曰序，周曰庠，学则三代共之"①，校、序、庠都是乡学，此处的"学"是指国学。西周国学，天子设五学——太学辟雍、北学成均、南学上庠、东学东序、西学瞽宗②，诸侯国学设泮宫。汉代，中央官学设太学，地方官学设郡国（封国）学和县学。晋武帝设国子学，隋炀帝改称国子监，唐宋沿置，为国家最高学府与教育管理机构。唐代以后，地方设府学、州学、县学。

民间讲学，孔子讲学的地方称杏坛，后泛指授徒讲学之处。汉代私人学校称精庐，历代相近的称呼有家学、书堂、精舍、经馆、义学等。"书院"最早见之于史书是《新唐书》："（唐开元）六年，乾元院更号丽正修书院。"③《文献通考》说："（唐）开元十一（年），上置丽正书院，聚文学之士。秘书监徐坚、太常博士会稽贺知章等，或修书，或侍讲。"④以上材料都说明丽正书院是修书院，是朝廷的职能机构。《全唐诗》中多处出现"书院"两字，这里的"书院"多是读书处的意思。真正意义上的第一所书院是白鹿洞书院，它原系唐代官员李渤的读书处，南唐升元（937—943）中改建学馆，是中国授徒讲学书院的开始。

北宋建国初期，朝廷没有足够的能力兴学设教，官方倡办书院，作为官学的补充。宋真宗咸平四年（1001）六月，"诏诸路郡县有学校聚徒讲诵之所，赐《九经》书一部"⑤。"聚徒讲诵之所"是指书院，朝廷赐经书表示对书院的认可。

---

① 《文献通考》卷四十《学校考一》。
② 成均、上庠、东序、瞽宗分别是五帝、虞舜、夏、商时代太学的名称，参见《周礼》《礼记》。
③ 〔宋〕欧阳修等：《新唐书》卷四十七《百官二》。
④ 《文献通考》卷四十《学校考一》。
⑤ 《宋会要·崇儒二·郡县学政和学规》。

白鹿洞书院

在朝廷倡导下,北宋书院快速发展,据白新良的研究,宋辽书院总数达72所①。

北宋著名书院有四大、六大等多种排名,若按建造先后排序则为:(1)白鹿洞书院——唐代贞元元年(785);(2)石鼓书院——唐元和年间(806—820);(3)岳麓书院——北宋开宝六年(973);(4)应天书院——北宋大中祥符二年(1009);(5)嵩阳书院——北宋景祐二年(1035);(6)东林书院:北宋政和元年(1111)。多种排名中,白鹿洞书院和岳麓书院被公认为前二。

北宋涌现了一批讲授理学的书院,有胡瑗安定书院、石介徂徕书院、孙复泰山书院、周敦颐濂溪书院、程颢明道书院、程颐伊川书院、邵雍安乐书院、张载横渠书院等。程颢、程颐曾在嵩阳书院讲学,杨时“程门立雪”的故事就发生在嵩阳书院。周敦颐在濂溪,二程在洛阳,张载在关中,加上南宋朱熹在福建,后来统称理学为“濂洛关闽”。

---

① 白新良:《中国古代书院考(上)》,《南开史学》1992年第2期。

濂洛关闽：濂溪周敦颐，洛阳程颢、程颐，关中张载，福建朱熹

理学获得正统地位、科举考查经义，推动南宋书院更快发展。著名的书院有白鹭洲书院、武夷书院、鹅湖书院、丽泽书院、象山书院等。白鹭洲书院以宝祐四年（1256）文天祥榜一榜三十九进士驰名，其余书院多与理学有关：武夷书院是朱熹著书立说之处，陆九渊讲学象山书院，张栻讲学岳麓书院，吕祖谦讲学鹅湖书院。南宋新建书院达312所。①

"马上取天下"的元朝重视"马下治天下"，朝廷崇儒设科，兴文崇教。元朝既鼓励民间捐建书院，又以官方委派山长等方式控制书院，讲学内容限于程朱理学，书院"官学化"。最有名的书院是太极书院，规模可比国子学。元代新建书院共284所。②

明代曾"三禁书院"，但书院却逆势增长，白新良《明代书院一览表》记载书院总数达2772所，新增1573所。③逆势增长的原因，一是明代沉重的赋役负担和朝廷对举人、秀才税赋的优免，考上秀才就有优渥待遇，促使更多的人走上科举之路；二是王门讲学的推动。中晚明特点是讲会（类似如今的学术

---

① 《中国古代书院考（上）》。
② 《中国古代书院考（上）》。
③ 《明代书院修建与管理考论》，河南大学，硕士学位论文，2017年6月。

岳麓书院

研讨会。朱熹、吕祖谦、陆九渊的鹅湖之会开讲会先例）推动书院建设，往往是先有讲会，后建书院。王阳明心学强调个人自性的能动作用，这对拘拘于章句的士子们无疑是振聋发聩之声，王门讲学得到广泛响应。王阳明余姚中天阁讲会，促成阳明书院建设；吉安安福县惜阴讲会，推动复古书院筹建；泾县水西讲会，带动水西精舍建成，后改名水西书院。据吕妙芬研究，嘉、万间阳明讲会和王门学者讲会共63处，带动了稽山、复初、天真、志学、养正、前峰等一大批书院建设。①王阳明的好友湛若水也以讲会相呼应，建了莲花书院等40多个书院。为纠正王门后学"禅化"之失，顾宪成、高攀龙先有惠山之会、阳羡会，后有东林书院；方学渐有桐川会；刘宗周有证人会：他们学术观点虽异，以讲会带动书院建设则相同。

清顺治九年（1652）上谕"不许别创书院"，书院建设一度沉寂。雍正十一

① 吕妙芬：《阳明学讲会》，《新史学》（台北）第九卷第二期，1998年6月。

年(1733),对书院改采鼓励态度,正式明令各省会建书院用以课士。书院官倡民办,义学书院化,书院蒙学化,书院总数达五千家。[①]学术上确立程朱理学的统治地位,鼓励训诂考据"实学",兼之"文字狱",讲学之风不再。清末新政,将全国书院改制为新式学堂,书院制度终结。

二千多年的私人讲学,千年的书院制度,从中可以悟出几点道理:其一,始于春秋战国的私人讲学是中国文化的活力所在,是中国"人文治国"的体现;其二,士民教育——君子教实质是士大夫的价值观教育,是中国封建社会长期稳定的原因之一;其三,教育平民化,书院随着读书人的增长而与日俱增,有效补充了官学的不足。

---

① 张劲松:《清代义学的书院化》,《中国社会科学报》,2022-06-27。

风闻百世，学传千秋
——东林书院的创立
和几度兴废

东林书院，坐落在中国历史文化名城无锡的老城厢东缘，今解放东路西侧、人民中路之南。原来的地理环境是：南临大运河无锡城中段18条支流之一的七箭河，东濒城墙内侧碧波荡漾的弓河，西靠南北向的民居长弄苏家巷（今苏家弄），北接竹篁丛生的箬叶巷，占地19亩（约13000平方米）。这里，院舍栉比，绿荫连片，环境清幽，历史悠久，文脉深长，风闻百世，学传千秋，现已被列为全国重点文物保护单位。

一

早在北宋政和元年（1111），著名学者、理学家龟山先生杨时就在爱国名相李纲的父亲李夔的诚邀之下，从郡城常州来到无锡，在这里设坛讲学，号称"城东精舍"，后正式命名为东林精舍。精舍者，书院也。"士子游先生之门者甚众。"[1]"得传其道者喻工部樗也。今东林庵是其精舍。"[2]

杨时（1053—1135），字中立，宋代南剑州将乐（今福建省三明市将乐县）

---

[1]〔元〕王仁辅：《无锡志·重建五先生祠堂记》。
[2]《〔弘治〕重修无锡县志》卷十九《杨时》。

杨时像　　　　　　邹浩像　　　　　　李夔像

人。因世居将乐城北的龟山之下,学者称他为龟山先生。他青少年时期与同属南剑州的邵武人李夔为同乡同学和好友。后来,他们相继中了进士并先后步入仕途,李夔又随其父李赓举家迁居无锡,两人相聚的机会少了,但常有书信往来,且所持理学学说相同,政见也十分相近。这在北宋末期时局动荡、朝堂纷争激烈的年代,更是难能可贵的。

杨时一生不求闻达和富贵,只想探求并传授理学思想。中进士后,他"调官不赴",奔走洛阳,先后拜理学大师程颢、程颐为师,研习理学,深得"二程"兄弟器重。一天,他暂别洛阳南归,程颢目送之,欣慰自语曰:"吾道南矣!"这就是"道南"一词的来历。四年后,程颢因病去世。杨时"闻之,设位哭寝门",并与同乡同学游酢(字定夫)一起再赴洛阳,拜见程颐。到了老师家门前时,适逢下大雪,"颐偶瞑坐,时与游酢侍立(门外)不去。颐既觉,则门外雪深一尺矣!"这就是形容尊师好学的成语"程门立雪"的出典。杨时学成南归后,"杜门不仕者十年。久之,历知浏阳、余杭、萧山三县,皆有惠政,民思之不忘"。在"浮沉州县四十有七年"中,他用空余时间不断地在南方各地讲学授课,阐述儒家经典,传播"二程"洛学,造就能格物致知、正心诚意、修身齐家、治国平天下的优秀人才。是故,他"德望日重,四方之士不远千里从之游"。尤其在东南诸州县,他"所交皆天下士。先达陈瓘、邹浩皆以师礼事时","东南学者推时为程氏正宗"。(《宋史·杨时传》)尤其值得一说的是政和元年(1111)二月,朝廷任命他为萧山知县,他利用等待期的几个月公假,从京城汴梁来到江南,看望几位多年未见的老朋友。首先他到常州看望已从兵部侍郎任上致仕在籍的直龙图阁学士邹浩(字志完,号道乡先生)。不料正逢邹浩患瘴疾病危,他即"寓早科巷"以便协助其家人照料和陪伴。数日后,邹浩去世。在料理好丧事之后,杨时受邹浩之子邹柄和同群学者周孚先、周恭先兄弟的诚邀,在常州城东书院讲学。①与此同时,又受退养在无锡家中的好友李夔等人的邀请,到无锡讲学。(详见本书《杨时和李夔的东林情结》)

杨龟山先生在无锡"城东弓河之上"讲学的精舍究竟是什么样的房舍?规模如何?史料中缺载,估计其规模也并不会大,仅只"一亩之宫"而已。但其周围环境很美,"景最幽胜"②。他在无锡讲学的时间究竟有多长?地方志说是"十有八年",但这只是个约数。确切地说,应是从政和元年(1111)起,到他获准致仕回原籍将乐的建炎元年(1127),前后共十有七年。在这十七年中,他相继出任萧山知县、荆州教授,又回朝先后任秘书郎、著作郎、国子祭酒、工部侍郎,最后以"龙图阁直学士提举杭州洞霄宫"之荣衔退休。因此,他在这十七年中不可能无间断地在常州、无锡讲学,只是利用官职升迁的"待次"期和出官差路经常州、无锡之时,到此作短期的寓居,并每次进行数天的讲学而已。然而,他在无锡讲学的影响却很大,不仅无锡本地的学子争相拜他为师,外地学子也纷纷赶来从游。尤其是严州桐庐的喻樗和常州晋陵的胡珵,二人干脆迁其家,定居无锡。他们与无锡学子李纲等人一起成为龟山先生的嫡传弟子或私淑弟子。

胡珵,字德辉,宣和三年(1121)中进士,力主抗金,曾与太学生领袖陈东

①《[咸淳]重修毗陵志》卷十八《杨时》。
②《[弘治]重修无锡县志》卷二十四《东林庵》。

万卷楼——尤文简公祠

等一起上书力劾投降派"六贼",声援李纲保卫京城。他一生"安贫乐道,至老好学不倦","尤善诗文","为一时表正"。[1]

喻樗,字子才,号玉泉。"少慕伊洛之学,从杨龟山游,独得其奥。"[2]建炎三年(1129)中进士,曾得宰相赵鼎赏识,历任秘书省正字兼史馆校勘、工部员外郎、蕲州知州、提举浙东常平,以治绩闻名于世。为人质直好议论,与陆游友善,力主抗金复国。他还为无锡培养出一批再传弟子,其中最有名的就是尤袤。

尤袤(1127—1194),字延之,号遂初,无锡人。少颖异,师事喻玉泉,受龟山之学。绍兴十八年(1148)中进士,官至礼部尚书。为官勤政廉洁,忧国忧民。一生好读书、抄书、藏书,号称"尤书橱";又工诗词,与陆游、范成大、杨万里并称"南宋四大家"。他与龟山先生三传弟子朱熹也为好友,有《送朱晦庵

①《[雍正]东林书院志》卷七《胡德辉先生传》。
②《[雍正]东林书院志》卷二十二《喻玉泉先生》。

南归》诗为证:"二年摩手抚疮痍,恩与庐山五老齐。合侍玉皇香案侧,却持华节大江西。鼎新白鹿诸生学,筑就长虹万丈堤。待哺饥民偏恋德,老翁犹作小儿啼。"①他致仕回无锡后,热心讲学,传授龟山之学,"造就门生最盛,即江南已有千人,郡邑后进无不游公之门"。其中,李纲的侄孙、官至国子祭酒的李祥和家贫苦读中状元的蒋重珍等,"皆公陶铸而成者也"②。

李祥,字元德,号小山,是李纲的侄孙。"学于尤遂初,得龟山之传。"隆兴元年(1163)中进士,历任钱塘主簿、濠州录事参军、提举淮东常平茶盐、淮西运判,颇有政绩。官至国子祭酒。一生慷慨正直,晚年因上书为遭诬陷罢职的宰相赵汝愚和理学大师朱熹申冤而得罪皇上和权臣韩侂胄,被降为提举冲佑观。他力辞求退,终以直龙图阁致仕。

蒋重珍,字良贵,号实斋,无锡西乡胡埭人。家贫苦读,"从尤袤讲伊洛之学,与真德秀、魏了翁最善。年四十擢进士第一"③,成为无锡历史上第一位状元。历任建康军签判、镇江府通判,召为秘书郎、著作佐郎兼国史院编修,累迁至集英殿修撰。因见当时朝政腐败、时事日非,他力求退休,以刑部侍郎致仕。

蒋重珍像

蒋子阁

从以上几代学子的简历看,杨

①〔明〕莫息、潘绪辑《锡山遗响》卷一。
②《〔雍正〕东林书院志》卷二十二《尤遂初先生》。
③同上。

龟山先生在无锡东林讲学的影响之大、学脉之深长，可见一斑。

二

无锡薇山书院

南宋末年，朝政腐败，外患频仍，社会动荡不安，民间的读书求学气氛随之低落。尤其到了元代初年，更是"时屯学驰"，因"科举革"，无锡的县学竟然缺师无生。杨龟山先生当年的讲学之所东林精舍以及为纪念先生而建的祠堂道南祠也都渐堕于荒烟败草中。

元至正十年（1350），南城门外伯渎港上的保安寺僧人月秋潭来此东林精舍处改建佛庵并住持其间。他沿用了杨龟山先生所题"东林"之名，号称东林庵。到明洪武初年，邑人朱子华又舍地给东林庵并修缮和扩建。时任无锡县学训导的学士王达追念杨龟山先生在此讲学的情景，也很喜欢这里清幽的环境，曾借宿于庵中，与中峰禅师赋诗唱和，作梅花诗百首一夕而成，传为美谈。明成化二十年（1484），僧信谅又加修葺。直到明万历三十二年（1604），先后250多年间，此地一直沦为佛界僧区。但是，无锡一代代的读书人都没有忘记，这里原是杨龟山先生的讲学传道处。明弘治、万历两部《无锡县志》上也都清楚地记载着："今东林庵是其精舍。"最可贵的是杨龟山先生传道的东林学脉却代有传人，始终没有中断。其中，最为杰出的两位传人便是宋末元初的虞荐发和明中期的邵宝。

虞荐发，字君瑞，号薇山先生。原籍丹阳，南宋咸淳间进士，曾任宁国知县。宋亡后，避居无锡。当是时，"无锡学废，士无所归"。他自告奋勇，修缮学舍，并被推举为不受俸禄的县学教谕，"招诸生坐斋中，讲说义理，考论德业"，"士闻风而至，课试无虑数百"。他又提议在县学之左建起一座尊贤祠，将杨龟山及其嫡传和再传高弟喻玉泉、尤遂初、李小山、蒋实斋的神位供奉于其间，故此祠又被称为"五贤祠"。他任"乡校官十余年，廪禄皆辞不受，而校官之所当为者，举行无遗"，从而使无锡的"文风之盛，他邑莫能及"。后来的大儒邵宝曾在他的墓碑上题诗，对他的一生作出了高度的评赞："龟山文献是公延，百世无惭俎豆前。谁起斯人鸣教铎，漫劳今宰买碑钱。宋元

虞薇山——宋季完人

载籍多公论，伊洛门墙有正传。安得扫清祠宇下，好香一瓣拜先贤。"①

　　邵宝(1460—1527)，字国贤，号二泉先生。明成化二十年(1484)进士，官至南京礼部尚书，谥文庄。他一生正直廉洁，好读书讲学，是明代知名的理学家、文学家和勤政爱民的高官。早在少年时期，他就"习举子业"，攻读儒家经典，尤喜研习理学。邵宝于成化十六年(1480)八月乡试中举，成为当时无锡最有才华的年轻学子，慕名从学者众多。但是在科举道路上也常常会发生意外，第二年二月，他进京参加会试却未能中式，落榜了！三月离京回无锡，四月"至家，读书于保安寺东林房，从学者至"。保安寺在无锡南城门外的伯渎港之上(北岸)，邵宝为何要到离家五六里之遥的寺庙里去继续读书讲学呢？这读书处"东林堂"之名又从何而来？其实，邵宝在中举之前，就一直想恢复杨龟山先生在"城东隅弓河之上"的讲学处东林精舍，但因多种阻难而终未能果。会试落榜回锡后，他的好朋友、已经经商致富的华麟祥给他提供帮助，在其名下土地上的保安寺中

① 《[雍正]东林书院志》卷七、卷二十二。

邵宝塑像

让出一座空余的僧舍供他继续读书迎考并讲学课士。因他念念不忘杨龟山先生讲学的东林精舍,遂将该僧舍自命为"东林房",也称"东林精舍"。他在这里读书讲学多少时间?据《邵文庄公年谱》上的行年推算,断断续续约近三年。三年后,他考中进士,踏上仕途,就再未能有空余时间来此讲学。即使在他五十岁那年,因忤权阉刘瑾而一度从都察院右副都御史、总督漕运的高位上被罢官回籍的一年多时间里,他也没有再去保安寺的东林房,因为那里年久失修,房屋已坍塌,院落已荒芜了。他只能到惠山听松竹园去"课诸生来学者",华麟祥之子华云也是从其游的"来学者"之一。他还与诸生们一起"筑尚德书院于听松竹园",既作讲习之所,又"祠宋丞相李忠定公(纲)"于其间。(《邵文庄公年谱》)正德六年(1511),五十二岁的邵宝又被起用,先是授以户部右侍郎提督仓场,既而又晋升为本部左侍郎兼都察院左佥都御史。这时候,无锡的门生华云为表示对恩师的敬重,特捐资修复了保安寺内的东林房,改称东林书院,以资纪念。身在京城的邵宝得知此事,非常高兴,特请好友王守仁(号阳明)作《城南东林书院记》碑文,并自作《忆东林精舍寄示华生云》诗一首,其中有"东林寺里旧书堂,三

邵宝《孝子祠四咏》拓片

十年来野草荒"的慨叹,也有"百啭未忘初鸟韵,一株犹剩晚柑香"的欣慰。

城南东林书院修复后,地方史志上并未再有邵宝等理学大师讲学于其中的记述,倒是有邵宝晚年退休在家时又"筑二泉书院于惠山"并讲学于其间的载录。而且,这座书院还一直保存到现在。这说明,城南东林书院毕竟在郊野的佛寺之中,修复后并未实际做书院使用,仅作对杨龟山先生和邵二泉先生的纪念而已。因为空着不用,若干年后也就又荒芜了。

继邵宝之后,想在杨龟山先生的讲学旧址修复东林书院的学人不断涌现,其中最为突出的是无锡县学的应试生员盛鏊。他家居无锡城中盛巷,是明朝弘治年间左副都御史盛颙之孙。隆庆元年(1567)八月,他领头约同多位好友,联名向江南学政司署学政使呈文,称:"本县东林旧有杨龟山书院,业已颓废,基址尚存。理宜修复,为诸生约束之地。伏乞宗师老大人,查明来历,批发该县,锐意兴复,以崇风化。其一切工费,诸生别当义助。"呈文得到"钦敕提督学校宗师"耿定向的允准并批示给府、县。批文云:"看得前项书院既系名贤遗轨所存,义当修复。况工费一切不烦官府,其事无容退托者。仰县行学,听行各生修葺,完日具申。"但是,因东林庵僧人不肯让地,且诸生筹集工费又不容易,故迟迟未能动工而告寝。

六年后，即万历元年（1573）九月，盛鏊又领头向江南学政司署新任学政使谢廷杰呈文，称："窃念本县人文之盛，虽宣于延陵季子以来，而理学大明实倡于有宋名贤攸寓。今城东有东林书院遗址，乃宋杨文靖公龟山先生讲学故地也……从游凡数百辈，道南之泽不泯，迄今具载县志"，"伏乞宗师老大人备查来历"，"批发该县严加崇辟，锐意作兴恢复久湮之一隅，俾存名教之乐地"。很快，江南学政使谢廷杰允准了呈文并批发给了府、县。消息传开，无锡城乡的学子及退休在籍的老一辈文人学士无不欢欣鼓舞。邵宝的弟子王问和正在编纂《〔万历〕无锡县志》的秦梁等人还与盛鏊一起赋诗唱和，冀希东林书院能在原址上顺利修复。然而，事与愿违，东林庵的寺僧仍不肯让地，而且领头人盛鏊又突然病逝。这次的倡议又未能成功。

三

明万历中期，朝政腐败。无锡的顾宪成、高攀龙、顾允成、刘元珍等一批饱读诗书、清正廉洁的官员因在朝中正直言事而相继被罢官削籍，回到了家乡。他们研读经典，讲学课士；考察社会，关注民情；以文会友，不定期地举行讲会，探讨理学要义。因讲学需要，他们又想起邵宝等先贤的初衷，积极倡议在宋儒杨龟山先生无锡讲学处旧址上恢复重建东林书院。

万历三十二年（1604）二月，他们先请高攀龙的同榜好友叶茂才的弟子、县学生员马希尹领头，联络王纯一、孙之贤等同窗学子，联名向无锡县署上呈了《请复东林书院呈辞》，曰："窃以道炳日星，恒历久而逾著；学湮草莽，必有借以更新。故范俗要在作人，而兴教务先正学。兹邑有杨龟山先生书院，创自政和之世，葺繇嘉靖之初……久议修复未行，究且榛芜谁辟？今日者斯文有幸，吾道将兴。高山勤仰止之思，倡明绝学；鲁国值多贤之会，共翼真传。化益溥于菁莪，士式归其鼓铸。愿拓昔时之遗址，剑履重光；更还异代之芳规，宫墙不朽。伏乞念士风之宜振，怜习俗之久污。亟赐主持，弘敷教泽。俾升堂入室，岿然开道术于东南;而玉色金声,卓尔溯真源于洙泗。"①紧接着,顾宪成又上呈《请复东林书院公启》云:"敬启:有宋杨龟山先生……讲学是邑十有八年,建有东林书院,岁久,旁落为东林庵,而书院废矣。距今五百余年,俯仰顾盼,莫不喟然叹息。某等潜不自量,欲相与共图兴复。然念祠堂以崇先哲之懿范,则道脉系焉;书院以广友朋之丽泽,则学脉系焉。所关重大若此,非借宠灵不足以树风声,而垂永永也。"②

"东林八君子"雕像

《呈辞》和《公启》相继上报后,很快便得到无锡知县林宰、常州知府欧阳东凤和钦敕督学江南的学政使杨廷筠的允准,并得到部分官费的资助。顾宪成、高攀龙、顾允成、安希凡、刘元珍、叶茂才、薛敷教、钱一本等学者以及地方官员、乡绅硕彦、儒学诸生都纷纷捐资助力,气氛十分热烈。万历三十二年(1604)四月,东林书院恢复重建工程正式启动。整个工程由顾宪成仲兄顾自成组织督理,至同年九月顺利告竣。共费银一千二百余两,其中所占土地面积十六亩的购置费均是由顾宪成一人捐出的。

这次重建的东林书院,其建筑布局采用"左庙右学"的规制,即东侧重建了祭祀东林始祖杨龟山先生及其传人喻玉泉、胡德辉、尤遂初、李小山、蒋实斋、邵二泉等东林先贤的祠堂——道南祠,西侧则为读书讲学的学舍建筑群,包括仪门、丽泽堂、依庸堂、藏书室和生活用房等。最后还有拜谒至圣先师孔子的燕居庙。整座书院,前临箭河,左依弓河,粉墙黛瓦,鳞次栉比,石坊高耸,泮池碧莹,松柏苍翠,群芳吐艳,环境清静优雅,是理想的讲学场所。以顾宪成、高攀龙为

---

① 《[雍正]东林书院志》卷十四。
② 《[雍正]东林书院志》卷十七。

首的八位知名学者，仰慕杨龟山等东林先贤之懿范，在此聚众讲学，号称"东林八君子"。时从吏部侍郎高位上致仕回籍的殿撰(状元)孙继皋也曾一度助讲于其间，故又号称"东林九先生"。他们不仅自己讲学，还经常邀请本地和外地知名学者前来主讲，相互切磋。他们亲自审订东林会规和会约仪式。每年一大会，每月一小会，每会三至五天，定期举行。《东林会约》主要由顾宪成参照朱熹《白鹿洞书院学规》拟订而成，稍有引申增补。要求学人尊经立志，明辨是非，分清学脉道统，纵论古今，弃旧图新，以求树立一代新学风。

东林讲学的内容，以阐述《大学》《中庸》《论语》《孟子》和《易经》等儒家经典和周敦颐、张载、程颢、程颐、杨时、朱熹等宋代理学大师的名著为主，兼涉儒家以外的诸子百家以及经学、文学、史学等学派思想的代表性著述文章。目的在于通过阐述、比较和辨析，进一步弘扬儒学尤其是宋明理学的优秀思想和文化传统，造就新一代优秀人才。

东林讲学有以下一些显著特点。(一)着意培养人才，强调修身立志。他们主张"会不厌多，贵其真；友不厌少，贵其精"，十分重视选拔、培养有道德品质的人才，教诲学子要格物致知、诚意正心、修身齐家，"穷则独善其身"。同时要立下坚定志向，不要墨守成规，要有大胆探索和敢于问津的进取精神，勇往直前，然后才能成为"治国平天下"的社会有用之人。(二)博采众长，不执门户之见。他们公开阐明自己学派的思想主张和是非观点，决不模棱两可或调和折中，同时也不因言废人或因人饰言。例如，延请泰州学派学者方学渐和"王学"门徒苏州管志道等人前来东林讲学，以便当面商疑辩难、阐述己见，更好地分辨是非，澄清认识。(三)注重社会研究，崇尚经世务实。东林讲学有很强烈的社会忧患意识，以纠正社会流行的错误思想和不良风气为己任，反对玄虚空谈、玩弄口舌。提倡重实证，躬行力践，学有所用，决不饱食终日，无所事事。(四)关心国事，注重民生。他们倡导"风声、雨声、读书声，声声入耳；家事、国事、天下事，事事关心"，要求学子增强亲民思想和家国情怀，"达则兼济天下"，决心革除朝野积弊，振兴吏治，兴农惠商，以致民富国强。

由于东林讲学对当时的社会思潮起到拨乱反正的巨大作用，因此引起朝

高子止水遗址

野士大夫及远近缙绅、学者的热烈推崇和仰慕。"当是时,士大夫抱道忤时者,率退处林野,闻风响附,学舍至不能容。"东林讲学主要强调关注社会民生。顾宪成经常对学子们说:"官辇毂,念头不在君父上;官封疆,念头不在百姓上;至于水间林下,三三两两,相与讲求性命、切磨德义,念头不在世道上。即有他美,君子不齿也。"①高攀龙也常说:"居庙堂之上则忧其民,处江湖之远则忧其君,此士大夫实念也。居庙堂之上,无事不为吾君;处江湖之远,随事必为吾民。此士大夫实事也。实念、实事在天地间,凋三光、敝万物而常存。其不然者,以百年易尽之身而役役于过眼即无之事,其亦大愚也哉!"②所以他们在讲习之际,往往间或议及朝政,裁量人物。当时朝野之士钦慕其风,多遥相应和。各地学者,千里跋涉,争相前来参加讲会。因此,东林书院名声大噪,曾有"梁溪洙泗"之誉,成为江南地区人文荟萃的一大区会和全国学人探讨理学传统文化思想以利经世治国的重要舆论活动中心。

东林讲学提倡廉洁奉公,惠商恤民,同时对那些皇族、勋戚、权臣等人专

①〔清〕黄宗羲:《明儒学案》卷五十八《东林学案一》。
②〔明〕高攀龙:《高子遗书》卷八上《答朱平涵》。

横贪纵的行径也进行了有力的揭露和抨击,这就引起朝野中枉法营私者的不满与忌恨,遂形成了一股反对势力。万历三十九年(1611)五月三日,反对派中的一位代表、京畿道御史徐兆魁就首先上疏发难,造谣中伤,对东林书院讲学活动进行诋毁和攻击。其疏云:"今日天下大势,尽趋东林。今年计典之误,实由于此。盖无锡县有东林书院,宋儒杨时祠也。顾宪成自谪官归,会林居诸臣讲学于此。未几,其徒日众,挟制有司,凭凌乡曲,门遂如市矣!……东林所至郡县,一喜一怒,足系有司祸福。凡东林讲学所至,主从百余,该县必先设厨、传戒、执事、馆谷、程席之需,非二百金上下不能办。会讲中必杂以时事,讲毕立刊传布远近。各邑行事有与之左者,必速改图,其令乃得安。今已及浙中诸郡矣!"①由于东林讲学要传播先贤的好思想、好精神,树立崭新的时代风气,顾宪成等东林学者对反对派的无端非议和恶意攻击并不介意,仍一如既往,砥砺操行。东林讲会照常定期举行,并未因受到朝中非难而中止。

万历四十年(1612),顾宪成不幸病逝,东林书院的山长兼主讲由高攀龙接任,讲学活动继续活跃地进行。浙江嘉善的魏大中、嘉兴的卞子静、苏州的陈仁锡以及无锡本地的邹期桢、邹期相、华认庵、华贞元、华允谊、华允诚、秦镛、马世奇等都成为高攀龙的优秀弟子。许多外地的著名学者如浙江余姚人黄尊素、山阴人刘宗周、江西南昌人周孔教、常州武进人孙慎行、苏州吴县人文震孟等,都是高攀龙的好友,曾相继应邀来东林讲学,东林书院常常宾朋满座。

万历四十八年(1620)八月,昏庸的神宗皇帝朱翊钧驾崩,但继位的光宗朱常洛登基仅四十多天却又因误服了"红丸"而暴亡,朝廷一片忙乱。同年九月,年仅十六岁的熹宗朱由校继位,第二年改元天启。天启元年(1621),一向支持东林讲学活动的原内阁大学士叶向高被召回授任内阁首辅,原为顾宪成好友而先于顾宪成被罢官的吏部侍郎赵南星也被召回并晋升为吏部尚书。在野近三十年的高攀龙也被重新起用,赴京任光禄寺少卿,不久又擢升为都察院左都御史。东林书院的山长兼主讲一职,则由病休在籍的南京工部侍

①《明神宗实录》卷四百八十二。

郎、"东林八君子"之一的叶茂才接任。

然而,年少的熹宗皇帝热衷于玩乐,不务正业。以秉笔司礼太监魏忠贤为首的阉党势力坐大,他们纠集朝中原有的反对派"昆党""浙党"等人员,形成强大势力,排挤、架空叶向高,把持朝柄,弄权乱政,胡作非为。为了廓清吏治、振兴国家,高攀龙、赵南星和许多与东林书院讲学有联系或思想观点相同、政见基本一致的正直官员纷纷起来,对阉党贪赃枉法、祸国殃民的种种罪行进行无情的揭露和坚决地斗争。

早先曾参与东林书院讲学、后任都察院右副都御史的杨涟,对魏忠贤等祸国乱政、倒行逆施的恶劣行径综合概括成二十四条罪状,直接上疏皇上,认为他们一伙"欺君藐法,怙势作恶,罔上行私,侵害善类",罪恶昭著,无法无天,要求立即究问拿办,彻底铲除阉党邪恶势力,以整肃朝纲、杜绝后患!不料奏疏未能到达熹宗手中而被魏忠贤截获。由此,阉党的气焰更加嚣张。他们将朝野所有与东林书院讲学者有联系的,以及曾经反对过他们的大批正直官员统统称为"东林党人",然后采用捏造事实、栽赃陷害等种种卑劣手法和阴险伎俩,对他们加以无情打击、残酷迫害。他们以"东林"为口实,向全国颁示多达309人的《东林党人榜》,还先后编造了《东林籍贯录》《东林点将录》《东林朋党录》等黑名单,矫旨进行公开通缉,大兴冤狱。凡是在榜之人"生者削籍,死者追夺,已经削籍者禁锢",阉党借此陷害正人,以泄私愤,并罗织罪状,蔓引株连,企图一网打尽。大批东林人士遭到残酷打击和迫害,杨涟、左光斗、魏大中等十多人还先后被逮入诏狱,遭酷刑致死。

由于朝中党争激烈,阉党进而迁怒累及无锡东林书院。天启五年(1625),阉党重要成员、巡视中城兵马司御史张讷仰承魏忠贤旨意首先上奏,诬指东林、关中、江右、徽州等四处书院妄想与朝廷争利权,特别诬指东林书院"乃科聚东南财赋、竭民膏血为之修建者,良田美宅,不下数十万金",要求对全国各地书院讲学严加禁止,"对凡有书院处所,尽数拆毁。将房屋田土逐一登板,亟行变作,解助大工(按指建造皇帝陵墓),不许隐漏"。魏忠贤见心腹张讷已经上奏,便迫不及待地矫旨下令,将全国书院"俱著拆毁,一概田土、房屋,估价变卖,催解助工"。阉党强令拆毁全国书院,其实首先意在东林。因为他们心目中最忌恨的就是东林书院,所以也首先从东林书院拆起。天启五年,东林书院的主要建筑依庸堂被拆毁,其他建筑暂时未动。这是由于高攀龙已从都察院左都御史的高位上被削职罢归,他竭力向地方官府呈述实情:东林书院本身是清白无辜的,大家有目共睹,不应遭受拆除厄运。于是拆毁行动获得暂停。东林书院山长叶茂才见依庸堂被拆毁,不胜愤慨,赋诗感叹道:"世法递兴还递灭,乾坤不毁只吾心。"高攀龙随即应和叶茂才之诗曰:"蕞尔东林万古心,道南祠畔白云深。纵令伐尽林间木,一片平芜也号林!"

天启六年(1626)三月,已被呼称"千岁"的阉党头目魏忠贤指派锦衣卫缇骑窜到江南,逮捕被他们诬称的第二批所谓"东林党案犯",即已被削职罢官回家的吴县周顺昌,吴江周宗建,江阴缪昌期、李应升,福建海澄周起元,浙江余姚黄尊素,以及无锡高攀龙等七人。当时到处缇骑四出,侦探密布,旗校塞道,人情汹汹,政治黑暗腐败到了极点。高攀龙见此景况,已觉不妙。他临危不惧,先一天从南门内水曲巷自己家中步行到东林书院道南祠,谒拜先师及杨龟山神像。同日晚上,他整肃衣冠,写就《遗表》和《别友柬》两纸,然后视死如归,"从屈平之遗则",投水自沉于自家后院内的止水池中,终年六十五岁。其他六人均被逮至北京,受尽酷刑,惨死于诏狱之中。

天启六年(1626)四月,魏忠贤又责令将"苏、常等处私造书院尽行拆毁,刻期回奏",并在邸报上发布,传檄严令执行。应天巡按徐吉接到邸报后,不敢有丝毫迟缓,立即拟成票牌,万分火急地速催无锡知县遵照执行。其票牌原文曰:"查得常州府无锡县有原设

高攀龙《遗表》和《别友柬》拓片

书院一所,拟合亟行拆毁。为此牌仰该县官吏,即便督同该地方人等,立时拆毁。拆下木料,俱即估价,以凭题解。不许存留片瓦寸椽,限即日具将毁过缘繇,星驰申报。"无锡知县吴大朴接牌,即委派本县管粮丞来惟观带领匠作役工以及本地耆老谈来泰等人一齐来到东林书院,实地监督执行拆毁之事。这些人拆下木料砖瓦后,坐地易价,仓促变卖,并详细登录买者姓名、物料名称数量和银额等,同时备文画册,签名具结,依为题解凭证,以便星驰上报。就这样,经过二十二年讲学岁月的东林书院便毁于一旦,书院所占地基和园地十六亩以及公田二百亩也经差役现场变卖,所有物料、土地共折银近六百两。书院左侧的道南祠,因系官资建造且为用以纪念宋儒杨龟山先生及其在锡门人弟子的专祠,故未被拆除,总算保留了下来。

东林书院被严令限期拆毁后,全国各地大批的所谓东林党人继续惨遭迫害,其波及范围极大,株连甚众,社会影响恶劣、深广。由此还引发苏州、常州、武昌、济南等地的多起重大民变事件。这就是当时震动全国的明末阉党迫害东林党人的重大历史事件。

四

天启七年(1627)八月,明熹宗朱由校驾崩。其弟朱由检继位,次年改年号为崇祯,世称崇祯皇帝。崇祯皇帝一登基,便立即惩处魏忠贤等阉党头目及其在朝内外的党羽,铲除这一庞大的邪恶势力,同时为蒙冤受害的东林党人平反昭雪。据记载,在朝堂上,有一大臣出列向皇上禀报原都察院左都御史高攀龙投水自尽前给皇上所呈《遗表》:"臣虽削夺,旧系大臣。大臣受辱,则辱国。故北向叩头,从屈平之遗则。君恩未报,结愿来生。臣高攀龙垂绝书,乞使者执此报皇上。"年轻的崇祯皇帝听到这里,竟双眼垂泪,为之动容。

崇祯元年(1628)三月,皇上下诏提学官,将各地书院宜表彰者尽行修复。第二年,无锡东林书院原讲师、六十一岁的老贡生吴桂森得此诏旨后,非常高兴,独自捐资,约同其好友邹期桢、马世奇等一起在书院的废址上首先恢复重建了丽泽堂三间和院前门墙,题门额曰"东林精舍"。接着又在丽泽堂右侧建书斋三间,题名"来复斋",作为他们读书、燕息之处。吴桂森(1565—1632),字叔美,号觐华,万历四十四年(1616)贡生。邹期桢(1567—1642),字公宁,号经畲,万历年间名诸生、博士弟子员。马世奇(1584—1644),字君常,马希尹之子,天启四年(1624)举人。他们都是顾宪成、高攀龙的从游者和东林学派的成员,也是万历三十二年以来东林书院兴复、讲学、毁后又开始重新修复的参与者。其中吴桂森和邹期桢两人,至老都不愿意入仕为官,人称"两布衣先生"。他们继续在此艰难地恢复书院的讲学活动,"白头讲艺其中"①。尤其是吴桂森,是崇祯年初东林书院的山长和主讲人。他对东林书院以往讲学的宗旨、内容和方式进行了深入的研究和总结,重新审订了《东林会约》,主要有四条:(一)笃力行以宗教。要求学人奉行顾宪成、高攀龙诸先生之教,从实穷理,屏弃社会上谈空说玄陋习,以求真知灼见,并笃实力行。(二)课实功以穷经。主张下大功夫,立会讲诵,以致成为正人真儒。(三)绝议论以乐时。要求学人勤修学业,朝野是非得失概不谈问。(四)屏俗梦以尽分。要求把书院讲学与其他是非曲直之事分开。从上述这些条规看,吴桂森出任山长后,东林书院的讲学宗旨较顾、高时期发生了明显变化,就是更着重于儒家经典的研读和探究,解经论史,穷理尽性,对朝野是非得失很少论及。

崇祯四年(1631),马世奇中进士,赴京入朝去了。五年,吴桂森又去世。东林讲学便基本处于停顿状态,除了邹期桢、邹期相兄弟俩偶尔莅临外,其他人很少前来问津。至于书院建筑修复之事,又因经费没有着落等诸多困难而未能继续施行。崇祯六年七月,巡按苏松常道御史祁彪佳很关心东林书院修复之事,拟下宪票,通知并责令无锡知县尽快复查天启间拆毁东林书院详情,并将当时拆毁文卷及现今修复所需工料费等详册一并报察院,不得延误。无锡知县接到上级指令后,迅速传唤原管拆书院的耆老谈来泰立办此事,详报宪台。谈来泰得到指

---

① 《〔康熙〕无锡县志》卷六、卷十九。

令后,很快就将当年东林书院被阉党矫旨拆毁详情如实上报,并附建筑图式,向官府作了回呈,略曰:"今查得书院旧式规制,坐落城东弓河前,有马头、牌坊、甬道、月河、桥梁、门道、墙门、明堂、丽泽堂、依庸堂、墙门、圣殿、左右藏书楼、两傍从屋、周围树木,悉严整壮丽。天启六年,全区屋宇刻期番毁,惨无一柱寸椽堪用者。差役坐提易价,仓卒变卖,得价一百五十六两。又公田二百亩,基地六亩,园地十亩,照原价共易银四百七十五两二钱。二项共银六百三十一两二钱,奉文赍解苏州府协助祠工(按:指建魏忠贤生祠),守候批回在卷。前项屋宇价值较昔建造工程,十仅得一。盖因钦毁,木植残损过多,求售无主故耳。今奉前因,随启各位乡绅,会集公议,以旧式建复。除丽泽堂三间先年系贡生吴桂森捐资建造,计费工料银二百两有奇外,余马头、牌坊、甬道、月河、桥梁、墙门、门道、川堂、依庸堂、墙门、圣殿、左右藏书楼、两旁从屋、周遭树木、屋下装摺、椅桌铺设诸项,备查当年兴举设处输助钱粮,得银一千零二十三两有奇,陆续盖造完局,册籍具在。今蒙建复,合具图式,略书呈览。伏候详示定夺施行。"察院接到报告后,祁彪佳很快做了批示:"书院为有宋龟山先生讲学之坛,岂宜鞠为茂草,使后学仰止无地?本院量捐助公费银一百两,候另檄解贮,或建堂或赎田,候银至日该县会同诸绅酌行。"①然而,直到崇祯十三年,书院原址上大多数建筑仍未能修复,到处杂草丛生。许多后学之士因受条件限制,仰止无门,游学无地。江南巡抚张国维也很重视东林书院的修复,又支拨公费银一百两,指示无锡知县会同地方诸绅赎地建堂,尽早使书院的讲学恢复正常。但因时处明末,内乱、边患严重,社会动荡不安,修复之事难以继续。

直至清顺治十年(1653),东林书院修复工程才继续缓慢地进行。这一时期,书院的山长和主讲人有了一位优秀而热心的继承者,他就是高攀龙的从子高世泰。高世泰(1604—1676),字汇旃,晚号石屋遗氓。幼年好学强记,"少侍东林讲席",伯父高攀龙常"以道器许之"。崇祯九年(1636)举应天乡试第六,次年中进士。历官礼部主事、郎中,在任湖广按察使司提学金事期间,

①《[雍正]东林书院志》卷十四。

曾重修濂溪书院，"遴通省学者二百余人砥砺其中"，是一位非常重视振兴地方教育的教育家和理学家。崇祯十六年，他任满回原籍待命。明亡后他自号石屋遗氓，居家不出。当时他四十一岁，年富力强，"无日不以东林先绪为己任"①。清顺治十年之秋，常州知府宋之普政暇亲临东林书院讲学，并当面向高世泰建议道："此地急宜兴复，后死者不得辞责。"十二年春，高世泰捐资修建了燕居庙以及祭器室、典籍室、三公祠、再得草庐，同时修缮了道南祠和丽泽堂等。经高世泰这一次修建后，东林书院除依庸堂这一重要主体建筑尚未修复外，其余大部分被毁建筑均得到了修复，书院基本恢复了原貌。

在高世泰的主持之下，书院的讲学活动亦趋向正常，春秋释菜、会讲亦按时举行。他还在顾宪成、高攀龙、叶茂才、吴桂森等前辈山长所审订的《东林会约》的基础上，又重新修订了《东林讲会规则》，着重对书院会讲的时间、礼仪等方面作出了新的规定和要求：(一)每年春、秋季，每月上旬至中旬会友讲学，每次时间十天。(二)每次开讲前，师友学子一起先到燕居庙拜谒孔子神像，继谒三公祠，再谒道南祠。会讲毕再谒燕居庙。拜谒俱行一揖一躬礼。(三)会讲时，与会人员分东、西两班，客东主西入座。两班中，各以年龄大小为序。供、撤书案，均要举行班揖。(四)要严肃威仪，勿私笑语，勿谈时事，质疑问难俱于讲毕后自便提举进行。(五)凡有远客相访，即于书院会所答辩，不必至客舟、客寓。通姓名只用单帖。(六)每期会友必登姓氏，以谂后日操履。(七)会讲当日午饭时，齐集座上，只设点充饥。(八)有远客设馔，止用四簋，两荤两素。不杀生，酒只数行。

高世泰主持东林讲学、讲会前后长达二十余年之久。他的学术思想远宗"二程"、杨时、朱熹之说，近守顾、高之教，对空谈心性和佛禅之说多有质疑非难。他既是东林书院山长，又是清初一位知名的理学家、教育家，著作等身。先后入其门的无锡本地学子有高愈、严毅、张夏等一大批优秀人才。全国各地的学者也相率造庐问道，与他往复切磋理学。其中拜他为师的有如楚州孝

①《〔雍正〕东林书院志》卷十一《高汇旃先生传》。

感人熊赐履(字敬修),后官至礼部尚书。应邀前来讲学的学者、高官则有河南睢州人汤斌(字孔伯,官至礼部尚书)、归德人宋荦(字牧仲,官至吏部尚书加太子少师)等。中州祁阳的著名学者刁包(字蒙吉),笃信高攀龙之学,常来梁溪与高世泰切磋、研讨东林学派思想,故当时学界有"南梁北祁"之称。陕西关中学者李颙原来崇尚余姚王阳明心学,他到东林书院参与会讲辨疑后,一改平生学问志向,认为原守宗脉绝非经世实用之学,而东林学派的学术思想宜奉为学界典型。他对东林讲学内容与宗旨予以充分肯定和高度赞扬。

五

从清康熙二十六年至乾隆五年(1687—1740)这五十余年间,东林书院在官府的重视和地方士绅的积极赞助下,又先后进行过四次大的修缮。其中康

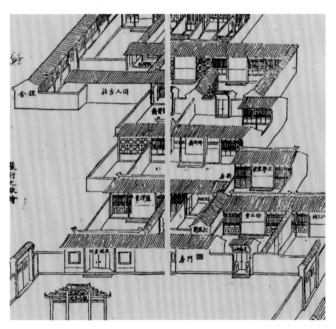

康熙年间东林书院全景图(邹钟泉《道南渊源录》)

熙二十六年(1687)那次,是由高世泰之子高菖生、高芷生兄弟俩发起的。他们会同邑中亲朋好友并呈报官府批准后,对书院建筑进行了一次调整、修缮和添建,使讲堂、学舍规制较以前更加完备。康熙三十二年十月至三十三年三月的一次修缮,则是在无锡知县徐永言亲自督理下进行的。经过一年多时间的施工方才告竣,被拆毁了六十多年的一座主体建筑依庸堂终于在这次修复中重建成功。雍正九年(1731)春,书院各堂斋祠庙等建筑又进行了一次修缮,凡"栋宇之欹者植之,垣墉之缺者完之,黝垩丹漆之漫漶而剥落者新之"。经过这次修缮后,书院面貌焕然一新。雍正四年,无锡县析分为无锡、金匮两县,同城而治。东林书院因位于两县的城中分界线——古运河城中段的东侧,故隶属于金匮县。雍正十二年,金匮知县王允谦到任后,即首先捐俸修葺东林书院的依庸堂和道南祠,第二年又在依庸堂之左建时雨斋四楹、之右建寻乐处一间。乾隆元年(1736),再修缮丽泽堂。乾隆五年春,又于院内易址重建再得草庐,并恢复了泮池之前的"观海来游"石牌坊。早于此前的雍正十一年,在无锡地方官及缙绅学子的大力支持下,由许献等学者编纂的《东林书院志》计二十二卷正式刊行问世。这是继康熙初年东林学者严瑴所纂《东林书院志》之后的又一部更为详载东林书院创建始末、兴毁大端、历史沿革、人物传略、会约条规、祠祀典仪、碑文典籍、论说要略以及诗歌文翰等项内容的书院专志。它体例完整、内容翔实,是后人了解和研究东林书院、东林学派的必读之书和重要文献。

　　这期间,书院所发生的变化还有一个重要方面:自从雍正十一年(1733)起,东林书院的讲学性质和目的发生了显著变化,即由原来的私人讲学转变为地方半官办教育,同时由原来侧重于学术思想理论探讨的会讲转变为既重学术探讨又重科举教育的讲学。发生这样转变的原因有两点:一是朝廷和地方各级政府鼓励发展书院教育。雍正十一年正月,清廷就下令各省设立书院,并鼓励州、县官署资助兴办书院、聚徒讲学。二是无锡县分成了无锡、金匮两县以后,原来官办的无锡县学位于分开后的无锡县界内,金匮县就没有县学,仅只是官方规定在无锡县学内增加一定数量的入学诸生名额给予金匮县,同时将无锡县学的两名训导分出一名专管金匮县的入学生员和童生。这样,金匮县的科举教育就显得弱于无锡县。好在东林书院在金匮县界内,金匮县就有理由将东林书院作为半官办学校,以加强本县科考举子业的教学。因此,知县王允谦特将新建好的时雨斋和寻乐处,"用以课士肄业焉"。"所谓肄业者,不过习科举之业也"。(秦震钧《重修东林书院记》)时任江苏按察使郭熊飞所撰的《重兴东林书院记》中也说:"东林本前贤讲学地,其以举业课士始于雍正末年。"这与清乾隆五年(1740)无锡名士华希闵所撰《重修东林书院记》中所说"课士肄业"的时间和史实是完全吻合的。

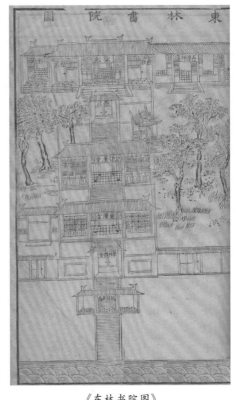

《东林书院图》

　　东林书院经康熙、雍正、乾隆三朝多次复建、修缮后,其讲学、课士、祭祀、藏书、读书等建筑以及生活、管理用房基本恢复到了明万历年间的规模、形制、布局和风貌,还新增了时雨斋和寻乐处。在这期间,曾有十多位饱学之士相继出任山长和主讲。其中最有名的两位便是从高官要位上致仕回籍的专家学者邹一桂和顾光旭。

　　邹一桂(1686—1772),字原褒,号小山,无锡南乡大墙门人,清顺治间状元邹忠倚之孙。雍正五年(1727)进士,官至内阁学士兼礼部侍郎。既博学多才,又精于书画,是乾隆年间的著名画家,曾奉乾隆皇帝之命兼充内廷画师。乾隆二十四年(1759)致仕归里,主讲东林书院十多年。曾为书院仪门题书"佑文翊运"匾额,今同名匾额是由曾任国家副主席的荣毅仁先生重书的。

　　顾光旭(1731—1797),字华阳,号响泉,晚号晴沙,无锡城中人。乾隆十

雍正年间道南祠图

七年（1752）恩科进士，官至四川按察使，政绩卓著。他既是一位学者，又是著名诗人和书法家，与著名的史学家、大诗人赵翼为好友。他于乾隆四十一年因病告归，从乾隆四十六年至嘉庆元年（1781—1796）主讲东林书长达十五年之久。他学术纯正，不仅尊崇杨时和朱熹，还力推程朱理学的后继者真德秀和魏了翁。"逮师得响泉，而学者乃识幽独工夫。"①

清代嘉庆以后，东林书院又经历过多次的全面整修或局部大修。例如，嘉庆十八年（1813）重修道南祠，道光二十六年（1846）全面修缮书院建筑并新建了东林报功祠。同治七年（1868）又重建了被太平天国兵火烧毁了的道南祠和三公祠。同治十三年，四川巴州人廖伦出任金匮知县。他到任后的第一件事就是整修东林书院，还亲笔为道南祠题书匾额。他锐意振兴东林讲会，曾召集地方士绅学人大会于东林书院，并推举德高望重的耆老一人手执《高子遗书》，升座领讲。每次朗诵名言名句数百言是常事，对年轻学子教育感化尤深。

六

东林书院的讲学历来都订有明确具体的管理制度。到清代雍正以后，这一制度又不断修订并增加了科举教育方面的规定，使之越来越具体、严整和完备。这在道光二十六年（1846）十二月重新审定的《详订东林书院规条》中

————————

① 〔清〕邹鸣鹤：《道南渊源录》卷十二《顾响泉先生光旭》。

就能看到它的特点和严整性。

首先，十分注重对山长、院董、监院等人员的推举和选聘。山长就是书院的院长，既是书院的最高领导又是主讲导师。东林书院与其他各地书院一样，非常重视山长的选择和任用。东林书院的具体规定是采用公议推荐的办法，即于每年十月中旬由本邑士绅代表共同讨论、认真评议，推举出德才兼优、众望所归的人士来充任或连任。人选推定后，还要呈报本县官府，由知县出具聘书，以示重视。除山长一职外，另还设有院董若干名和监院一名，也都通过讨论、推举产生，以配合山长做好书院的讲学课士等管理工作。

其次，非常注重规范教学礼仪。规定每年春、秋两季第二个月（即二月和八月）的丁日要举行释菜之礼。这天，入学的全体生童（即生员和童生）齐集于院内，在鼓乐声中跟随导师先至燕居庙，后至道南祠，按规定仪式向至圣先师孔子和东林先贤们行谒拜大礼。此外，每届开课之日，诸生童在谒拜孔子和杨龟山等东林先贤之后，还要齐集于丽泽堂谒见师尊、邑尊以及监院、学师等，行尊师之礼。

第三，严格甄别考课制度。所谓"甄别考课"，就是对入学生童所进行的各种考试，包括师课（考）、官课和院课。东林书院考课生童，规定于每年三月中旬开始，到十月中旬停止。通常由监院呈文申请，请本府尊封题加课，并请学宪于夏天回辕时封题加课。每月考课日期一般在初三或十八，具体要以题到之日为定。当考课日期确定后，先出示通告。各生童即到书院报名，到考课前一日截止。书院将报名生童造好册卷，由监院用印信弥封，并刻上座号。考课当天，应考诸生童均须穿戴整齐，端坐听点，应名领卷，然后各回自己座位，进行考试。规定不准给烛照明，必须在天黑前考毕交卷。在伙食方面，规定每届课期书院内均备办饭食。官、师课期，生童聚课，饭食定六人一桌，每桌标准钱三百文。凡是师课，添设奖赏，以资鼓励。

东林书院原设课额为生员、童生各七十五名，后又增设内课生童各十名，外课生童各二十五名，总共生童人数达二百多名。从所设课额生童人数看，它要比当时府属书院的课额人数还要多一些。考生众多，所需经费也得大为增加。

"方伯郭公捐廉为倡,官绅士庶同心集腋,不两月公捐钱一万五千有奇,岁得典息一千五百有奇。"于是,"广课额,备供膳,奖赏公用,一切加丰。乃为详定课程,扃门按试,诸生欢然就学。每课二百数十人,咿唔讽咏之声,至二鼓后不绝"。[1]这既反映出当时无锡地方官府及士绅人等对兴学重教的重视和支持,同时也能说明无锡、金匮两县经济发达,能够适应众多生童考课的经费需要。

第四,设有奖赏激励机制和对贫困生童的救助条款。东林书院当时对入学生童根据学业优劣情况分别进行奖励和鞭策,以鼓励先进、激发后进,不断提高举业教学的质量,更好为国家培养优秀人才。如新增师课花红,生员超等第一名重奖钱八百文,第二至第五名分别奖钱六百至一百文,前二十名也均有奖赏。童生超等第一名则奖钱六百文,也奖至前二十名为止。再如新增小课花红,生童第一至第五名均有不同的奖励。同时,对入学生童因事、因病、因丧等情状不能到院而请假者,以及家境极贫需要救助者,《条规》中也都有具体规定。

雍正以后,东林书院的学风因此又重振起来,学者名士不断涌现。自此至清末的一百七十多年间,金匮一县中进士者多达六十五人,其中,出有状元一名(顾皋),榜眼一名(邹亦孝),探花二名(秦蕙田和秦勇均),会元一名(陶世凤);官至礼部尚书或封疆大吏者有四人(邹一桂、秦蕙田、张泰开和孙尔准);成为著名学者或文学家、书画家者则有五人(邹一桂、浦起龙、秦蕙田、孙洙和顾光旭)。东林书院考课生童的办法,一直沿用到清光绪末年。至今在无锡地方教育史料中,还可见到有"东林监院"密封考卷专门刻印用的纸封条。

同治四年(1865),从浙江仁和(今属杭州市)知县任上致仕回籍的侯聂(1797—1877)被推举为东林书院山长。他世居无锡城中驳岸上(今人民中路),是明万历八年(1580)与顾宪成同中进士的侯先春的嫡系后代,他少年时期的老师又是东林书院的优秀学子、后官至吏部左侍郎的侯桐(1779—1860),因此,他与东林书院本就有着深厚的感情。他受命于太平天国运动平息不久的艰难时世,恪尽职守,重整东林膏火,为书院恢复讲学课士做出了不

---

[1]〔清〕邹鸣鹤:《世忠堂文集》卷四。

懈的努力。而且,他还争取到金匮知县倪咸生和时任两江总督的李鸿章的支持,修复了被太平军烧毁的道南祠和三公祠,功不可没。

光绪二十二年(1896),东林书院又请来了一位学识渊博的山长和主讲人陶云组。陶云组(1829—1902),名黼昇,以字行。金匮(今属无锡市)人。幼聪敏,长益自励,喜读性理之书,入学东林书院,研习濂、洛、关、闽之学,尝以古昔圣贤检身律己,人称"笃实君子"。咸丰十年(1860)恩贡生,授翰林院待诏。因太平天国动乱,无法仕进。光绪十年被授任学官——徐州府丰县教谕。他教学授徒循循善诱,交友待人宽厚至诚。任职七载,丰县士风大变。后因年老而致仕回籍,受聘主讲东林书院多年。尝分斋课士,教育人才,一时被誉为"儒林宗匠"。

光绪二十七年(1901)九月,清廷下诏实行"新政",各地封疆大吏纷纷上奏,要求尽快"废科举,兴学堂"。光绪二十八年五月,七十四岁的陶云组敢为人先、勇于改革,在邑绅们的支持下,正式向县署提出申请,改东林书院为东林学堂。申请书被逐级上报,最后获得江苏巡抚端方的亲自批准,成为官办的高等小学级别的东林学堂。县府还决定聘陶云组为学堂的总董(校长),他成为东林书院的最后一位山长和东林学堂的第一任校长。在做好学制的设定、课程的设置、教职员工的选聘和各级学生的招收等工作之后,东林学堂于当年十月一日正式开学。但开学后没几天,陶云组就因年老体衰、工作繁忙而积劳成疾,竟一病不起,于同年十月二十一日逝世。为纪念陶云组的功绩,学堂内特增建"陶斋"一室,近代国学大师唐文治先生还特撰《东林学校陶斋记》一篇勒碑。今斋虽已废,碑却尚存。

七

陶云组去世后,东林学堂的总董一职,随即聘请其子陶世凤接任。和他同时被聘为校董的还有曾创办过秦氏公学的无锡近代教育家秦谦培(字牧卿)等人。陶世凤(1852—1933),字丹翼,与乃父一样,崇尚理学。同治十一年(1872)成秀才,光绪十六年(1890)乡试中举,二十年会试、殿试中进士。因礼部会试得第一名(会元),故人称"陶会元"。历任过兵部主事、吏部主事,后又改补度支部(原户部)主事兼蒙养院国文教员。光绪二十七年辞职回无锡,随其父讲学于东林书院并协助其变革,成为东林学堂实际上的第一任校长。他一生推崇服膺东林前贤高攀龙的人品和学问,平时研习最勤者为《高子遗书》。在学术思想方面,他主张"不欺"和"切实",即要做真学问并且要能经世致用。他把自己的主要精力都用在了课士育人上,对东林书院学脉学风的继承延续和东林学堂的创立发展做出了重要贡献。后人称赞他说:"迨先生总理学堂事务,虽学制今昔不同,其作育人才,先昌礼教,分心如云组公之志也。"(《锡金游庠同人自述汇刊》)东林学堂完全承用了东林书院内的全部房舍建筑,丽泽堂、依庸堂,用作为会堂和礼堂,再得草庐、时雨斋、三公祠等均分别辟为了各年级的教室,来复斋、东林报功祠等则用作校长室和教师办公室。道南祠前的大片树林和园地,辟出一部分平整后作为操场。学堂校门依然设在石牌坊之前的南围墙之间,南向七箭河。从清光绪二十八年至民国十六年(1927),东林学堂(后改名东林学校)一直是高等小学,学制为三年。课程设置有国文、英文、算术、修身、史地、音乐、图画、体育等。在学兼中西的同时,仍一贯重视优秀传统文化的教育,用东林先贤的思想品德、精神气节教育、陶冶学生。如民国初年在任的校长辛柏森先生规定,每周星期四早上,全体师生都要集中在依庸堂听他训话,常说:"脚迹得入依庸堂,人生一大幸

东林旧迹(民国时期)

民国初年的东林书院牌楼

也!"还常常讲述杨龟山先生"程门立雪"的故事以及顾宪成、高攀龙等东林党人与邪党、阉党魏忠贤等坚决斗争的历史,以激励师生坚持正义、勤奋学习。同时还规定,每天课间,有五分钟静坐教室内的养性训练。大家须闭目默念:"愿我身体、品行、学问都好。显我父母,助我社会,兴我国家。"念完后钟响,继续上课。民国七年,私立辅仁中学在东林书院前面的七箭河边建起,河遂被全部填没,仅凭一道围墙与东林小学分隔。小学的校门便与中学的校门一样,开向西面的苏家弄。

民国十六年(1927)之后,东林小学增设初级班,成为六个年级全有的完全小学。校名曾多次改换,但终究没有丢掉"东林"二字。1937年7月,侵华日军挑起"七七"事变,抗日战争全面爆发。无锡在沦陷期间,地方教育受到严重破坏,东林小学也未能幸免。东林书院的堂、斋、祠、庙等原建筑曾遭到不同程度的损毁。抗战胜利后,无锡的教育状况逐步得到改善,局面有所好转。时任东林小学校长的顾希炯先生,是明代东林书院首位主讲人顾宪成的第十四世裔孙。他秉承东林先贤的思想情操,严于职守,诚恳从教,爱护英才,奖掖后进。尤其在保护东林书院的旧址原貌方面,他曾做出过两项重要贡献。一是民国三十六年,他请国民党元老吴稚晖和无锡国学专修馆校长唐文治为首,联络无锡文教界、工商界知名人士钱基博、钱基厚、华士巽、唐星海、荣鸿元、薛育津、薛明剑、杨荫溥等共30人,为重修东林书院而联名向社会各界发起募集资金的倡议。顾希炯不仅是倡议者和带头捐款者之一,而且还是具体的办事者。在历经半年的全面大修工程中,他和前任的两位校长辛柏森、陶达三一起,不辞劳苦,恪尽职守,善始善终完成各项任务,使东林书院的主要建筑和旧迹得以延存,原貌得以恢复。二是他在修复书院内部陈设时,特意将惠山听松坊的顾端文公(宪成)祠堂内的一副楹联——"风声、雨声、读书声,声声入耳;家事、国事、天下事,事事关心",复制成抱柱对,悬挂到了东林书院的依庸堂上。这副楹联原是顾宪成少年时期的老师陈云浦出的上联,他对的下联。其内容正好是他和他的东林学者朋友们宏伟抱负、高远志向的写照,东林精神的体现。因此它成了东林书院内的一副名联,誉满天下!

东林小学是东林书院历史的延续,也是无锡一所历史悠久、富有优秀文化传统的名校。在它一百多年的历史中,在一代代园丁们的辛勤耕耘栽培下,从这里走出了数以千计的优秀学子。其中,成为全国著名人物的有:中共早期党员、社会学家、经济学家陈翰笙,无产阶级革命家、中共早期主要领导人秦邦宪(博古)、党的新闻工作领导人、哲学家潘梓年,社会主义经济学家薛暮桥,名闻世界的学者、作家、文学家钱锺书,民族音乐理论家、演奏家杨荫浏,经济学家王寅生,数学家孙克定,解放军优秀将领朱启祥,近代教育家、江苏省第三师范学校创立者、首任校长顾述之,等等。他们都以自己光辉的人生,为东林书院的历史续写了新的篇章。

八

1949年4月,无锡解放。东林小学获得了新生,成为无锡市立的重点小学。

第二年3月,无锡市人民政府决定拆除明代嘉靖三十三年(1554)所筑的无锡城墙,拓建环城的解放路。东城墙内侧的一条呈弓背状的弓河也随之被填没。至此,东林书院历史上的水上交通线也就完全消失,书院的地理坐标"城东隅弓河之上",同样不存在了。

1957年,东林书院旧址,包括所有尚存的堂、斋、廊、亭、石牌楼等建筑物以及内部的匾、联、碑刻,被省人民政府批准公布为江苏省文物保护单位,由东林小学负责妥善保护。

1960年,曾任《人民日报》总编

1962年东林小学六十周年庆典(薛立球供图)

辑的著名学者邓拓到无锡,参观考察了东林书院旧址,特别关注依庸堂上悬挂着的那副"三声三事"楹联,还再三询问陪同他参观的东林小学校长朱可达先生有关这副楹联的历史情况。同时,他写下了一首《过东林书院》的七言绝句,诗云:"东林讲学继龟山,事事关心天地间。莫谓书生空议论,头颅掷处血斑斑。"(《邓拓文集》第四卷)回北京后,他在次年撰写发表了一篇有名的散文《事事关心》,勉励青年学生,既要认真读书,也要关心国家大事、天下大事。邓拓的一篇散文一首诗,使东林书院又名闻全国,几乎达到家喻户晓、妇孺皆知的程度。

1962年9月,东林小学迎来了建校六十周年的庆典。时任国家副主席的董必武同志特亲笔题赠了《东林小学建校六十周年纪念》诗一首,以表祝贺。诗曰:"东林讲学继龟山,高顾名声旧史传。景仰昔贤风节著,瞻楹履阈学弥坚。"

1966年8月,在那个特殊的年代,东林书院内建造于清乾隆年间的巍巍石牌楼被推倒,并砸碎了"东林旧迹""后学津梁"的石刻坊额。同时还将"三声三事"名联撤下,与其他堂、斋内的许多匾额、楹联一起被拉到城中的三阳广场,当众烧毁。幸好有朱可达校长和许多头脑清醒的师生,冒着风险,用纸筋石灰把墙上和亭子内的碑刻涂盖起来,把许多历史遗迹保护了下来。

20世纪80年代,无锡市文物管理委员会同市文化局联合报请市政府批准并拨专款,对东林书院旧址上的主要文物建筑仪门、丽泽堂、依庸堂、西长廊(碑廊)等进行了大修,并将这些建筑首先从东林小学内分出,由新组建的临时机构东林书院文物保管所管理,在苏家弄内单独开辟了大门进出。东林小学的校门则从苏家弄迁移至北面的箬叶巷。

1993年至1994年,市政府再一次拨款,修复了来复斋、晚翠山房,并在原址上修复了石牌楼和牌楼前的书院大门。那时候,无锡市第二中学(原辅仁中学)已整体搬迁至他处,有条件恢复书院大门前的道路,向东直通解放东路。

1995年1月,市政府批准,正式成立了市文化局属下的独立单位东林书院文物管理处,同时拨款修缮了东林报功祠。

因东林小学需要进一步扩班发展,计划扩建校舍。这就与东林书院的文物保护并单独对外开放产生严重冲突。为使两全其美,2000年,市政府决定搬迁东林小学。到2003年,小学的搬迁工作顺利完成。东林书院则继续按明清时期的状况和风貌进行全面恢复。

首先,在解放东路西侧原弓河处进行考古发掘,露出了原来的河床及驳岸、码头。然后恢复了这段弓河,使之替代了东林小学所建的东围墙,并再现了书院的历史地理坐标和优美环境。

接着,大规模修缮了小学让出来的燕居庙、三公祠、再得草庐、时雨斋、心鉴斋、寻乐处以及东长廊,添置了各堂、斋内的明式桌椅,复制了包括"三声三事"名联在内的所有匾联并挂置在原来的位置。同时还完成了东园、西园的环境整治,配植了树木花草,增建了水池、曲廊、亭榭。又重建了箬叶巷内的原顾允成读书处小辨斋,将箬叶巷这条千年古巷围入书院院内,使之成了一条内巷。

最后,又在书院大院的东北部,象征性地复建了历史上的东林庵,形成相对独立的小院落,以用作东林茶会和具有东林书院特色的餐饮之所。至此,东林书院旧址的全面修复工程便圆满告竣。

2006年,东林书院经国务院批准被公布为全国重点文物保护单位,同时也成为对外开放的国家AAAA级旅游景点,常年接待国内外大量游客嘉宾。书院开办了东林少年读书班,再现"风声、雨声、读书声,声声入耳"的情景;还开辟了东林国学大讲堂,经常邀请著名专家学者前来做学术讲座,再现历史上东林书院的讲会盛况。

参考书目:

朱文杰:《东林书院丛谈》,北京:方志出版社,2013年。

东
林
书
院
的
建
筑
特
色
及
其
历
史
文
化
内
涵

　　全国重点文物保护单位东林书院,现今占地面积13000平方米,建筑面积2500多平方米。院内石坊高耸,屋宇栉比,绿荫碧水,环境清静。

　　书院建筑,除少量新添的之外,历经风雨、多次修建而保存下来的历史文物建筑尚有20多幢60余间。这些建筑,形制古朴,时代特征鲜明,色彩淡雅,地方风格可见,而且,每幢堂、斋、祠、庙、廊、亭等建筑均富有深厚的历史文化内涵。现将简要考述如下。

　　一、建筑特色,可从规制、布局、风格、装饰和环境等五个方面来考察、归纳

　　1.规制合乎古礼

　　我国古代的官办学校,无论是中央级的太学、辟雍、国子监,还是地方各级的儒学,其规制均为左庙右学,即左(东)面是祭祀至圣先师、大成至圣文宣王孔子的文庙(孔庙),右(西)面才是讲堂、学舍建筑群;大门与二门(仪门)之间的主甬道上还开有泮池,池上架石桥,桥以学校级别高低分为一座、三座、五座不等,以合乎古代教育的礼制。

　　东林书院原是民办的讲学之所,但也属儒学的一种类型。因此,明代顾宪成、高攀龙等学者在重建杨龟山先生在无锡讲学的东林书院时,也遵循了左庙右学这一规制,即先在左面靠近弓河处恢复了南宋时始建的祭祀书院创始人杨龟山先生的祠庙道南祠,再在右面建起了讲堂、学舍建筑群。在书院

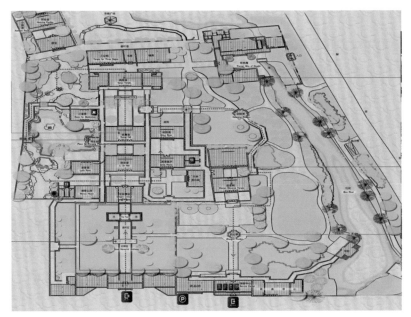

今东林书院全景图

的二门（仪门）之前，也开筑了泮池，因形如半月，故又称月池。池上架一石桥。至于祭祀孔子的文庙，他们则选建在书院内最尊贵的位置——依庸堂后院之北而且居中，"譬如北辰，居其所而众星共之"（见《论语·为政》）。不称文庙而称燕居庙，这是出于《论语·述而》"子之燕居，申申如也"，意为孔子平时在家安居的住所。其定名为"燕居庙"且规模也远小于官办儒学中的文庙，既合乎古代教育的礼制，又显示了民办书院的低调和谦逊。

2.布局规整合理

书院的学舍建筑群，分东、中、西三路。中路为主轴线，起自书院大门及门屋（包括原门前河边的水码头），向北依次有石牌楼（坊）、旗杆石、月河（泮池）和石桥、仪门及门屋、丽泽堂、依庸堂、内墙墙门"圣域门"、燕居庙及左右两侧的典籍室（藏书楼）和祭器室、三公祠。东路较短，起自与仪门平行的内围墙以及曲廊，向北依次有东林报功祠、再得草庐、时雨斋。西路也稍短，起自与仪门平行的内围墙,向北依次有晚翠山房、来复斋、寻乐处、心鉴斋。中路与东西两路之间各有一条盖顶长廊相隔,而且左右对称。廊内设有多个门洞,与相关的堂斋庭院相通。东西两路之外侧,还分别辟有东园和西园,配植名木佳卉,并建有亭榭曲廊,配有憩歇座椅和洗手之所。

书院整体布局规整合理,而且体现了中华民族崇尚左右对称的传统理念。人们进入书院,不但行走通达方便,不必走重复之路,而且雨雪天气也基本上很少走雨湿之路。

3.风格随乡亲民

书院所有的房屋建筑(包括道南祠和燕居庙),其单体的形制、风格与明清时期江南水乡殷实人家的住宅建筑相仿。看层高,除典籍室、祭器室为矮二层小楼外,余皆为平房建筑。看脊高,除燕居庙稍高于左右两侧的二层小楼屋脊外,余皆不超过10米。看屋顶,除几座亭子是攒尖式的外,余皆一律是级别不高的硬山式建筑。即使是燕居庙,也没有仿照县学孔庙大成殿的样子建成重檐歇山式。再看内部大木作结构,没有一处的大梁是扁作的,都是较为普通的圆作形制,仅在燕居庙、道南祠享堂和丽泽堂、依庸堂内,大梁和庭柱的用料稍粗壮一点罢了。

所有这些,充分体现出房屋的主人、东林书院的重建者和修复者们入乡随俗、节俭亲民的思想品德。

4.装修朴实淡雅

江南水乡的传统建筑,其装饰明显不同于北方,即使是公用建筑的书院,也不涂金嵌银、画栋雕梁。东林书院也是如此,其外观是粉墙黛瓦,室内是白色墙面、黑漆庭柱、棕漆梁坊,黛色箩底砖铺地,灰色望砖饰顶。只有燕居庙,因孔子是北方山东人,故其堂内的神龛上稍加些彩色。

总体来说,书院建筑的装饰,呈现的是江南水乡尤其是苏、锡、常一带传统的建筑格调,朴实淡雅,不追求富丽堂皇。这同江南园林的格调也是相吻合的。

5.环境清静优雅

任何好的建筑物,都需要有与它的功能相适应的环境做配合。东林书院是读书讲学的场所,故其学舍需要有清静优雅的环境。

当初杨龟山先生之所以要选择在城东隅的弓河之上购置精舍,聚众讲学,就是因为这里是无锡城中比较空旷的地方,居民稀少,树林菜园较多,素有"冷水东门"之称,而且又是两条河流交汇之处。向东看,能见弓河清波和城墙雉碟;向西望,能见葱郁的锡山、惠山。龟山先生自然会联想到庐山东林道上之景,故怡然将这处讲学之所称为"东林精舍"了。明代顾宪成、高攀龙等人在此重建东林书院时,其环境没有发生多大变化,只是东林精舍变成了东林庵而已。明、清以来,随着无锡城市的变迁和发展,"冷水东门"也逐渐热闹起来。尤其是1950年以后,城墙拆除,弓河、箭河全部被填没,解放路、人民路先后拓建成功,苏家弄、箬叶巷的民居也拥挤得没有空隙之地。东林书院的原有环境就几乎不复存在了。

好在2000年以后,人民政府在全面修复东林书院的同时,加大了对其周围环境的控制、改造力度。一是搬迁了东林小学和辅仁中学;二是挖开了一段弓河,建成书院东侧的一片敞开式的湿地小公园;三是全部拆迁了箬叶巷以北、人民路以南的民居和商店,辟建成了树荫浓郁、竹影婆娑、东林先贤群雕居中的东林广场。这样,东林书院古建筑群原有的清静优雅的环境又回来了!

二、书院内二十处文物建筑的历史文化内涵

1. 书院大门

此门始建于明万历三十二年(1604),门屋面阔三间。门前原有七箭河,河边建有石级码头,专供水路前来的学子、宾客泊舟上岸之用。之后,大门及门屋几经兴废。民国初年,河塞水断,码头遂废。现大门及门屋为1994年在原址上重建的。面阔仍为三间,前有轩廊,两侧为八字形门墙。大门为传统将军门。一对巨大的抱鼓

东林书院大门

钱伟长题联　　　　　　　　陆定一题"东林书院"匾

状门枕石,气势威严壮观。大门的上方及两侧,分别恢复了原有的门额和门联。

门额"东林书院"四个大字,是请无产阶级革命家、曾任中共中央宣传部部长、国务院副总理、全国政协副主席的无锡名人陆定一(1906—1996)亲笔重书的。门联"此日今还再,当年道果南",则与书院创始人杨龟山先生的典故有关。杨龟山曾作有《今日不再得示同学》长诗一首,勉励学人、弟子要珍惜时间,刻苦攻读,否则时去不返,难以再得。到明万历三十二年(1604),书院得以重建,又开讲事,故曰"此日今还再"。又,当年龟山先生从洛阳理学大师程颢那里学成南归时,程师曾目送他远行,曰:"吾道南矣!"之后,龟山先生在无锡东林精舍讲学十多年,造就了许多理学精英,故可谓"当年道果南"。原联失久,现联是请著名物理学家、曾任全国政协副主席的无锡名人钱伟长(1912—2010)亲笔重书。

2. 石牌坊

此坊位于书院大门与仪门之间的主甬道上,为四柱三间五楼式的高大石坊,而且是清乾隆年间遗存下来的原物,故又称乾隆石牌楼。

东林书院石牌坊

　　早在明万历年间恢复重建东林书院时,这里就建有石牌坊,其坊额的正面刻有"观海来游"四个大字,背面则为"洛闽中枢",字迹与正面同样大小,均填以石青颜色,庄重古朴。"观海来游"四字,语出《孟子·尽心上》"观于海者难为水,游于圣人之门者难为言",意为到此书院游学,所观所得者大也。"洛闽中枢"四字,意为杨龟山先生在东林书院所传之学,继承了"二程"的洛学,开启了他和他的再传弟子朱熹所创的闽学,故东林书院可称为"洛闽中枢"。明天启六年(1626),阉党矫旨拆毁东林书院,石牌坊同时被毁。清康熙年间,又简单复建了一座木牌楼。

　　乾隆五年(1740),终于在原址上又重建了这座石牌楼。它通高7.24米,石坊上雕刻有二龙戏珠、丹凤朝阳、狮子滚绣球、鲤鱼跳龙门等精美图案。坊额上,正面刻有"东林旧迹"四个大字,背面为"后学津梁"。此坊整体结构严谨,造型完美,虽然1966年曾被"破四旧"的"红卫兵"们推倒,部分石构件断裂,但到20世纪90年代又被重新竖起并修补完整。历经200多年的风雨,它仍然是东林书院的标志。

3. 旗杆石

　　它原是明代遗物,用两块方形的青石雕凿而成,置于石牌坊与泮池之间的主甬道两侧。每块约100厘米见方,厚约15厘米。中凿圆孔,孔径25厘米左右。孔中各插木质旗杆一根,为书院讲学期间升挂院旗之用。据文献记载,旗杆木制,固定于基石上。旗杆上悬长方形旗帜,左右各一面。左侧旗上有"香飘桂殿"四字,右侧旗上为"声彻琼林"四字。科举时代常称考中进士为"折桂",而"琼林"是指宋代朝廷在都城汴京琼林苑宴贺新科进士之处。明代东林书院也有东林社学子兼习举业

旗杆石

者,做到讲学、科举两者兼顾,故有此两句"旗语"。

现在立于原位的旗杆石,是用青石重新凿制的。各以两块青石条竖插在土中,组成夹杆状,高约100厘米。两根木旗杆已分别夹立于其间,以备随时升挂院旗。

4.泮池和石桥

泮池位于仪门之前。原池开凿于明万历三十二年(1604),长60米,中宽约6米,深约2.5米。东西横亘于道南祠和仪门之前,呈月牙状,故原称月河,又俗称月牙池。池上架桥,称为泮桥。这是合乎古代教育礼制的一种做法。

今泮池、泮桥

按照《周礼》,天子的学宫叫太学,又称辟雍,四周环水,南面架桥相通。诸侯之学叫泮宫,只能南半面环水,故称泮池。之后,到了科举时代,中央级的学校国子监也是四面环水的。地方各级的官办学校,如府学、县学,则都是南面开泮池,池上架一至三座石桥不等,称为泮桥。童生、生员过桥去拜孔子,称为"入泮"。

明代东林书院的月河(泮池),现仍深埋在原地,距地面约70厘米。1994年曾进行过考古发掘,弄清了原来的形状和大小。同时在其原址的西边,改砌成长方形的小池一泓,池上架一拱形小石桥。此即现在的泮池、石桥。池水清碧,植以金莲,养有锦鲤,恢复了书院原有的一道优美景观。

5.仪门

走过泮池上的小石桥,便到了书院的第二道门——仪门之前。仪门的门屋面阔三间,门开于正中一间,双扇黑漆实木大门,高门槛。门枕石系用青石雕刻而成,为明代遗物。

此门及门屋始建于明万历年间,天启年间被毁,崇祯二年(1629),时任东

仪门

仪门后墙门内侧题额"东林精舍"

仪门后墙门外侧题额"洛闽中枢"

林书院山长的吴桂森捐资重建，并题门额曰"东林精舍"。之后，又经多次修缮和重建。

门厅正中的屏风上方，悬挂横匾一方，原系清乾隆年间名臣、书画家邹一桂所题书的四个大字"佑文翊运"。佑，帮助的意思；文，即人文、文化；翊，辅佐、保护的意思；运，指国运、世运。这四个字联起来，即指东林书院讲学对社会人文的发展和国脉、国运的振兴均有辅佐、帮助和促进作用。邹一桂官至礼部侍郎，晚年从朝廷致仕回无锡后，曾主讲于东林书院达十年之久。1958年此匾不慎被毁。1994年，特请原国家副主席荣毅仁先生重书，复制成红底金字匾额悬挂于原处。

门厅后墙的墙门之上，里外两面还各嵌置有砖刻门额四块。里面南向为"东林精舍"四个石青色大字，外面北向则为"洛闽中枢"四个石青色大字。"东林精舍"是宋儒杨龟山先生在此讲学所用的原名。"洛闽中枢"则原是书院石牌坊上的坊额之一，意为东林书院是继承"二程"洛学,开启杨时、朱熹闽学的中枢之地。这两条砖刻门额,字迹斑驳,古朴庄重,均系清代乾隆初年所刻之原物,是书院变迁的历史见证。

6.丽泽堂

过了仪门,穿过前庭院,便来到书院的主建筑之一——丽泽堂。此堂面阔三间,始建于明万历三十二年(1604),天启年间被拆毁,崇祯初年由东林书院山长吴桂森捐资重建,之后又经多次修建。该堂堂名由东林书院首任山长顾宪成亲自拟题。丽,连接之意;泽,水池也。两泽相连,池水交流,深浅互补,万物滋益。以"丽泽"作堂名,借喻朋友之间相互切磋、学术交流,相得益彰。顾先生曾经说:"这道理是个极精细的事务,须用大家商量,方可下手。这学问是个极重大的勾当,须用大家帮扶,方可得手。"他还要求学人"并胆同心,细细参求,细细理会。未知的,要与剖明;已知的,要与印证;未能的,要与体验;已能的,要与保持"。始终强调"实学""实用""实益"的务实学风。因此,该堂一向是东林书院会聚各地学者并以礼待客、切磋交流的重要场所,堂名也一直沿用至今。可惜,原悬挂于该堂正上方的堂匾已于1966年被毁。现在的堂匾"丽泽堂"三字系由民革中央前主席王昆仑先生所重书。

"丽泽堂"堂匾的左右还各挂有匾额一方。其左(东)为"风闻百世",原匾亦于1966年遭毁,现系北京书法家苏适先生所重书。风,指东林书院讲学的风范、气度、教化;百世,犹言百代,历时长久之意。《孟子·离娄上》云:"名之曰'幽''厉',虽孝子慈孙,百世不能改也。"其右(西)则为"高山仰止",系由中国书法家协会理事、中央文史研究馆馆员王遐举先生所重书。语出《诗经·小雅》:"高山仰止,景行行止。"意为东林学者的品行才学像高山一样,受人仰慕。

堂内还挂有楹联多副。其中,由清代学者江日容撰联、今人苏适重书的一副最长。联云:

何以明善,何以诚身,丽泽相资,庶友天下之士;

夫谁升堂,夫谁入室,宫墙在望,且游圣人之门。

丽泽堂

其上联中的"善",是儒家所指的善念、善行、善事,即较为完美的人格修养与待人处事的行为。《孟子·公孙丑上》中就说:"君子莫大乎与人为善。"明善,就是使善行光大;诚身,就是使自身真诚实在。相资,即互相启发帮助;庶,表示希望,即希望与天下之士友善交往。

其下联中的"升堂""入室",语出《论语·先进》:"子曰:'由也升堂矣,未入于室也。'"孔子说,他的学生仲由(子路)的学问没有颜渊深,比如人往屋子里走,子路只是登上了堂,还未进入内室。后来,人们常用"登堂入室"称人的学问造诣的精深。宫墙,则是指师门;圣人,即指道德人品极高之人。

堂内还有一副长联,也很引人注目。它是由清雍正年间金匮知县胡慎撰联、当代作家海笑重书的。联云:

> 一堂聚四海名贤,气节文章俱自身心着力;
>
> 多士食百年旧德,读书尚友须从伦物立根。

此联写全国各地学者、士子于大会之际齐集于丽泽堂内，遵守通行的伦理准则，读书交友，探求学问，极为专心用力。其中，"多士"，即指众多士人，语出《尚书·周书·多士》"成周既成，迁殷顽民。周公以王命诰，作《多士》"，注曰："所告者即众士，故以名篇。"《诗经·大雅·文王》中也有"济济多士，文王以宁"之句，故"多士"即指士子众多。"食百年旧德"，语出《周易·讼》"六三，食旧德，贞厉终吉"，意为安享旧日的家业，坚守正道，处处防备危险，终久会获得吉祥。"伦物"，即人伦物理，指人之常情，事物之常理。这副楹联，对仗工整，用典巧妙，道出了东林学子读书作文、做人处世的根本原则。

现在，堂内配置了仿明式的花梨木桌椅和茶几，简洁古朴。中堂的屏风上，还挂着一幅大尺度的国画《东林会讲图》。该画系已故的无锡现代画家、国家一级画师裘国骥先生生前所作，生动逼真地再现了明代学者顾宪成、高攀龙等人在此会友讲学的场景。

7.依庸堂

穿过丽泽堂后面的中庭院，便来到了依庸堂。该堂也为面阔三间的硬山式平房建筑，但其地面高度和屋脊高度均比丽泽堂稍高一些。它始建于明万历三十二年（1604），天启五年（1625）被毁，崇祯二年（1629）下旨修复，但未能成。后于清康熙三十三年（1694）年重建成功。它是东林书院最主要的讲学场所，也是东林学派学术领地的象征。

依庸堂的堂名亦为顾宪成亲自拟定的。依庸，即依照《中庸》之意。"不偏之谓中，不易之谓庸。中者，天下之正道；庸者，天下之定理。"中庸思想是儒家思想的核心内容，也是中国传统文化的重要组成部分。它从形成到现在，一直为民族精神的构建、民族智慧的传播、民族文化的发展发挥着不可估量的作用。依庸堂有如此厚重的文化含量，难怪明清时代的文化教育界人士都认为"脚迹得入依庸堂，人生一大幸也！"

现悬挂于该堂正中上方的堂匾系清嘉庆年间学者魏攀龙重书的原匾。"依庸堂"三个大字，端庄厚重、遒劲古朴，与这座历史建筑相得益彰、相映生辉。

　　"依庸堂"堂匾的两侧,还各挂有横匾一方。左(东)侧的一方为"望古遥集",系清雍年间金匮知县胡慎所题,当代书画家徐邦达先生重书。望古,即回望古代;遥集,就是古往今来优秀的文化思想和远近的有识之士都聚集在这里。右(西)侧的一方为"斯文在兹",由当代学者冯其庸重书,此匾语出《论语·子罕》:"文王既没,文不在兹乎? 天之将丧斯文也,后死者不得与于斯文也。"斯文,指极具影响力的文化思想、传统精神;在兹,即在这里。

　　该堂内最引人注目的是悬挂在屏风两侧庭柱上的一副抱柱联。联云:

　　　　风声、雨声、读书声,声声入耳;

　　　　家事、国事、天下事,事事关心。

　　这副楹联,是顾宪成少年时雨夜巧对老师陈云浦所出上联而撰成的。它充分显示了顾宪成从小就开始养成高尚的读书观和气度不凡的家国情怀。这副抱柱联,原是挂在惠山听松坊顾端文公祠堂里的。民国三十五年(1946)

依庸堂

大修东林书院旧建筑时，时任东林小学校长的顾希炯先生特将自己先祖顾宪成所撰的这副名联从其祠堂里复制一副挂到了大修之后的依庸堂上，该联成为东林书院最有名的一副楹联。1960年5月，著名学者、理论家邓拓先生来东林书院旧址参观考察，对这副楹联特别关注。次年他写了一篇很有名的文章《事事关心》，发表在阅读量很高的《北京晚报》上，后又收在他的散文著作《燕山夜话》之中，从而使这副楹联享誉全国。1966年，邓拓遭到错误批判并含冤自杀，东林书院的这副名联，也被撤下来烧毁。现在挂在堂上的这副抱柱联是1982年特请邓拓先生的生死之交廖沫沙先生重书后制成的。

依庸堂对联（廖沫沙原稿）

依庸堂的前庭柱上，也挂有一副抱柱联。此联原系清康熙乾隆间学者、江苏按察使刁承祖所撰，特请现代著名书法家启功先生重书的。联云：

主敬存诚，坦荡荡，天空地阔；

穷理尽性，活泼泼，鱼跃鸢飞。

上联中的"主敬存诚"，即为儒家强调的对尊长要敬、待人要诚。这也是我国传统文化的核心思想内容之一。坦荡荡，语出《论语·述而》："子曰：君子坦荡荡。"孔子说：有德行之人身守正理，故心地平坦，好像极为宽广开朗的样子。下联中的"穷理尽性"，语出《周易·说卦传》："和顺于道德，而理于义；穷理尽性，以至于命。"穷理，是要透彻推究事物的深妙之理；尽性，则要深入了解人的本性，并皆达到极点。"鱼跃鸢飞"语出《诗经·大雅·旱麓》："鸢飞戾天，鱼跃于渊。"意为穷尽理性之后，就能像鱼游深渊、鹰飞长空那样自由活泼地施展自己的才能。

值得注意的还有该堂东墙壁上尚嵌置保存着明代石刻碑版两方,碑文是顾宪成和高攀龙的好友、著名学者邹元标于万历三十四年(1606)所撰的《依庸堂记》。两方碑历经四百多年的风风雨雨,虽已残破,但大部分字迹还能看得清楚,十分珍贵。

邹元标(1551—1624),江西吉水县人,明万历五年(1577)进士。为官正直清廉,勇于抨击时弊。因触犯权臣和皇上,他曾惨遭廷杖并两次遭贬。邹元标居乡著书、讲学长达三十年之久,名声远扬,与顾宪成、赵南星友善,被合称为"东林三君"。晚年曾被召起,官至吏部左侍郎、都察院左都御史。他终生研治理学,著述甚富,为晚明著名学者之一。

8. 圣域门

圣域门位于依庸堂之后的庭院之中,实为燕居庙之前的一面门墙。墙阔约6米,中间高约5米,两边稍矮约4米,略呈"凸"字状。三段墙顶均为青瓦双坡面纹头脊。门洞在其正中,为竖长方形。门洞上方正、背两面均有砖雕门额,正面刻"圣域"两字,背面则是"燕居"两字,均系民国初年无锡文人秦宝琛所题书。字饰以石青色,端庄古朴。

圣域门墙

人们穿过这道门,就意味着已进入神圣的区域,来到祭拜孔子的燕居庙了。

9. 燕居庙

燕居庙的殿堂及其两侧的典籍室、祭器室,均始建于明万历三十八年(1610),是祭祀至圣先师孔子的专祠和存放祭器及儒家经典的场所,后曾经过多次的重建和修缮。

现存的殿堂,为面阔三间的单檐硬山顶龙吻脊厅堂式建筑,通高近10米,是书院内最高的一座房屋。燕居也称宴居,即安乐、闲居之意,语出《论语·述而》:"子之燕居,申申如也。"因东林书院原为民办的讲学之所,有别于官办的儒学,所以其祭孔的专祠不称文庙而称燕居庙,其建筑也不需像重檐歇山顶的文庙大成殿那样高大巍峨。

殿堂内的正上方,悬有红底色横匾一方,上书"中和"两个金色大字,系集朱熹手迹而复制成。中和,是儒家推崇和强调的最为重要的思想观念,语出自《中庸》:"喜怒哀乐之未发,谓之中;发而皆中节,谓之和。中也者,天下之大本也;和者也,天下之达道也。致中和,天地位焉,万物育焉。"其意为待人、处事尽可能要做到

燕居庙殿堂

持正、适当、不偏不倚、和顺合度,这样,便天下安定、众乐其业、人世祥和。

殿堂内的正、左、右三面,各置金碧雕饰的神龛一座。正面的一座神龛最高大,内有孔子的画像和木主(牌位)。现还安放了从山东尼山孔庙中请来的孔子全身塑像一尊。左面神龛内安放的是曾子、颜子的画像、木主;右面神龛内安放的则是孟子、子思的画像和木主。按照古代的礼制,神龛前均摆放着鼎、豆、簠、爵等祭祀礼器。堂内的左、右两边,还陈列着编钟、编磬、古筝、堂鼓以及琴、瑟、笙、箫等古乐器。

典籍室和祭器室紧连在燕居庙殿堂的东西两侧,均为面阔两小间、矮两层的硬山顶小楼,其屋脊比殿堂的屋脊略低一些。它们分别是储藏儒学经典、历史文献的图书室和存放祭祀礼器的库房,与燕居庙的殿堂组成了一个完美、和谐、庄严的整体,构成了"圣域"的主体 。

10.三公祠

这座祠堂,位于燕居庙的后面偏西,是清顺治十三年(1656)时任东林书

院山长的高世泰为纪念明万历、天启年间有功于东林书院的三位地方长官欧阳东凤、曾樱和林宰而捐资始建的,故名为三公祠。

欧阳东凤,字千仞,湖北潜江人。明万历十七年(1589)与高攀龙、叶茂才等同登进士之榜,万

三公祠

历三十年任常州知府,在治理常州,尤其是发展文教事业方面功绩卓著。曾樱,字仲寒,江西金坊(今峡江县)人。明万历四十四年进士,天启年间任常州知府,曾与阉党抗争,力保东林志士。林宰,字德衡,福建漳浦人。明万历二十九年进士,万历三十年至三十五年任无锡知县,曾积极支持并资助东林书院的重建。他们三人,均一身正气,政绩卓著,深受地方民众爱戴,同时也均遭阉党诋毁,被列入《东林党人榜》而受到过打击和迫害,确实应该在东林书院内立祠纪念。

清咸丰年间,三公祠遭毁。同治十年(1871)又重建。后又经过多次修缮,最后一次修缮是2004年。现存祠堂为面阔四间的硬山顶平房,其中三间是享堂,一间是书房。其形制是典型的江南水乡书香门第的厅堂建筑样式。

11.道南祠

道南祠位于整个书院的东部,东临弓河,始建于南宋,重建于明万历三十二年(1604),是为祭祀东林书院创始人、继洛开闽的理学家杨时及其弟子、门人的专祠。因杨时当年从洛阳南归时,他的老师程颢曾目送他曰:"吾道南矣!"故取"道南"为其祠名。

南宋始建时的祠堂是什么样子,史料上没有具体记载。明万历年间重建的道南祠,则由祠门、享堂和寝堂组成。祠门开设在前围墙的正中,进门为前

庭院。享堂和寝堂均为面阔三间的硬山顶厅堂建筑，其间相隔有中庭院。当时入祀的除了祠主杨龟山先生外，还有其高徒及再传弟子罗从彦（号豫章）、胡瑷（字德辉）、喻樗（号玉泉）、尤袤（号遂初）、李祥（号小山）、蒋重珍（号实斋）、虞

道南祠

荐发（号薇山）、邵宝（号二泉）等，他们都被尊为东林先贤。

　　明天启年间阉党矫旨拆毁东林书院时，因道南祠是官资建造的无锡地方乡贤祠之一，故未被拆毁，逃过一劫。之后，又曾经过多次修建和修缮，但其位置未移，规模和形制基本未变。入祀的东林先贤不断增加，有顾宪成、高攀龙、顾允成、叶茂才等八十余人。每位入祠先贤均经官府批准，非常郑重。东林书院每开讲会，所有参与的来宾与书院学者、生童，都首先要到燕居庙祭拜孔子，然后再聚集到道南祠，谒拜杨龟山先生等东林先贤。因此，道南祠也是标榜先贤、激励后学的重要场所。

　　现在祠堂的大门，是一座外八字双垛头门墙、小青瓦双坡式屋顶的墙门。门枕石为立鼓式，门槛为高闸槛，门为双扇黑漆实木门，形制古朴。大门上方屋檐之下，挂有白底黑字横匾一方，上书"道南祠"三个颜体

廖纶书"道南祠"匾

大字,是曾任金匮、无锡知县的廖纶所书,于清光绪十六年(1890)由其裔孙制成匾额。因是旧匾,十分珍贵。廖纶(1810—1889),字养泉,四川巴州平昌人。曾先后出任金匮、无锡知县。工书法、善诗文。其书法有颜柳风度。

前堂(享堂)之内,高悬着横匾三方,时代各异。正中的一方为"正学津梁",系清雍正时江苏按察使张师载原题,清嘉庆间书法家邓石如所书。正学即指理学;津梁,原义为渡口和桥梁,引申为探求知识、学问之路上的重要关口。左侧的一方为"理学宗传",系清雍正时上元(今南京市江宁区)知县刁承祖原题,现代书法家张传凯先生重书。右侧的一方为"继往开来",系清雍正二年(1724)无锡知县李玫原题,当代书法家刘小晴先生重书。

前堂的庭柱和边柱之上,还挂有楹联多副,也都是古代名人所撰。其中一副十六字长联对仗特别工整且含义深长。联云:

> 道本南来,溯本本原原,洛水薪传延一线;
>
> 恩由北至,看承承继继,锡山俎豆永千秋。

此联系清雍正时江苏按察使张师载所撰,当代书法学家沙曼翁先生重书。其上联中的"溯本本原原"即为追本溯源的意思,"洛水薪传"则指居住于洛阳洛河之滨的程颢、程颐兄弟所创的理学(也称洛学),由他们的学生杨时薪火相传而传到了无锡的东林书院。下联的"俎豆"一词,本义是指祭祀所用的两种礼器,后常被引申为对祖宗、先辈的祭祀和供奉。

道南祠的后堂(寝堂),其地坪及屋脊均比前堂略高一些,故堂内的空间显得更高敞。堂内三面靠墙处原设有神龛五座。正面一龛,奉杨龟山先生神位,左、右各二龛奉宋、元、明、清诸先贤之位。三面的上方,高挂横匾五方,分别是"吾道前津""辅翼孔庭""伊洛正中""纯儒亮节""洛闽中枢",题书时代各异。其中"伊洛正中"一方,系由清初名臣汤斌原题,清道光间爱国名臣林则徐重书,尤为引人注目。汤斌(1627—1687),字孔伯,号潜庵,河南睢州(今睢县)人,清顺治九年(1652)进士,官至工部尚书。他一生清正廉明,政绩卓著,是清初的一位政治家、理学家和书法家。他在任江苏巡抚时,非常关心支持东林书院的修复,并曾两次来书院讲学,还与学子、乡贤们促膝谈心,被学界尊为"理学名臣"。林则徐(1785—1850),字元抚,福建侯官(今属福州)人。清嘉庆十六年(1811)进士,官至两广总督。他严禁鸦片,力主虎门销烟,坚决抵抗外国侵略者,是我国近代史上的爱国名臣、民族英雄。他在任江苏巡抚时,也曾来东林书院视察和讲学,并为道南祠题写匾额。

后堂内还挂有多副楹联,其中有一副最能概括道南祠的功能和意义。联云:

道启东南,一代儒师光俎豆;

学宗洛闽,四方贤哲共烝尝。

此联是由清康熙雍正间名臣刁承祖所题撰,当代画家程及应邀重书。上联的"一代儒师"是指道启东南的杨龟山先生,下联的"四方贤哲"则是指传承程朱理学的东林先贤们,他们也入祠陪龟山先生共享后人的祭祀。程及(1912—2005),原名程杰,江苏无锡人。当代杰出的水彩画大师。1947年应邀赴美国做文化交流。1954年受聘于美国国立艺术学院任教,1964年又当选为该院院士。1974年,他带着他的优秀画作和画册在旅美27年后第一次回到祖国观光交流,并在晚年将他的优秀作品捐献给了家乡无锡。

12. 东林报功祠

这座祠堂位于道南祠的西侧、再得草庐之前,坐东朝西,是面阔三间、单进、硬山式平房,也是书院内唯一东西向的厅堂建筑。

它始建于清道光年间,因是专为祭祀宋代以来各个历史时期对东林书院的创建、重修、保护有功的地方官佐、乡绅贤达等人士而建的,故名为东林报功祠。当年该祠建成后,特

东林报功祠

延请新科进士李鸿章题书祠名并由时任开封知府的无锡人邹鸣鹤撰写了《新建东林报功祠记》，由当时无锡书法家邹安畅书丹，刻立了碑记。现原碑仍在祠内。李鸿章（1823—1901），安徽合肥人，清道光二十七年（1847）进士，官至直隶总督、北洋大臣、内阁大学士。因年轻时与无锡的同榜进士杨延俊特别友善，故常来无锡，并拜访杨延俊的岳父、原吏部左侍郎侯桐，与无锡结有深厚的情谊。

邹鸣鹤（1793—1853），江苏无锡人。清道光六年（1826）进士，治黄（河）功臣，官至广西巡抚。他曾为东林书院的修复做出过重要贡献。咸丰三年（1853），死难于江宁（今南京市江宁区）抵抗太平军的守城之战。有《世忠堂文集》《道南渊源录》《道齐正轨》等著作传世。

1998年，东林报功祠做过一次揭顶大修，牮正了倾斜的梁架结构，更换或墩接了部分损朽了的梁柱，修补了屋面和墙面，使它恢复了原貌。邹鸣鹤撰作的碑记原刻现在仍保存在祠内。

13. 再得草庐

这座建筑，位于丽泽堂之东，以东长廊相隔。清顺治十一年（1654）由无锡学者高世泰捐资始建。"再得草庐"之名，来源于"东林八君子"之一的顾允成所作《东林书院落成步杨龟山先生〈此日不再得〉原韵》一诗的首句"此日今还得"。"草庐"也并非是草房子，而是面阔三间、硬山顶的木结构砖瓦平房。

再得草庐

古代文人常常把自己的住宅或书房称作草庐。高世泰任东林书院山长和主讲的三十多年期间，这里是他读书和讲学的重要场所，所以也称之为草庐。

清雍正十年（1732），由高攀龙的后裔高嵩、高柱主修，许献、高廷珍等人编纂，张师载、刁承祖等学者审定的《东林书院志》,在再得草庐编定完稿,第二年成功刊印,为后人留下了非常珍贵的历史文献资料。

雍正十二年(1734)以后,这里又成为东林书院招收生童进行举业教学的课堂。一批批学子从这里走出,参加科举考试,成为举人和进士。

现在再得草庐内还悬挂着一副当年的楹联复制件,系明万历年间东林名臣、顾宪成的好友邹元标所撰原句,由当代书法家黄惇重书。联云:

> 坐闲谈论人,可圣可贤;
>
> 日用寻常事,即性即天。

上联的意思是,平常时候谈论他人要多看人家的优点。下联的意思是,要在日常生活中加强自己的心性修养,并不断提高,以臻于完善的地步。

14.时雨斋

该斋位于再得草庐之后、依庸堂之东,由金匮知县王允谦始建于清乾隆二年(1737)。

金匮县是清雍正四年(1726)从无锡县析分出来的一个县,与无锡县同城而治。王允谦莅任该县知县的第二年便在东林书院内新建此斋,并将其作为该县生童课习举业的主要场所。这也使该斋成为东林书院讲学性质发生重大变化的一座标志性建筑。

这座书斋的规模和形制,与再得草庐相仿,也为面阔三间的硬山顶平房。开建时,正值农历夏五月,天热久旱;落

时雨斋

郑板桥书"时雨斋"

成时,下起了大雨,大家非常高兴。王知县遂命名该斋为"时雨斋",并撰写了碑文《时雨斋记》。邑绅华豫原先生挥笔题书了斋匾。

2004年,时雨斋得到一次保护性大修,基本保留了原结构,再现了原有的风貌。

15.晚翠山房

这座山房位于书院西长廊的西侧,为西轴线上的第一座建筑。晚翠山房坐南朝北,面阔三间,始建于晚清时期,是当时书院讲学课士的书斋之一。晚翠,一般指树木经过寒冬仍保持翠绿之色,或在太阳西落时,树木呈现的苍翠景色。《论语·子罕》有言:"子曰:'岁寒,然后知松柏之后凋也。'"故这里的"晚翠"也有颂扬松柏精神的意义在。山房,本指山中的隐居者、读书人或者寺僧所居住的房屋,之后,民间书院即使不在山中,其房舍也常常被称作山房。书院的主持人,则被尊称为"山长"。

民国三十六年(1947),这座建筑曾得到过一次修缮后,因用作东林小学的教室,又做过多次改造。到20世纪80年代,这座建筑因较破旧而被拆除成为绿地。1992年,无锡市文物管理委员会办公室在市政府的支持下,将学前街上原晚清名臣薛福辰府第内的一座花篮厅抢救保护并整体移建到晚翠山房的原址之上。因这座花篮厅的规模、形制及时代风格与东林书院内原有的晚翠山房基本相同,从而使抢救保护名人故居旧宅与恢复书院文物建筑两者相得益彰。

重建后的晚翠山房,面阔仍为三间,内有轩顶和花篮垂柱,结构精致。四扇式落地长窗门仍然向北,另有侧门与西长廊相通。厅堂内悬挂有前代所题的"晚翠山房"匾额一方和楹联一副。联云:

晚翠山房

> 茶热酒香客到；
>
> 月明风细花开。

此联系清末民国间著名书法家王荫之所撰，由当代书画鉴定家徐邦达先生重书。它表达了书院聚众讲学时，待客饮酒品茗、赏月观花的情景，是一副颇具生活情趣的对联。联中名词、动词、形容词都严格对仗，平仄声也都相协，读来铿锵有美感。

王荫之（生卒年不详），原名树桂，字荫之，江苏高邮人。民国年间书画家，工诗文。王荫之常住无锡，鼋头渚的"到此忘机"和"藕花深处"石刻、匾额也均由他所题书。

16. 来复斋

这座书斋位于丽泽堂西侧，以西长廊相隔。与晚翠山房一样，也是坐南朝北，面阔三间。但它的历史比晚翠山房长得多，始建于明崇祯二年（1629）。

回望天启六年（1626），阉党飞扬跋扈，东林书院除道南祠外的所有房舍全部被拆毁。崇祯帝即位后，清除阉党，下旨修复东林书院。因当时人们尚心有余悸，皆环顾不敢响应。东林学者吴桂森挺身而出，单独捐资重建了丽泽堂和书院大门，题名"东林精舍"，并在丽泽堂之西新建了这座书斋。斋名"来复"取自《周易·象传上·复》"反复其道，七日来复，天行也"，借此预示他将很快恢复东林院的讲学活动。三座房舍在书院的废墟上建起后，他即约同好友邹期桢等人聚众讲学于其间，他被举荐为书院的山长，来复斋便成为他们讲学之余读书、燕息之处。

1992年，来复斋得到一次大修，再现了原貌。现斋内挂有楹联两副。其一为明代学者、东林先贤邵宝的原句，由当代书法家秦咢生先生重书。联云：

> 百啭未忘初鸟韵；
>
> 一枝犹剩晚柑香。

上联的"啭"为鸟鸣声，"百啭"则言群鸟鸣叫。"未忘初鸟韵"，引申为忘不了东林书院初创时杨龟山先生讲学的初衷。下联的字面意为还剩下一枝柑橘树，其味更为香甜。此联引申意为所留下的东林旧迹更为重要，并令后学

来复斋

们仰慕。

其二是明末东林学者邹期桢所撰的原句,特请当代著名书法家沈鹏先生重书。联云:

交从淡处久;

义向静中参。

其上联语出《庄子·山水》:"且君子之交淡若水,小人之交甘若醴。君子淡以亲,小人甘以绝。"其意为交结朋友要讲道义、淡泊名利、非图报施,这样才能长久。下联中的"义",指道义、情义、忠义等。"向静中参"即在静思中参悟人间的道义。邹期桢曾长期跟从顾宪成、高攀龙等老师在东林书院讲学。高攀龙主张半天读书,半天静坐,在静坐中悟道。邹期桢跟随他学,深有体会。

17.寻乐处

寻乐处原名寻乐斋,位于西长廊西侧、来复斋之北,是一座水榭式的一间体小书斋。建筑为卷棚式歇山顶,三面有窗,东面为墙及门,门通西长廊。

这座小书斋,也是由金匮知县王允谦始建于清乾隆二年(1737)的。他还撰有《寻乐斋记》碑文一篇。寻乐,意为寻求"孔颜之乐"。语出《论语·述而》:"子曰:'饭疏食,饮水,曲肱而枕之,乐亦在其中矣。不义而富且贵,于我如浮云。'"又见《论语·雍也》:"贤哉,回也!一箪食,一瓢饮,在陋巷,人不堪其忧,回也不改其乐。贤哉,回也!"回,就是颜回,是孔子的优秀学生。"孔颜之乐"是儒家所追求的道德修养境界,体现了对物质、名利的淡泊,是一种安贫乐道、内心自足的快乐。

寻乐处

现在的寻乐处,是2002年在原址上重建的,其体量和形制均与原建筑相仿。与此同时,在其两侧开挖了一片水池,使这座小书斋三面临水,成为东林书院内会客闲谈、品茗赏景、读书交流的一个好地方。

斋内挂有明代顾宪成所撰的楹联一副,曰:"愿闻己过;乐道人善。"此联原挂在依庸堂上,2002年特请当代著名雕塑家、书法家钱绍武先生重书后,移挂于此斋。

18.心鉴斋

这座书斋位于西长廊西侧、寻乐处之北,与南面的来复斋隔池相对。书斋面阔三间,六扇式落地长窗门向北,门外有廊与西长廊相通。

此斋始建于明万历四十七年(1619),是高攀龙的学生丹阳人周彦文(号季纯)在东林书院求学时的读书、起居处。他长期师从高攀龙,并将高先生日常讲授的微言奥旨记录成帙,并撰有《东林景逸高夫子论学语序》一文。文末落款处有"天启四年岁季冬日书于东林书院心鉴斋中"一语。他所辑录的高

心鉴斋

氏论学语被收入《高子遗书》中。

斋名"心鉴",意为心中有明镜,遇事不糊涂。这一斋名,很可能是当年高攀龙所题的。

现在的心鉴斋,是2002年在原址上重建的,其体量、形制均与原建筑相仿。内挂楹联一副,系明末东林名臣左光斗所撰原句:

霁月光风在怀袖;

白云苍雪共襟期。

上联"霁月光风",比喻人的胸襟和易坦率。宋代著名诗人、书法家黄庭坚曾称赞理学创始人周敦颐:"人品甚高,胸怀洒落如光风霁月。"下联的"苍雪",就是白雪,南宋著名词人张炎的《南乡子·竹居》中就有"苍雪纷纷冷不飞"之句。襟期,即指襟怀、抱负。

　　左光斗（1575—1625），字遗直，号浮丘。安徽桐城人。明万历三十五年（1607）进士，官至都察院左佥都御史。性刚毅，忠贞廉洁，执法如山。曾参与杨涟弹劾魏忠贤二十四大罪，又亲自弹劾魏忠贤三十二斩罪。天启五年（1625）被阉党逮入诏狱，受尽酷刑，惨死于狱中。同时被诬入诏狱遇害的还有杨涟、魏大中、周朝瑞、袁化中和顾大章，史称"东林六君子"。

　　19. 东西长廊

　　这两条长廊，位于书院学舍中轴线建筑的东、西两侧，始建于明万历三十二年（1604），重建于清乾隆年间，修复于民国三十六年（1947），1992年和2002年又分别做了一次大修。

　　两廊均为长60米、宽1.5米的有轩顶直廊，而且两廊完全对称。这是我国古代书院中常见的廊院制组合形式，即书院讲学主体建筑主轴线两侧以长廊连接，使各堂、斋、房、舍内外相通，晨启昏闭，晴雨通行，极为方便。同时，各院落空间组合既自然又有变化，对陶冶学人情操起到良好的作用。

东西长廊

小辨斋

现在,东长廊的内壁上挂有木刻的"东林八君子"线雕画像及生平事迹介绍;西长廊的内壁上则嵌置有明、清以来历代碑刻二十八方,其中,明代文徵明的《停云馆法帖》原石三方和东林学者邹之麟的手迹碑一方,均为明代书法石刻精品。

20.小辨斋

这是一组两进式加前院门墙的建筑,位于书院的最底部、原箬叶巷的北侧,始建于明万历三十三年(1605),是顾允成在城中读书、讲学和起居之处。与顾宪成同龄的著名戏剧家汤显祖还特为该斋的落成而撰写了斋记。其中云:用"小辨""以名其居,称名以小而取数大"。顾允成的著作文集亦以其斋名作书名,为《小辨斋偶存》。顾允成去世后,其子孙后代曾长期居住于此,并在修缮时,于第一进的砖雕墙门嵌置了砖雕门额"泾皋世泽"四个楷书大字。

20世纪90年代初,无锡大搞旧城改造,箬叶巷以北到人民路之南的大片旧房全部被拆除,小辨斋也未能保留下来。2002年,东林书院启动了再一次的修复工程时，得以在原地按原状重新建起了这处历史建筑。

重建后的小辨斋仍为两进式，面阔均为三间，硬山顶五垛式封火墙，再现了古朴的风貌。其第一进门厅的檐柱上挂有抱柱联一副，联云：

读得孔书才是乐；

纵居颜巷不为贫。

此联系顾宪成少年时所撰的原句，由近代著名书法家赵之谦重书。它充分表达了顾宪成、顾允成兄弟俩从小就仰慕孔子的高弟颜回，决心像他那样，虽居陋巷、吃粗茶淡饭，也决不嫌贫，且专心读孔子之书而乐在其中。

在近千年的历史长河中，东林书院的学舍建筑从少到多，从拆毁到重建，既有增加又有消失，始终处于时慢时快的动态变化之中。例如，清道光年间存在的静习斋、同人古社、杏坛小筑和一长排近十间的课舍，后来都消失不见了。民国三十六年（1947）大修书院旧址建筑时尚有的陶斋、南国杏坛现在也不存在了。但上述的二十处历史文物建筑能在1982—2004年由市人民政府的文物管理委员会和文化局主持下进行的全面保护修复东林书院的浩大工程中得以有效保护和修复，实不容易！

在这连续三期的浩大工程中，还在书院的原址范围内新辟、新建了南园、东园、西园以及园中的正心亭、还经亭、明道亭、妙观榭、弓河码头和曲径连廊，在西园中还开挖了一片水池。这些景点和新建筑，都是在著名的园林古建筑专家、高级工程师李正先生（1926—2017）的精心规划、设计下建成的。其布局巧妙合理，其形制风格完全能与书院的历史文物建筑相协

正心亭

西苑

调,可谓是相得益彰。尤其是西园及其中的水池、假山、石桥、曲廊和明道亭,成为他的得意之作,被记录在他晚年所著的《造园意匠》之中。

东林导源

视民如伤，成己成物
——东林实学的鼻祖杨时

东林学派是明代江南地区具有实学特征的儒学学派，因在无锡复兴东林书院而得名。[①]古代儒学的发展，经历先秦子学、两汉经学、宋明理学、明清实学四阶段。针对晚明学术空疏，东林学派主张"有用之学"，发理学向明清实学转型先声，被称为东林实学。东林实学的产生与发展，可上溯到东林书院的创始人杨时。

杨时是理学大师程颢、程颐兄弟的入门弟子。熙宁九年（1076），24岁的杨时考中进士，授官，托病不赴，杜门研究经义。元丰四年（1081），29岁到颍昌拜著名学者程颢为师，研习理学，与吕大临、游酢、谢良佐一起成为程门四大弟子。学成辞行，程颢目送他远去，欣慰地说："吾道南矣！"元祐八年（1093），杨时41岁，又到洛阳伊皋书院（后改名伊川书院），以师礼见程颢的弟弟程颐，他与游酢"程门立雪"的故事成为尊师重道的典范。

杨时是洛学南传的关键人物，被称为"道南第一人"。据《宋史》，杨时有学生千余人。洛学南传一共有三支——一支闽学、一支湖湘学、一支婺学，三支都肇始于杨时，其中影响最大一支的是闽学。宋政和元年（1111），杨时"携道而南"，到毗陵无锡讲学，因而寓居无锡，喻樗师从杨时，罗从彦特地从福建赶

①孔子基金会编：《中国儒学百科全书》，北京：中国大百科全书出版社，1997年，第687页。

杨时雕像

来问学。杨时在毗陵无锡一传邹柄、喻樗、胡珵，二传尤袤，三传李祥、蒋重珍；在福建一传罗从彦，二传李侗，三传而至朱熹。朱熹宗孔嗣孟，集诸儒之大成，开创闽学，明清时程朱学说被奉为官学。东林书院上承洛学、下启闽学，因而被誉为"洛闽中枢"。

东南学者奉杨时为"程氏正宗"，杨时与当时著名学者胡安国、陈瓘、邹浩、李夔、游复、郑修结为讲友，据《宋元学案》记述，著名弟子还有王蘋、吕本中、关治、陈渊、张九成、萧顗、胡寅、胡宏、刘勉之、潘良贵、王居正、廖刚、赵敦临、高闶、宋之才、李郁、曾恬、江琦等，形成"龟山学派"。这一学派以传播"洛学"为己任，继承二程"理一分殊""为仁由己""主敬养心""格物功夫""性善为本"等理念，批评北学的另一派"蜀学（苏学）"，让程氏理学在南方站住了脚跟，杨时（龟山）学说在此过程中发挥了核心作用。

洛学南传另一支湖湘学，代表人物张栻，与朱熹、吕祖谦鼎足而三，并称"东南三贤"。张栻的老师胡宏是杨时的学生。张栻主持岳麓书院，使之成为南方理学另一个基地，学术上主张"体用一源""经世致用"。洛学南传再一支"婺学"，又称"吕学"，代表人物吕祖谦，其伯祖吕本中也是杨时的学生。吕学力主"明理躬行，学以致用"，发浙东实学先声。吕祖谦倡导不私一家、兼取众长的学风，成功擘画举办了理学史上有名的"鹅湖之会"。《宋元学案》表明，朱熹、张栻、吕祖谦都属于杨时一脉："龟山独邀耆寿，遂为南渡洛学大宗，晦翁、南轩、东莱皆其所自出。"①晦翁、南轩、东莱分别是朱熹、张栻、吕祖谦的号，三家都是洛学南传。

杨时诠释二程著作，奉行中庸之道，不作过头语，语风平实。他认为："道

①〔清〕黄宗羲、〔清〕黄百家、〔清〕全祖望等：《宋元学案》卷二十五《龟山学案序录》。

止于中而已矣,出乎中则过,未至则不及,故惟中为至。"①"过"与"不及"都是违反了中道。例如,二程提出"存天理、灭人欲",人欲也有合理部分,"饮食男女"就是人类生存的必要过程,笼统提"灭人欲"引起争议。杨时做了些小修改,"循天理、去胜心":"人各有胜心,胜心去尽,而惟天理之循,则机巧变诈不作……知命只是事事循天理而已。"②"胜心"是指过分的欲望,去

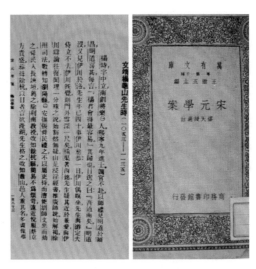

《宋元学案·龟山学案》书影

除"胜心",大众都能接受。杨时还善于综合,取诸家之长。例如"理一分殊"一说,张载强调"理一",类似墨子兼爱;程颐"推理以存义",强调不同对象的伦理义务。杨时综合两人观点,从哲学角度分析,"体用兼举":"理一"为仁、为体;"分殊"为义、为用。说明"仁"是唯一的根本道理,在这个根本道理下,不同对象各自明确自己履仁的义务,是为"用"。

儒家有经世传统,二程、杨时研究性理,目的还是经世。从这个意义上说,杨时既是性理学说的传人,更是经世学说的倡导者。明代,围绕杨时入祀,有"传道之儒"与"释经之儒"之争,实际是对杨时的不同评价之争。以丘濬的评价最为公允:"孔孟以后之儒有功于圣经者无不祀矣,惟杨时者从学于二程,载道而南,使无时焉,则无朱熹矣。何也? 在宋金分裂之时,程学行于南,苏学行于北,虽伊洛之间不复知有程氏之学,则时载二程之道而南,使尧、舜、禹、汤、文武、周公、孔子之道大明于斯世者,其功不可泯也。"③

①〔宋〕杨时:《龟山集》卷十四《答胡德辉问》。
②《龟山集》卷十二《余杭所闻》。
③〔明〕丘濬:《大学衍义补》卷六十六《释奠先师之礼(下)》。

北宋，洛学被人目为迂阔，学说能否经世，决定洛学存续。杨时以《中庸》"合内外之道"解释德性与政经的关系，认为"诚者合内外之道，成己乃所以成物""救世修身本无二道"。①他以《孟子·离娄下》"禹、稷、颜回同道"为例，禹、稷援溺、拯饥与颜回安贫乐道，场合不同，但道德相同，"易地则皆然"②。有德性才能治国平天下，"《大学》自正心诚意至治国平天下，只一理，此《中庸》所谓合内外之道也"③。杨时用经世之学说明洛学继承了尧舜孔孟道统，说明道统与政统关系，确立了洛学的学术地位。

杨时注重"经世之务"。清初蔡世远赞评他是"道学、经济、文章、气节四者合而为一者"④。其中"经济"，是经世济民的意思。政和四年(1114)，杨时62岁，被安排有薪无职的宫观官(称之为"奉祠")，直到71岁"罢祠"。⑤他中进士以来，辗转州县数十年未受重视。因其洛学传人之名声在外，以至于高丽国王也关心询问，这才引起朝廷注意。宋徽宗召他为秘书郎，高宗时官至工部侍郎，授龙图阁直学士。《宋史·杨时传》："时浮沉州县四十有七年，晚居谏省，仅九十日，凡所论列皆切于世道。"⑥杨时有丰富的州县从政阅历，对民情民瘼、时势安危如成竹在胸，谏省给了他"以道事君"的机会，不吐不快。"天下多故"，宣和七年(1125)，他向钦宗建言慎令、茶法、盐法、转般、籴买、坑冶、边事、盗贼、边防、择将、军制十件大事，⑦都切中时弊。例如茶法，嘉祐四年(1059)放开六省茶叶流通，对茶农减赋均赋，但蔡京又恢复"禁榷"(垄断)。又如，盐引变成了"盐钞"(资本品)，大户获利，小户赔补。再如臭名昭著的花石纲，以奉献为名公开掠夺民财。同年，金兵入侵，他上书钦宗力主立统帅、明法令、责宰执、罢阉寺守城，要求追究童贯临阵脱逃之罪，因直言敢谏，被钦

①《龟山集》卷十九《与刘器之》。
②《龟山集》卷十五《撰策问》。
③《龟山集》卷十二《余杭所闻》。
④〔清〕蔡世远：《二希堂文集》卷一《杨龟山先生集序》。
⑤〔宋〕史能之：《咸淳毗陵志》，成都：四川美术出版社，2005年，第294页。
⑥〔宋〕脱脱等：《宋史》卷四百二十八《杨时传》。
⑦《龟山集》卷四《论时事》。

萧山德惠祠(为纪念湘湖筑湖创始人杨时而修)

宗任命为谏议大夫。杨时本着"经世之忠"①,又连上六个札子,力排和议,反对割让三镇,要求罢斥蔡京,任用李纲等抗金将领。②一心议和的钦宗听不进去,后人惋惜地说,哪怕只听一半,后来局势也不会如此糟糕。建炎四年(1130),78岁的杨时告老还乡,隐居将乐龟山讲学,83岁去世,谥号"文靖"。

　　杨时倡导"践履""力行",反对无法践行的玄妙高论。"说经义至不可践履处,便非经义。若圣人之言,岂有人做不得处?"③他把"学而时习之"的"习"解释为"实习",在实践中学习,"必践履圣人之事,方名为学习"④。他鼓励士子身体力行,"躬蹈而力行之"。杨时以程颢为榜样:"伯淳作县,常于坐右书'视民如伤'四字,云:某每日常有愧于此。"⑤杨时曾任徐州、虔州司法,荆州府教

①《龟山集》卷三《谢除谏议大夫兼侍讲》。

②《龟山集》卷一。

③《龟山集》卷十一《京师所闻》。

④同上。

⑤《龟山集》卷十二《余杭所闻》。

授,浏阳、余杭、萧山等地知县,他"安于州县,未尝求闻达,而德望日重"①。他三次任县令,始终"以保民为心"。任浏阳县令时,他开仓济灾民;任余杭县令时,他抵制蔡京借口水利为其母筑坟;任萧山县令时,他率百姓筑湘湖。《浙江通志》载:"宋大儒龟山杨文靖公,政和间为萧山令,多惠政,而其大者水利焉。盖民尝苦旱,公相邑西南多山,地势高亢平旷,乃筑堤延袤八十余里潴水,曰湘湖,利及九乡。民感其惠,立祠湖上,曰杨长官祠。"②杨长官祠现为德惠祠。

日本人高濑武次郎《中国哲学史》从知行关系角度评价杨时:"龟山以格物致知,乃得修齐治平之知,而行之以合《大学》《中庸》之教,立一家之说。"顾、高东林实学,正是继承了杨时的内外合一思想。

---

① 《宋史》卷四百二十八《杨时传》。
② 《浙江通志》卷二百二十一《德惠祠》。

杨时和李夔的东林情结

　　宋代理学家、教育家杨时先生曾来无锡讲学并始创东林书院。这确为历史事实,现存元、明、清三代的无锡地方史志都有记载。最早记载此事的是元代王仁辅编撰的《无锡志》,其中收录的南宋末年进士尤栋所撰《重建五先生祠堂记》云:"我杨文靖龟山先生,虽非吾锡之人,而寓居于郡者十有八载。今城东精舍,乃其讲学之地。是即乡之先师也……慨思龟山载道东南,士之游先生之门者甚众。"

　　据南宋咸淳《重修毗陵志》记载,所谓"寓于郡者十有八载"是从宋徽宗政和元年(1111)算起的。那年四月,在京城"待次越州萧山知县"(等待补授萧山知县)的杨龟山先生,利用空隙时间,乘大运河水驿到毗陵(今常州),专程看望从直龙图阁、兵部侍郎任上致仕回籍的同道学者、好友邹浩。不料邹浩患瘴疾病危,杨时"首即卧内就见",并"寓早科巷"以便时常过来看望陪伴。没多久,"邹公卒,公(杨时)为文祭之"。丧事办完后,龟山先生秉承邹浩遗愿,又受同郡学子周孚先、周恭先兄弟以及邹浩之子邹柄之邀,在周孚先所创办的城东书院讲学,传授伊洛之学。之后,该书院便更名为"龟山书院"。

　　大约同年之秋,龟山先生又应邀到无锡讲学,陪同来锡的有其长婿陈渊和毗陵学子、后来成为李纲好友的胡珵,讲学的地点即尤栋记文中所说的城东精舍,其确切位置在城东弓河之上(西岸),陈渊依据龟山先生在游庐山东林寺时所作并最常吟诵的《东林道上闲步》诗之意,建议将此处改题为"东林精舍"。龟山先生赞同了这一建议。

龟山先生究竟是应何人之邀来无锡讲学的?现存史料记载阙如。现代考证研究者文章很多,但说法不一。大多认为是应抗金名相李纲所邀而来的,因为李纲是无锡人,与杨时的关系最为密切,且是患难与共的挚友。但我们认为并非李纲所邀。因李纲比杨时小30岁,那时还是个年轻人,与杨时的关系也当未到达密切的程度。他与杨时成为忘年交、患难与共的挚友是在后来他们都在京城担任要职、成为抗金名臣的时候。再说,政和元年(1111)李纲还未中进士,以将仕郎的官衔在真州(今扬州市仪征市)任司法参军,并不在家乡无锡。司法参军是知州属下的从九品小官,但却是个职事官,具体事务多而繁杂,而且他在办事之余,还要准备参加第二年的进士考试,很难能抽空回无锡老家。

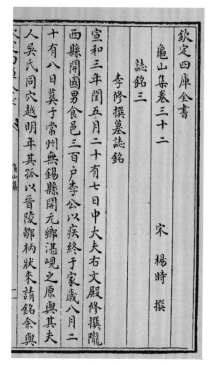

杨时《龟山集·李修撰墓志铭》

真正邀请龟山先生来无锡讲学的应当是李夔的父亲李夔。其根据有以下三点。

其一,李夔原籍福建邵武,中年时才随其父李赓定居到无锡来的。杨时则是福建将乐人,将乐和邵武两县靠得很近,同属建州。李夔虽比杨时大六岁,但他上学读书稍晚,且比杨时晚中进士四年。所以他们两人可以说是老同乡、老同学、老同事、老朋友。这从后来杨时所撰《李修撰墓志铭》的一段表述中便可见一斑:"余与公俱闽人,又尝同为诸生,肄业于上庠,挟策考疑,时相从也。俯仰四十余年……与公有平生之旧,而知公之详,盖无遗矣。"又据明末学者黄宗羲等人所撰《宋元学案·龟山学案》记述,李夔也是一位理学家,而且与邹浩等人都属龟山学派中的主要成员,故他对杨时的学识思想非常钦佩,其政治主张、治国理念也与杨时基本相同。

其二,政和元年(1111)之前,李夔因年老已经乞求从集贤殿修撰、知邓州兼京西南路安抚使的高位上退下,徽宗允准并授以"提举杭州洞霄宫、勋骑都尉"的高品位且不用上班管事的闲职,还"赐爵陇西县开国男、食邑三百户"。用现在的话来说,他已退居二线。"公(李夔)东归,居于梁溪锡山之傍,日以文字为娱,澹如也。"①这就证明,杨时到常州看望邹浩时,李夔确实闲居在无锡家中,而且还悠闲地读书、撰文。得知老朋友邹浩病逝,他也必定要去常州吊唁,并与杨时相聚。之后,杨时应邀又在常州讲学,他能不邀请老朋友也来无锡讲学吗?

其三,杨时趁"待次"的空隙时间南来常州,原本就是要看望已经致仕在籍而且志同道合的老朋友的。因此,他计划看望了邹浩之后,必定还要到常州属下的无锡县看望李夔。只是没想到邹浩竟已病危,没几天即离开人世。看望李夔的日程只能往后推迟了。从这一实际情况看,杨时来无锡首先是要礼节性地拜访官高三品的老兄李夔,然后再应李夔之请,在无锡讲学。作为知名的学者和教育家,龟山先生应是所到之处,大多都会有求必应、设坛讲学的。在无锡,有李夔这样的老朋友热心安排,更是如此。

当年,李夔陪同杨时一行究竟选定何处作为无锡讲学的处所?这在明代弘治七年(1494)《重修无锡县志》中记

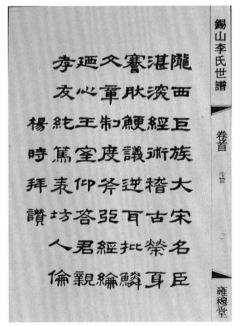

杨时《李夔像赞》

①《龟山集》卷三十二《李修撰墓志铭》。

梁溪河畔新建的李夔、李纲梁溪居

载得十分清楚：“杨时，字中立，将乐人。……先是讲道于无锡十有八年，得传其道者，喻工部樗也。今东林庵是其精舍。”“东林庵在箬叶巷东，临弓河。元至正十年，僧月秋潭即杨龟山讲道遗址创建。国朝洪武初年，里姓朱子华舍地广之，境最幽胜”。明万历二年的《无锡县志》也记载得很明确：“龟山书院，名东林书院，在城东弓河之上，宋政和间龟山先生在此讲学。旁有精舍，今保安寺僧居之。隆庆元年督学耿定向、万历元年督学谢廷杰设行兴复。”所谓“保安寺僧居之”，即保安寺的僧人居住在这一遗址上建起的东林庵内。隆、万年间江南两任提学御史（俗称“督学”）耿定向、谢廷杰曾应无锡县学生员的联名请求，准予在此原址上修复东林书院，但均因东林庵不肯相让等原因而未能成功。直到万历三十二年（1604），顾宪成、高攀龙等学者方能捐资在龟山先生讲学的原址上重建东林书院。

然而，近年来无锡多位文史爱好者没有认真研读有关东林书院的所有史料，却相继撰文说杨时讲学之所在城东弓河上之说不确，应是“在城南保安寺、东临伯渎港之处，即现在无锡压缩机股份有限公司所在的区域”（《无锡史志》2007年第8期）。"城南东林书院乃是杨时讲学的肇始地，而城中东林书院是顾宪成、高攀龙移地别建的新的东林书院"，"没有城南东林书院就不会有今天的城中东林书院"（《吴文化专刊》2011年12号）。还有人杜撰了一些情节，说："据无锡地方志记载，其时无锡官员李虁陪同著名学者杨时到无锡南门保安寺游览。杨时见此地临伯渎港，前临清流，周围古木参天，与郁郁葱葱的庐山东林寺颇为相似，是个研究和传授学问的理想场所，便有意长期在此讲学。李虁知晓后，全力赞同。于是定此学社为东林。"（《祠堂博览》2014年秋之卷）

其实，只要知道下面的两条史实，以上的一些说法就完全站不住脚了。一是无锡城南的保安寺，是南宋绍兴元年（1131）才始建的（《〔弘治〕重修无锡县志》卷二十四），杨龟山于北宋政和元年（1111）来无锡讲学时，这里还是一片荒滩田野。二是所谓的"城南东林书院"，原是明代无锡名人邵宝年轻时借老朋友华麟祥所执掌的城南保安寺一间僧舍读书、讲学的地方。二十多年后，邵宝已升任漕运总督等高官，多次回锡探亲还常为家乡的年轻学子讲学。但他早年的读书、讲学处已倒塌荒芜了。华麟祥之子华云拜邵宝为师，并重修了保安寺内老师年轻时的这处讲舍。因邵宝是杨龟山先生的数传弟子，原本就想在城东弓河之上修复东林书院的，然而未能实现。因此，华云便建议将已修复的保安寺读书讲学处，称为东林书院。邵宝欣然同意，并特请老朋友王守仁撰写了《城南东林书院记》。邵宝是完全知道此处并非龟山先生讲学的原址，故特在王守仁所作记文的标题上加了"城南"二字。

上面所引错误言论中，还有两处必须要再提出来多说几句的，以免继续误解。一处是所谓"无锡官员李虁陪同著名学者杨时……"。李虁并非当时无锡的地方官员，而是得到宋徽宗允准从"集贤殿修撰、知邓州兼京西南路安抚使"高位上退下闲居无锡老家的名臣。他在无锡还有两位致仕在籍的老朋友：一位叫凌浩（字直翁），年轻时曾拜著名理学家胡瑗为师，治平二年（1065）进士，官至渠阳太守。一位叫陈敏（字伯修），也是胡瑗的关门弟子，熙宁三年（1070）进士，王安石奇其才，推荐为太学学正。晚年曾出知台州，因不满蔡京

将乐含云寺(杨时读书处)

等人所为,辞官归里,自号濯缨居士。大观年间,李夔曾向皇上推荐他重新入仕,他婉言谢绝。大观之末,李夔也退居无锡了,故常与这两位老学者交游。政和元年(1111)杨时到无锡讲学,当与李夔的这两位老朋友的支持也有一定关系。另一处是说杨时"有意长期在此讲学",这也是错误的。史料上记载的杨时在常州、无锡讲学十有八年,是从政和元年他在常州第一次讲学算起,到南宋建炎二年(1128)致仕、告老回归将乐老家为止,连头带尾十八年,其实只有十七年。在这十七年中,他也不可能"长期"在常州、无锡两地来回讲学,因为第二年他便赴萧山履任知县,之后他还相继擢任过右谏议大夫兼侍讲、国子监祭酒、工部侍郎等高职,讲学只是抽空或顺道路过而进行,每次也仅数天而已。但在无锡东林精舍,每次听讲的学子确是众多,气氛热烈。其中最有名的是喻樗和从毗陵徙居无锡的胡珵、从南剑州来无锡从游的罗从彦,他们是龟山先生在无锡的嫡传弟子。再传和三传弟子则有官至礼部尚书的尤袤、无锡第一位状元蒋重珍和李夔的曾孙李祥等,他们都被东林书院的后学们尊称为东林先贤。

杨时和李夔虽都不是无锡人,但他们喜欢无锡这个好地方,关心热爱这里的人和事。他们携手在此始创东林书院,为发展无锡的文教事业做出了不可磨灭的贡献。李夔及其子孙后裔都定居在无锡,杨时后裔中的一支也定居在无锡南郊的江溪桥等地。两族名人辈出,受到无锡人民的尊敬和称颂。

　　黄宗羲的老师刘宗周（号蕺山）曾说："东林之学，泾阳导其源，景逸始入细，至先生而集其成矣。"①其中"泾阳导其源"颇耐人寻味，这意味着顾宪成并非东林学派的开源者，东林学派的源头另有他处，顾宪成的贡献在于他找到了这个源头，在吸收、改造前人学术的基础上催生了东林学派。东林学派的源头在何处？通过梳理东林学派的发展脉络，我们认为其源在邵宝处，顾宪成、高攀龙等人正是在邵宝的影响下，自觉接续道统，根据社会变化的需求吸收、改造程朱理学，批判、矫正王学及其末流，在此基础上形成了东林学派。

　　邵宝（1460—1527），字国贤，别号二泉居士，人称二泉先生，无锡人，明天顺四年（1460）九月三日生于无锡南塘冉泾里。邵宝接续程朱的传统，将之传播到家乡无锡，并带动了无锡讲学风气的兴盛。他被罢官后于正德五年（1510）回到家

真士夫邵宝

①《明儒学案》卷五十九《文介孙淇澳先生慎行》。

乡无锡,建立书院,讲经授徒。正德七年以后,邵宝归隐乡里,开始著书讲学的生涯,直到嘉靖六年(1527)去世。从地缘上来看,邵宝和东林诸人同属吴中地区,且邵宝和东林之间存在密切的师承渊源;从学统上来说,他们都主张学宗程朱,在学术上亦有明显的承接关系。

邵宝与东林的师承渊源

邵宝去世后23年,东林的第一任领袖人物顾宪成出生。从时间上看,他们并没有交集,但仔细梳理顾宪成的师承情况,邵宝和顾宪成有着实际的师承渊源。顾宪成20岁时师从张淇,张淇"少游唐荆川、薛方山两先生之门,其授书不拘传注,直发其中之所自得"[①],是心学的路子。21岁时,顾宪成兄弟师从薛应旂(1500—1574,字仲常,号方山,武进人)继续学业。顾宪成的两位老师和王门关系密切,但不拘泥于王学,心胸开阔,反对王学的异端化、玄虚化。他们对程朱之学的评价很高,张淇在研读朱熹之学后,发出"毕竟盘不过此老"[②]的赞叹。薛应旂晚年曾重订《考亭渊源录》,将此书授给顾宪成兄弟和自己的孙子——同为东林学派的薛敷教学习。据《四库全书总目提要》记载,薛应旂"其学出于邵宝,后从欧阳德。欧阳德,姚江派也。又从高陵吕柟,柟,河东派也"[③]。薛应旂师从邵宝、欧阳德、吕柟等。薛应旂写给友人的信中,提到"鄙人弱冠时尝从邵文庄公游"[④]。薛应旂弱冠跟从邵宝学习,且很可能到邵宝去世。薛应旂对自己的老师感情深厚,不论是在学术上还是在为人上都深受其影响。《薛子庸语》中载有师生论学的情节:

邵文庄公谓薛子曰:"人当为真士夫,不当为假道学。"对曰:"真士夫则真道学也,假道学则假士夫也,何有于二哉?"曰:"尔之言是也。但今

---

① 〔明〕顾枢:《顾端文公年谱》上卷。
② 〔明〕顾宪成:《泾皋藏稿》卷十六。
③ 〔清〕纪昀:《四库全书总目提要》。
④ 〔明〕薛应旂:《方山薛先生全集》卷九《答秦次山》。

之为道学者,不过假是名以出于士夫之上,而其实非也。吾故因其名而反之耳!"曰:"公但即真,勿畏道学之名也。"曰:"尔言又是也。"①

这段师生间的对话,邵宝以反对假道学,要做真士夫的精神勉励弟子,不仅令薛应旂印象深刻,对顾宪成亦有触动。顾宪成在《小心斋札记》中对此段论学进行了评论:

二泉书院

> 邵文庄云:"愿为真士夫,不愿为假道学。"薛方山先师质之曰:"真士夫即真道学也,假道学即假士夫也。"诚然诚然,而文庄之意远矣。②

顾宪成在王学末流日益狂禅化,空虚狂诞之学风充斥天下的环境下,深感假道学盛行的危害和关心世道离乱、关怀百姓疾苦的真士夫的可贵,对邵宝"人当为真士夫,不当为假道学"的体会更加深切,因此才会发出"文庄之意远矣"的感慨,希望邵宝关切世务、提倡经世致用之学的思想不断传承下去。

薛应旂记述邵宝对自己为人处世的教导:"先生燕居,时辄陈说古今人物某某可为师法,及自叙平生居官处世,曰:'愿学古人,无逐末俗。'"③邵宝"无逐末俗"的教导对薛应旂影响至深,他为人正直、为官刚直,他不畏权贵忤严嵩,顶住王学门人的压力罢王畿都是"无逐末俗"的表现。邵宝磊落的气节,笃实的学风,不仅影响着薛应旂,而且在当时和身后都产生了深远的影响。

---

① 〔明〕薛应旂:《薛子庸语》卷一《世一》。
② 〔明〕顾宪成:《小心斋札记》卷十八《顾端文公遗书》。
③《方山薛先生全集》卷七《与王槐野》。

东林的领袖顾宪成、高攀龙深慕其风，自觉承续其笃实醇正、重视践履的学风，皆引邵宝为师。顾宪成对邵宝的为人、为学都赞赏不已，"虽三尺孺子，语及先生莫不知其为笃行君子也。……先生所著有《简端录》《学史》《容春堂集》，凡数万言，曷尝无文辞？扬历中外所在，家尸而户祝之，曷尝无事功？阃瑾之横，一毫不假，曷尝无节概？概惟其一诚流注而三者之迹并为所掩"[1]，高度赞扬了邵宝因其至诚在立言、立功、立德上取得的不朽功绩。高攀龙在《二泉先生年谱后叙》中说："先生之学，研穷于六经，博涉于群书。……观其遗书，考其遗事，百世而下犹使人感发奋起而不能自已者是也。"[2]对邵宝的学术、为人风范深向往之。

邵宝学宗程朱，被时人称为醇儒，他对薛应旂的教导使薛应旂首先接触了程朱学说，这对弱冠之时的薛应旂应有较大影响。薛应旂兼容朱陆，以经世务实为要，注重实修工夫的治学精神有着邵宝的功绩，可以说，没有邵宝对程朱之学的推重，薛应旂很难在王学的包围中正视程朱学说，更不可能授之于学生顾宪成，后又在顾宪成的推动下形成东林学派。因此，上推东林之学的源头，实在邵宝，正如高攀龙所言："吾锡故未有讲学者，有之，自宋龟山杨先生始，今东林其皋比处也。自元以来，芜废久矣。复之于邵二泉先生，王文成之记可考也。嘉、隆以来，又芜废矣。复之于顾泾阳先生。"[3]描画出"杨时—邵宝—顾宪成"的东林学脉。邵宝的源头作用体现在何处？我们将通过梳理邵宝的理学思想，分析其东林学养。

邵宝的理学思想

邵宝的学术以洛、闽为的，在他的学术统绪中，龟山先生杨时起到了很关

---

①〔明〕吴道成等编：《邵文庄公年谱·邵二泉先生年谱序》。
②同上。
③〔明〕高攀龙：《高子遗书》卷九上《东林会约序》。

键的作用。龟山为二程的弟子,在无锡讲学十八年,使程子之道传播到江南,对邵宝及以后的东林学派主要成员产生了深刻影响。《无锡县儒学复五贤祠记》中记载:"昔韩子称求,观圣人之道者自孟子始,孟子后千余年而两程子继之。今之求道者不当自程子始乎?龟山传程子之道而南者也。"①可以清晰地看到邵宝所认可的儒学正宗发展脉络,而他则把自觉承接统绪,发扬儒家正统理学思想,塑造士人高尚品德,扭转社会风气,挽救时弊作为毕生追求。这种精神鼓舞了顾宪成、高攀龙等后学,成为东林学派的先驱,正所谓"东林之教盈天下,实自宝始"②。邵宝的理学思想,彰明东林学派之源。

(一)理气观与善恶论

邵宝在理气观上坚持理是万事万物的主宰,是宇宙敦化运行的根据,是超越现实存有的形上根据。对于理与气的关系,他认为理是气之所以为气的根本,理的具体实现要靠气的运行。诚如他在《说卦穷理尽性以至于命之简》中所言:

> 厥初一气也,混沌之极则自辟焉,则自运焉,则自化焉。孰辟是?孰运且化是?辟而运且化者如斯,夫如斯者不可名,指而名之曰理。理非假于外也,理无不在,故曰静而正。由静正有中之名,故执中则尽理。理也者行于气之中,而超乎气之上,名于气之后,而得乎气之先者也。有理斯有气,先是非无也。无理混沌耳,一辟而万化,一运而万古,有理故也。③

在邵宝看来,气运流行,宇宙敦化,都是形上存有的理的作用,在理与气孰先孰后的问题上,他认为理先气后,有理才有气,理靠气运行。天地间只有这个理,万物共有了这一纯粹形上之理而各有其自身的呈现:"天有天理,地有地理,人有人理,物有物理,盈天地间无无理者。"④邵宝的理气观明显是朱

①〔明〕邵宝:《容春堂集》后集卷二。
②〔清〕陈鼎:《东林列传·邵宝传》。
③〔明〕邵宝:《简端录》卷三。
④同上。

邵宝《容春堂集》

熹思想的映射。

邵宝"万物共'理'而各具其'理'"的观点正是来自朱熹"理一分殊"的思想，朱熹认为天地间只有一理，这个理是超越现实存在的形上根据，是纯粹至善，万事万物禀赋了这一纯粹至善的理而拥有了各具特性的理。邵宝继承了这一思想，认为天和人遵循同一个理，人只有遵循天理，克制私欲，按照自然之理行事，才能达到高明的境界。

邵宝对理气关系的处理同样来自朱熹。在朱熹看来，理是形上根据，气是形下存有，理与气相互依赖，不能分离。"天下未有无理之气，亦未有无气之理"①。对于理与气孰先孰后的问题，朱熹明确指出"此本无先后之可言。然必欲推其所从来，则须说先有是理。然理又非别为一物，即存乎是气之中，无是气则是理亦无挂搭处"②，意即理作为超越的形而上的根据，是先在的，有了这个根据才有形而下的气，但理脱离了气无法得到具体实现，两者是二元对立又相互依赖的关系。

邵宝继承了朱熹的理气观，并用此解释善恶问题。他在《论性杂说》中说："理之在天，气不得与焉。及夫各正性命而寂然不动，气亦不得而与焉。至于感动而发则有与于气者矣。有与于气，而气得参焉，故有善有恶。"③邵宝认为理是纯粹至善的，当理未发之时始终保持其纯粹至善的特性，气不得参与其间。一旦感发，理就要借助气来运行，气参与其间，就出现了善恶。为何

①〔宋〕黎靖德编：《朱子语类》卷一《理气上》。
②同上。
③〔明〕邵宝：《容春堂集》续集卷八。

气参与理会有善恶？邵宝在《阳货性相近也之简》中如此说明：

> 气之直为理，气无不直。阴阳五行得其中则直而直也，故曰：人之生也直。孟子之道性善盖宗乎是。偏胜焉，于是乎有不直者，而其直者未尝不在也，故曰：性相近也。性犹水也，孟子之言性也，出山而未离乎山者也；孔子之言性也，在溪焉、在涧焉者也，盖成乎水矣。诸子者之言性也，则水之下流者尔。①

在邵宝看来，人们认为性有善恶是以气言性的缘故，而气在运行性之理的过程中很难持中，保持"直"的本然状态，往往会有偏胜。一旦偏胜达到极致，仁、义、礼、智、信等性的基本内容就会向极端的方向发展，如智可能向诡诈奸猾发展。这种以气言性的做法是从末流上谈性，没有论及性的本原，气在运行中因为偏胜导致的善恶现象不能看作性之善恶。论性要从性之理、性之原上入手，即如孔、孟、程、朱等先贤所言：纯粹至善之理下贯为性，则呈现出性善之本来面目，故人之性善。邵宝推崇孔、孟、程、朱以理言性、以命言性的思路，认为这是抓住了性的根本，而从性之本原上推导，必然得出性善之结论。东林诸人力推性善宗旨，力辟阳明四无之教，正是对往圣先贤性善主张的承袭与发展。

（二）格物致知的方法论

在朱熹看来，外在的物理世界是客体性的存在，是人的认知对象，人要通过格物穷理的工夫，使物理世界和人的主体世界建立联系，以体认天理，建立人极，物理世界由此具有了价值意义。邵宝和其后的东林学者延续了朱学的这一传统，强调格物穷理的渐进式的进学方法。邵宝在《说卦穷理尽性以至于命之简》中有一段论述，表明了他的观点：

> 盈天地间无非理也，非理无物也。故曰：天地以顺动。天地且不能无理以动，而况于物乎？夫如是，然后知理之不可须臾离也。道也者，行此者也；教也者，传此者也。参天地赞化育皆由此出。大学曰："致知在

①《简端录》卷十二。

邵宝《点易台铭》四面碑

邵宝《点易台铭》碑文（局部）

格物，物格则理斯在矣。"是故君子贵穷理，穷理而外乎物，非善穷理者也。①

从上述文字中，可以看出邵宝的格物穷理之说大致有两个方面：一是认为格物的目的是穷理；二是主张理一定要从物上求，而这一点正是圣学与异端的分水岭。

第一，邵宝认为格物正是为了穷理，盈天地间皆理，没有了理，万物就失去了存在的根据，学者正是通过格具体事物之理把握其背后的天理，从而达到格物穷理的目的。他还以医者切脉求脉理为比喻来说明，"尝恨格物'格'字解不切，偶读医书，切脉'切'字谓求其脉理也，以切解格，庶得之矣"②，形象地说明学者格物就如同医者切脉一样，求的都是背后的"理"。如何格物呢？邵宝给出了自己的方法："聚精会神，置吾心于是物之中，致一而不及乎他，是之谓格。《易》曰：'王假有庙。'自明而诚，圣学之大要也。故孔门博约之诲，万世之道训也。程朱释格物为穷理，盖有见于此。格，穷理之至也。"③物有常变，变化多样的是

①《简端录》卷三。
②《容春堂集》续集卷八《读周子书杂解十二首》。
③《简端录》卷十一。

表象,唯有看到表象背后的"常"或"一",才能体认到物之理。怎样才能做到这一点呢?邵宝给出的方法是遵从孔子之教,以澄明之心感于物,把握物之纷繁现象背后的"一"(即理)。这里保持澄明之心至为关键。为此,邵宝又提出,格物的先务是恢复人心之明觉,"万物皆备于我,故致知在格物。物可尽格乎?尧舜之智不遍物,急先务也。然则格物之先务何在?凡小学之所已习,大学之所当行,皆是物也。人心本无所不知,其有不知,气拘物蔽焉尔"①。物理世界广大至微,人的生命有度,精力有限,即使是尧舜那样的圣人也不可能穷尽一切之物,这就要求格物要从首要任务上入手,其后的问题就迎刃而解了。这个首要任务就是去除遮蔽人心的杂念和偏差,保持主体之心的明觉本性,保持人心与天理的贯通,如此才能贴近天理,感知物之理。

第二,邵宝强调不能离物求理。邵宝认为求理要从物上求,重视格物穷理的实在工夫,反对当下顿悟的现成之法,他说:"穷理而外乎物,非善穷理者也。"②又说:"理即物之所以为物者也,不曰穷理而曰格物者,要之于其实也,圣学所以异于异端者,其在此乎!"③邵宝认为理是万物存在的根据,但理也要通过万物展现,"理无物不存",因此理物不相离,理只能由物上求得。如果离开现实的物理世界求理,则容易落入老氏之虚无、佛氏之空寂。他把是否重视格物穷理渐进式的进学工夫看作划分儒学正统与异端学说的分水岭,强调在研读儒家经典、关注现实物理世界中锤炼学者的使命感和担当精神,把天理和现实世界紧密联系在一起,主张在具体生活中体认天理。邵宝的观点正是儒学正统思想的体现,同时也是对当时蹈虚玄谈之风的反应。东林学人强调于日用常行中求高深之理,在书院讲学中讲研理学,反对"四无"之说,以躬行实践落实天理,当是重申格物穷理的实修工夫,正是对邵宝学说的继承。

---

①《简端录》卷十一。
②《简端录》卷三。
③《简端录》卷十一。

邵宝于"格物穷理"之说不仅把它用于学术领域(如他所著《学史》即是取程颐"今日格一物,明日格一物"之义,也称为《日格子》),还能身体力行、躬行实践,这与顾宪成在《东林会约》中强调的"破二惑",做到讲行统一、学用一致是一脉相承的。

(三)敬慎的修养功夫

"敬"的思想源远流长,最初源于中国人对天命的敬畏心理、面临重大事件呈现的戒惧谨慎的态度和深切的忧患意识,后来逐渐演化为一种道德观念。但真正把"敬"作为一种重要的修养方法提出的是二程,他们指出敬不仅可以保持外在的整齐严肃,还可以保持内心的纯粹明觉,敬贯通内外。朱熹继承了二程的主敬思想,强调内在要做到收敛身心,心无杂念,心思专注;外在上则对人的坐立行走等都提出了具体要求,以做到正衣冠、肃容貌,呈现"整齐严肃"的容貌气象,无论内外都要持敬。此外朱熹还提出"敬通贯动静","主敬要贯穿在知与行,未发与已发的全过程",[1]持敬作为一种修养方法,其目的在于"穷理",即"要且将个'敬'字收敛个身心,放在模匣子里,不走作了,然后逐事逐物看道理"[2]。只有以敬修持身心,去除私心杂念,才能真正达到"格物穷理"的目的。

邵宝秉承了程朱的"主敬"思想,把敬作为重要的修养方法贯穿于静坐、读书、为人、做官等的全过程。如他在《与李道原》中说:"贤者学业静中想大进,惟所谓循序致精、居敬持志者,不可忽耳。"[3]认为居敬持志才能取得学业上的大进展。在杂著三十首之一《守官箴》说:"何以守官? 曰敬与廉。敬则不忽,廉乃有严。何以守敬? 曰惟以畏。国宪天彝,罔或敢坠。何以守廉? 曰惟以俭。我用克节,我俸亦赡,循是二者,静以待之可否? 在事喜怒曷施? 民曰父母,君曰臣子,勉焉夙夜,庶几称此。"[4]心中常存敬畏,收敛克制,才能

---

① 陈来:《宋明理学》,上海:华东师范大学出版社,2004年,第139页。
② 《朱子语类》卷十二。
③ 《容春堂集》前集卷十九。
④ 《容春堂集》前集卷九《守官箴》。

做一个自觉遵循天理、遵守国纪纲常的为国为民的好官。论及君子之道,邵宝认为始终以敬克制内心芜杂无绪的杂念,才能呈现君子整齐庄敬的气象。

邵宝的主敬思想亦是贯通内外与动静之间的。他在《曲礼毋不敬之简》中说:"此修己以敬之道也,安民其效也,不期而自得焉者也。安民哉! 真古经之言哉! 简而旨毋不敬,总身心内外言之,容貌辞气乃其大者。"①他推崇孔子的修己以敬之道,认为保持严肃恭敬的修养工夫是培养君子人格的关键,也是治理政事、使百姓安乐的关键。这里邵宝延续了儒家传统的修、齐、治、平的理念,把修身作为起点,而持敬的修养方法不仅可以做到容貌辞气上的庄重严肃,还可以克制内心的种种杂念,保持心的本然状态,他的敬是总括身心内外而言的。邵宝还说:"身在此心亦在此,此谓静时之敬;事在此心亦在此,此谓动时之敬。"②"身在此心亦在此",即是通过克制欲望,洗涤俗念,使心静下来,达到物我感通的境界,专心致志体认天理。这个过程中克制欲念、收敛身心的工夫就是静时之敬。而当我们处于纷繁复杂的各种事物之中,我们或者容易受到各种乱象的迷惑,迷失方向;或者会出现私心渐长,公心渐泯的局面,此时应以敬的工夫来提醒警觉,在洒扫应对、待人接物的具体事务中保持澄明之本心,此为动时之敬。

此外,邵宝还把敬与慎结合起来,提出独特的敬慎观。在《慎斋记》中邵宝阐发了敬和慎的关系,强调敬慎戒惧工夫,慎于心才能不滞于物。

> 某昔尝闻学于君子曰"敬",敬云足矣,而又曰"慎"何居? 君子之论敬,有曰一者,慎其一乎? 非一而求,所以为一也。有曰贞者,慎其贞乎? 非贞而求,所以为贞也。有曰庄者,慎其庄乎? 非庄而求,所以为庄也。夫庄也,贞也,一也。举其一未足以尽敬,而慎也兼之,惧其有不敬也,而加之慎,则是慎也,其与夫敬也,同实而异名者也,故知慎则知敬矣。君子之学,其何以加诸? 虽然慎有二:有慎于事者,有慎于心者。慎独云

---

① 《简端录》卷十。
② 《简端录》卷十二。

者,慎于心之谓也。慎于心,则一而不滞,贞而不谅,庄而不矜,有不言,言则天下听之;有不行,行则天下信之。舍此而徒慎于事,抑其次焉者矣。①

"庄"有持重恭敬之意,"贞"意味着贞固坚定,它们都表达了敬的某些方面,但未能穷尽全意。在邵宝看来,只有"慎"能真正表达"敬"的内涵,始终保持谨慎戒惧,不任情肆意,就能杜绝不敬,做到严肃恭敬,在这一点上,慎与敬同旨而异名。对于慎的理解,有两种指向:一指外在的言行举止,二指人心。在邵宝看来,慎于心尤为重要,保持心的戒慎畏惧,可以摒除杂念,心思专注而不受外界干扰,心性坚定而不为外物迷惑,庄重恭敬而不骄矜自得。基于此,邵宝认为慎独即是专指慎于心而言,慎于心自然能慎于事,若只在事上谨慎戒惧而舍弃心的敬慎专一工夫,未免舍本逐末,落入下乘了。

邵宝庄敬和雅,不趋附名利,反对空谈,倡导世人学习真正对为国为民有用的学问,强调儒学经世致用的传统,对于儒家正统思想不仅有独到的见解和研究心得,而且能够身体力行。从他的为学特点来看,有着鲜明的尊朱特色,无论是他的理气观、善恶论,还是其方法论、工夫论都注重对儒学正统的继承和延续,而这种自觉的继承恰是为了反对当时蔓延开来的空虚学风,凸显儒学经世致用的功能和务实、实修的精神,以挽救时弊。这种理念和精神到了明朝中晚期的东林学派那里发展到高潮,反虚务实,扭转学风,挽救明朝危亡的呼声愈加高涨,并开启了清初的实学之风。

（本文作者阎秀芝,为苏州大学中国哲学博士、无锡职业技术学院讲师）

---

① 《容春堂集》前集卷十一。

唐顺之：
祧余姚而开东林

　　唐顺之（1507—1560），字应德，一字义修，明代常州人，因卜居荆溪（宜兴）十多年，故号荆川。嘉靖八年（1529）会元（会试第一），殿试传胪（二甲第一名）。明代文学家、军事家、武术家，《明史》说他"于学无所不窥，自天文、乐律、地理、兵法、弧矢、勾股、壬奇、禽乙，莫不究极原委"[①]。一生编撰《文编》《武编》《儒编》《左编》《右编》《裨编》六编共364卷，还有《诸儒文要》《语要》《五氏始末》《广右战功录》等。崇祯中，追谥襄文。

　　北宋文学家苏轼称赞韩愈是"文起八代之衰，而道济天下之溺；忠犯人主之怒，而勇夺三军之帅"，唐荆川有与韩愈相仿的经历，若把第一句"八代"改成"七子"，四句话也可用于唐荆川身上。

　　"文起七子之衰。"唐荆川是明代文学"唐宋派"的代表人物之一。明代文坛一度由"前后七子"把持，标榜"复古"，主张"文必秦汉，诗必盛唐"。复古实为拟古，模仿秦汉文，"较声律、雕文句"，故作佶屈聱牙之语。唐荆川强调文章"本色"，在《答茅鹿门知县·二》一文中指出："学为文章，但直抒胸臆，信手写出，如写家书，虽或疏卤，然绝无烟火酸馅习气"，要"自为其言"，有"真精神"及"千古不可磨灭之见"。唐荆川所纂《文编》一书中选录了唐代韩愈、柳

---

① 〔清〕张廷玉等：《明史》卷二百零五《唐顺之传》。

宗元,宋代欧阳修、苏洵、苏轼、苏辙、王安石、曾巩八个作家的作品。稍后茅坤(号鹿门)承其说,选辑了《唐宋八大家文钞》。文史大家郑振铎在《中国文学史》中说:"唐宋八大家之说盖始于唐顺之。"

"道济天下之溺。"唐荆川与薛应旂同属南中王门学派,著名历史学家柳诒徵评说两人"祧余姚而开东林"。"文以载道",唐宋派以文学传扬理学。明代理学分为朱学与王学,朱学是官学,"存天理灭人欲"说束缚人们思想,从而引起反弹。王阳明学说主张"心即理",又称"心学"。王学前期起了思想启蒙作用,但王学后期"释化",宣扬"无善无恶""顿悟",士子"束书不观",空谈心性。南中王门是王学左派,着手修正王学。针对理学"未有此事,先有此理"的偏颇,唐荆川提出"天机自然"说,以"天机"缓解天理与人欲的紧张对立。唐荆川回归儒学传统,避虚归实,提出"夫有实志而后有实学,有实学而后有实事""是以志必论真志,功必论实功"。唐荆川的儿子唐鹤征参与东林讲学,薛应旂是顾宪成的老师,后世东林学派转向经世实学,唐荆川的"实志、实学、实事、实功"是渊源之一。

唐顺之像

唐荆川实学思想的一个特点是重视"技艺",提出"技艺与德"不可二分,回应对他"好博杂技艺"的批评。他说:"绝去艺事而别求之道德性命,此则艺无精义,而道无实用。"在这里,"技艺"含有现代"科技"的意味。唐荆川堪称自然科学家,通晓元代传下来的《回回历》,精通弧矢割圆术(球面三角学),用于推算黄道和赤道运行,所著《勾股测望论》《弧矢论》等数理天文学著作,"乃千古不传之秘,而历家作历之本也"。《明史》卷三十一称唐荆川为"非历官而知历者"。他自己也常说:"知历数又知历理,此吾之所以异于儒生;知死数又知活数，此吾之所以异于历官。”(谢肇淛《五杂俎》)唐荆川还十分重视军事科学，首先创造了人控水雷用于海岸守卫。

“忠犯人主之怒。”汉代班固说：“天下安，注意相；天下危，注意将。”但历史上，文人多不解武事，武人也多不省义理，文武全才之人似凤毛麟角。唐荆川文能治国，武能安邦，文笔佳，兵法熟，武功精，是一个传奇人物。这样一个文武皆能的全才，当时竟未获重用。他先后任翰林编修与右春坊司谏，“皆以守道直己之志弃去”。嘉靖十四年(1535)，由于他不肯阿附座师张璁，张璁怒将他罢归，并下令“永不叙用”。嘉靖十九年，由于嘉靖不常临朝，唐荆川、罗洪先、赵时春联名上疏，请太子于翌年正旦临文华殿受群臣朝贺，此举触怒了嘉靖帝，“料朕将不起也？”他再一次被削职为民，从此卜筑阳羡山中读书。直至嘉靖三十七年西北边事与东南寇情告急，才以“边才”复出。盛年遭不测，嘉靖三十九年赍志以殁，年方54岁。

“勇夺三军之帅。”唐荆川以通天下之志、成天下之务自勉。在岳飞墓前，他以诗明志：

国耻犹未雪，身危亦自甘。九原人不返，万壑气长寒。

岂恨藏弓早，终知借剑难。吾生非壮士，于此发冲冠。

“岛夷躏姑苏，戟婴儿为戏”，唐荆川闻知，“痛心疾首，愤不与之俱生”。他人在山中，心在海疆，抗倭大计了然在胸。同榜进士赵文华深知他的军事才能，推荐他出山。但赵文华是严嵩门人，出山有损个人清誉。殷殷赤子情，拳拳报国心，在个人名誉与国家征召之间，他最终选择后者。

唐荆川所编《武编》有12卷189门(类)，“一切命将驭士之道，天时地利之宜，攻战守御之法，虚实强弱之形，进退作止之度，间谍秘诡之权，营阵行伍之次，舟车火器之需，靡不毕具”。他对相关内容早已烂熟于心，北创虏、南剿倭给了他实践和验证的机会。

制订御倭经略。嘉靖三十七、三十八年两年，唐荆川两奉敕书，参与海防一应合行事务。经实地查勘，他随即上了《条陈海防经略事疏》，建议御海洋、固海岸、图海外、定军制、足军食、鼓军气、复旧制、别人才、定庙谟九策。明确

唐荆川（武像）

水军将领必须出洋，贼若登岸残破地方首罪水将；制定沿海保护内地、内地策应沿海的连带责任，坐视倭寇过境而不进击者有罪；指出嘉靖二年绝贡（禁海）是倭害的根本原因，"能绝其入贡之路，不能绝其入寇之路"①。建议复贡，恢复浙福广三省的市舶司。唐荆川还对纠正募兵与筹饷制度弊病、修复沿海卫所、恢复屯兵等提出了建议。"别人才"一条，点名弹劾台州知府黄大节、副总兵曹克新。九条对策，实情实据，条陈明晰，确立了根治倭害的方针。疏上，嘉靖批："所司复议，克新听调，大节闲住，余俱从之。"（《明世宗实录》）

创立鸳鸯阵法。作战需整体战斗力，不能单凭个人武艺。"倭寇惯为蝴蝶阵，临阵以挥扇为号，一人挥扇，众皆舞刀而起，向空挥霍。我兵仓皇仰首，则从下砍来。"②明军的五五阵法不适应港汊地区作战，唐荆川把最小的编制改成只有五个人的伍，伍长持防牌在最前，其后是一把狼筅和三支长枪，称为鸳鸯伍。改良后的军阵扬长避短，在灵活性上大为增强。唐荆川去世后，戚继光进一步改进为以十二人为基础的"鸳鸯阵"，用此阵法一次歼敌二万余人。

治军节制有术。唐荆川深谙带兵之道，赏罚分明，严格治军。奉敕巡边，发现蓟镇兵额9.39万，实际只有5.96万，况且羸老不任战，总督王忬因此被罚三个月俸禄。他通晓"慈不将兵"的原理，宣布"每年防春失守汛地者杀无赦。若贼至而不容登，内地无扰，则虽无斩获之（首）级，亦为防春有功"。他一到

①〔明〕唐顺之：《荆川先生外集》卷二。
②〔明〕郑若曾：《筹海图编》卷二下《寇术》。

任就查实了一些将领避战的证据,要他们写下保证不再犯的生死文书。暗夜,他雇乘民船私访,发现畏黑避战的责罚无情。同时切实解决军费,沙兵(海岸部队)军费不落实,他明令"以养兵之费而偏重于沙兵,更奏闻于朝,立为定格"。由于明确了汛区防区,"(三十八年)四月间倭至而不能登陆,一支飘往江北,一支飘上三沙,苏、松、嘉、湖千里宁谧,实荆川之功也"①。

身先士卒。唐荆川赴江浙督军,完全可以高坐省城或苏州发发文书,或兵来将挡,无须亲敌。"惟公身在行间,突阵摩垒,泛大洋者千里,寝海舟者累月。不避矢石,不逭褵校。"为探明海情,他"自乍浦下海至舟山,入舟风恶,四鼓发舟……是日行六百五十余里"。庙湾一战,"自擐甲持矛麾兵以进"。唐荆川"尝登焦山而望三江,叹曰:'吾第一枭将,吾病而不克展其能,奈何? 然使一病都堂居海中,则诸将无敢不下海,诸将能下海,则贼自夺气也。'"

欧阳东凤《晋陵先贤传·明都御史唐荆川先生》记载:嘉靖三十九年(1560),唐荆川"至泰州,自度不起,因进诸将士曰:死国,吾志也,良死舟中,幸矣","复语其族子一麑曰:吾死不恨,第山中尚少十年功夫耳"。倭患未平,唐荆川死不瞑目。

嘉靖四十二年(1563)四月,戚继光、刘显、俞大猷合力击倭,平海卫大捷;次年三月,戚继光仙游、王仓坪、漳浦大捷;继之,俞大猷潮州大捷,截杀倭寇几无遗类。倭寇蹂躏鲁、苏、浙、闽、粤首尾二十年,黔黎血涂草野。至是,倭患始息。"戟婴儿为戏"的鼠类,尚敢尔?!

①〔明〕郑若曾:《郑开阳杂著》卷二《论海船纵贼内寇之由》。

薛应旂：敦本尚实，导源东林

薛应旂像

薛应旂（1500—1574），字仲常，号方山，明常州武进五牧余巷（今常州市武进区横林镇余巷村）人。嘉靖十四年（1535）进士，历任慈溪知县、江西九江府教授、南京考功郎中等，官至浙江提学使。文学家、理学家、史学家，著有《宋元资治通鉴》157卷、《重编考亭渊源录》24卷、《甲子会记》5卷和《附续甲子会记》、《四书人物考》40卷、《高士传》、《薛子庸语》6卷、《薛方山记述》、《宪章录》46卷、《方山文录》、《浙江通志》72卷、《宋方文语》、《孙子说》、《方山记述》1卷、《方山致义》3卷等。后裔收录其诗文等，刻印《方山薛先生全集》68卷。

翻开武进五牧余巷薛氏家谱，跃入眼帘的是一段悲惨的历史：洪武十三年（1380），后圻头薛氏十世祖薛文，因被诬告参与胡惟庸党谋反，全族千余人惨遭灭门，赘婿、塾师张伯洪冒死救出十二世祖祥伯、祥叔兄弟，分别隐匿余巷和邓庄，祥伯即是薛应旂高祖。这是明代薛氏讳莫如深的隐痛。天不灭薛氏，嘉靖、万历、崇祯三朝，余巷出了薛应旂、薛敷教、薛寀三个进士，薛氏兰桂重芳。

薛应旂是顾宪成、顾允成兄弟的老师,《明儒学案·东林学案》载:

(张)原洛曰:"举子业不足以竟子之学,盍问道于方山薛先生乎?"方山见之大喜,授以《考亭渊源录》曰:"洙泗以下,姚江以上,萃于是矣。"①

是年,薛应旂七十一岁,因为喜欢顾宪成兄弟,令孙子敷政、敷教与之交朋友,一起听课。

疾恶如仇 去奸如脱

韩愈说:"古之学者必有师。师者,所以传道、受业、解惑也。""传道"不仅是传授孔孟经典,更多是躬行力践,薛应旂是顾宪成等人的道德楷模。

薛应旂嘉靖十四年(1535)中进士,授官慈溪知县,到任就发布《晓谕齐民》《劝谕僚属》《申革县官入山做茶》《申革冗费》等文告,禁止下属以选茶为名入山鱼肉茶农,节减接待开销,防止奸猾棍徒勾结书吏挟制官府等。他锐意安抚百姓,裁减加派的税赋,府里下达的檄文与百姓利益冲突的,往往顶着不办,还经常为百姓便与不便同知府争执,知府扬言要给他点颜色看看。不得已,他只好申请担任教职,当了九江教授。后又督学江西,曾主掌白鹿洞书院。

嘉靖十八年(1539),薛应旂被提拔为南京吏部考功司主事,不久又转升郎中。给事中王晔曾奏劾严嵩贪贿,嘉靖二十四年考察官员,严嵩指使尚宝丞诸杰写信给薛应旂,信中附条要求罢黜王晔,许诺事成之后提拔他任"提督四夷馆少卿"。薛应旂当面撕碎来信,将此事付之公论,保留王晔官职,相反罢黜了诸杰。为此,薛应旂受到严嵩报复,不久被降为建昌通判。南吏部尚书张润亲自为薛应旂辩解,南六科给事中游震得等上疏为他鸣不平。奏疏下发吏部复核,吏部尚书唐龙亲自题复:"(应旂)性过自执,学不拘人,疾恶如仇,去奸如脱,诚如该科所言为国任怨之臣也。"皇帝下诏恢复薛应旂京职。

①《明儒学案》卷五十八《端文顾泾阳先生宪成》。

而后严嵩数次压制、构陷，罢了薛应旂的官。被罢前，薛应旂受特邀参与主考陕西秋试，将落选的八百余卷，全部重新审阅，从中遴选出邹应龙等人。数年后，邹应龙上疏扳倒了严嵩。后人评述薛方山有大功于明朝二件事：一是识拔了邹应龙，二是培养教育了顾宪成。

不立门户 朱陆合一

薛应旂以文章名世，与王鏊、唐顺之、瞿景淳并称嘉靖四大家，在清代吴敬梓《儒林外史》中，仍可见到"王唐瞿薛"的提法，顾宪成前老师张淇（原洛）、唐荆川都曾问业于应旂。他对文学、理学、史学都深有研究，完全有条件自立门户，自成一宗，但是他反对这种做法。学生向程赞他："先生平生未尝妄出一语，遇有感触，则发言极论无少逊避，然必令左右记之，寻自默览以稽其当否。盖唯恐失口于人，因以为放言之戒也。"①

明代中期学派林立，分门别户，由争学术而斗意气。对此，薛应旂忧心忡忡，他在《识势》一文中，以汉代党锢、晋代玄学、唐代清议、宋代禁学为喻，提醒要防止学术之争撕裂社会，以免导致"怨恶沸腾于寰中，干戈相寻于海内，而溃败不可收拾"的局面。他认为"道在迩，不在远；唯务实，不务名"，要求学生"言之匪艰，行之惟艰。吾愿子身体力行，不立户门，不事标榜，务从实践"。

宋代理学界有"朱（熹）陆（象山）之争"，到明代中期则衍化为"朱王（阳明）之争"。薛应旂"初从吕柟、邵宝讲濂洛关闽之学，后为良知之说，尝及欧阳德之门"，朱学、陆（王）学都耳熟能详，学术倾向调和朱陆，力图"弥缝之"。但因为他曾拜欧阳德为师，一般认为他是王学弟子，《明儒学案》把他归入"南中王门"。

王畿（号龙溪）是王阳明的得意门生，后期学说渐渐背离师训，在讲学时，

---

① 《薛子庸语》卷一《向程序》。

往往"杂以禅机,亦不自讳也"①。江南士子听王畿讲学的较多,薛应旂曾在《送王汝中序》一文中忠告他要注意对世道的影响。薛应旂任考功郎中时,置王畿于察典,"借龙溪以正学术"。王学当时有很大势力,此举引起王门一片哗然,不准他列名王氏学者。实际上他很称道王

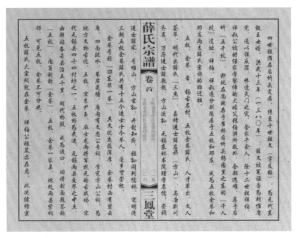

明代薛氏三杰

阳明,赞扬他的"致良知"说,历史性评述王学解放思想作用:"正如解缠缚而舒手足,拨云雾而睹青天。"他肯定王阳明《朱子晚年定论》对朱熹的评价,同时肯定"朱子之心胸"。在他修校的《重编考亭渊源录》一书中,将陆象山三兄弟作为朱熹之友,补充列入考亭学术渊源,"以示调和",他在序言中称朱陆"道本一致,学不容二",他指出:"朱元晦之言,孔子教人之法也;陆子静之言,孟子教人之法也。会而通之,其究一也。"后来有人仅根据他重编了《考亭渊源录》这部书,就说他"由王返朱",这是不正确的。

薛应旂学风影响了顾宪成、薛敷教,黄宗羲说:"东林之学,顾导于此。"顾宪成躬行重修、批"无善无恶",尤其是兼容朱陆,是得到了他的真传。顾宪成虽有"东林党首"之名,在学术上却是主张"质之大众",反对"党同伐异"的。(参见《东林会约》"九益""九损"条)

张夏《洛闽源流录》载:"(应旂罢归)家居近二十年,躬行理学,手不释卷。每一书成,凡几易稿,皆手自抄誊点窜,未尝借力于人。"清代学者俞长城评价:"薛方山贯通六经,发而为文,如金出冶,如玉离璞,光芒焕然;又精于史

①《明史》卷二百八十三《王畿传》。

学,《宋元通鉴》,昭代《宪章》,皆有功于当世。"①

经世实学 敦本尚实

薛应旂倡导经世实学,主张敦本尚实。身为督学,管的是以文取士,但他对"学而优"有别解,集中体现在他的《学而优则仕》一文中。他认为君子之学为己(修为自己),"为己所以为天下也"。"学"在《尚书·周官》中的解释是"学古入官,议事以制"。子羔学而未优,子路就委任他当费地的行政长官,孔子批评说"贼夫人之子"(误人子弟)。(《论语·先进》)这就好比不会操刀,就令其宰割。"学不优弗可仕",只懂得功名富贵,不懂"民之利与害",对"身心性情、经世宰物漫未之究",出任地方官必然束手无策。②薛应旂注重实际才干,对"文而优则仕"有看法。唐代选拔人才主要通过皇帝举办的特别考试,称为"制科",宋代开始以"贡举"取代,他倾向恢复"制科":"以科目收天下之士,以制科收非常之才,如此而后,天下无遗才矣。"

薛应旂曾任吏部考功司主事,对官员重德胜于重才,他认为考察官员:"其上考德,其次考行,其下考绩。""君子之仕也,见其君不恤其身,周其民不思其爵,持其要不密其法,合其大不计其小,其于政也,几矣。"能这样做,就接近良政善治的要求了。他呼吁官员要有爱民之心、经世之志,"天下之事,当以天下之心处之"。

薛应旂《宪章录校注》

薛应旂以场屋文字(八股)见长,但他并

---

① 《中华大典·文学典·明文学部》。
② 〔明〕薛应旂:《方山先生文录》卷十七《学而优则仕》。

不拘拘于"代圣人立言",而是强调"经世":"夫经者,以经世也,圣人作经以经世。"[1]"义协,则礼皆可以经世,不必出于先王;理达,则言皆可以喻物,不必援之故典。"[2]明代科举出题、答题都必须以《四书章句集注》为准,薛应旂此语,可谓石破天惊。在文道关系方面,他认为:"文以载道也,道以经世也。靡辞不足以阐幽,冶辞不足以适治,游辞不足以贡俗,艰辞不足以辨理,故曰:辞,达而已矣。""言贵乎经世也,不贵乎费辞也。"

薛应旂有史学著作《宋元资治通鉴》《宪章录》,都是以民间修史补国史之不足。他说:"迩来见《通纪》仿编年而芜鄙,《吾学编》效纪传而断落,遂不辞衰惫,尽出旧所录者摘什一于千百,汇为斯编,与经世者共之。"值得一提的是他关于经史关系的论述:"世儒相沿,动谓经以载道,史以载事。不知道见于事,事寓乎道,经亦载事,史亦载道。要之,不可以殊观也。"他经史一体的提法是"六经皆史"的先声。

清廉峻节 代有传人

薛应旂孙敷教,字以身,从小在祖父身边听闻濂洛关闽之学,秀才时就得到巡抚海瑞"忠义士"的评价。御史王藩臣上疏劾巡抚周继,没有告知副都御史耿定向,受到吴时来、耿定向弹劾,藩臣被处停发俸禄二个月。敷教这时还是观政进士,说:"是欲为执政箝天下口也。"副都御史詹仰庇弹劾敷教煽惑人心,神宗下诏,令敷教回家省过三年。

神宗拟立郑妃所生小儿子为太子,遭群臣反对,继而又拟三个儿子一起封王,以后再择优确定太子。薛敷教具疏力谏,并写信给大学士王锡爵,锡爵虽然很恼怒,但是三王并封一事就此作罢。

癸巳京察,赵南星因罢斥执政私人被削职为民,薛敷教抗疏申救,被降为

①《方山先生文录》卷七《舒城县儒学尊经阁记》。
②《明儒学案》卷二十五。

光州学正。他以道义激励州人，与光州士子一起砥砺德业。不久母亲去世，他回家守孝，于是不再做官。与顾宪成、高攀龙一起修复东林书院，聚众讲学，作《真正铭》以勉同志。他说：

> 人当励志，时冲静可挹；一旦纷华，在目不觉炫心。最是不关名节处，人以为无伤，而不知所伤实大。所以硬脊梁，立定脚跟，在于初念。①

薛敷教孙薛寀，字谐孟，崇祯四年（1631）进士，授武学教授，转南京国子助教，升刑部主事、郎中。崇祯十年任开封知府，次年，李自成兵临开封，他力主先剿后抚，上司没有采纳他的意见，见事不可为，遂自劾挂冠而去。明亡后削发为僧，将自己的名字去"冠"成"采"，去"发"成"米"，自号"米堆和尚"，住苏州米堆山。顺治四年（1647）清军指名搜索他与杨维斗等七人，因为穿了和尚服，没被认出来。有《薛谐

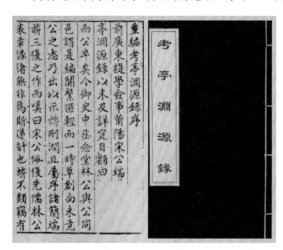

薛应旂《重编考亭渊源录》书影

孟先生笔记》，记载清军渡江后屠昆山、屠江阴的惨烈，以及顺治二年苏州市民反抗清军剃发的斗争。曾为《天启崇祯两朝遗诗》作序，而遭清廷追查，在明末清初以气节著称。

薛应旂一家，以文载道，以道事君，立身直行，为儒林清标。国变后，他们不畏强暴，守身无疵，力量从哪里来？《薛子庸语》说："君子明于死生之分，达于利害之变，则富贵、贫贱、夷狄、患难、寿夭，一以视之矣。"这可以为其一家气节、道德、文章作一注解。

---

① 《［雍正］东林书院志》卷二十二《轶事二》。

东林讲学

东林讲会与东林会约

　　讲会，是古代的一种学术性聚会，类似现在的学术讨论会。先秦时，就有齐国的稷下学宫，是百家争鸣的场所。南宋时，理学有两次著名讲会，一是朱熹、张栻在岳麓书院的朱张会讲，二是吕祖谦主持的朱熹、陆九渊的鹅湖之会，二者都带有辩论会性质。明代中期的讲会，始盛于王阳明余姚中天阁讲会，随后王门弟子的惜阴会、青原会、水西会等风起，更因首辅徐阶灵济宫讲会而风靡一时。王学后期"禅化"，顾宪成、高攀龙因之而起，万历二十六、二十七年，分别在惠山和阳羡山中举办讲会，与管志道辩"无善无恶"，在此基础上修复东林书院，确立会讲制度，顾宪成亲订《顾泾阳先生东林会约》（以下简称《会约》）。

　　东林会讲有周密的仪式，"每年一大会，或春或秋，临期酌定，先半月遣帖启知。每月一小会，除正月、六月、七月、十二月祁寒盛暑不举外，二月、八月以仲丁之日为始，余月以十四日为始，会各三日，愿赴者至，不必遍启"。讲会"大会每年推一人为主，小会每月推一人为主，周而复始"。讲会采用讨论方式，"每会推一人为主，说《四书》一章。此外有问则问，有商量则商量，凡在会中，各虚怀以听，即有所见，须俟两下讲论已毕，更端呈请，不必搀乱"。可以诘问，可以发表不同意见，但不可中间插话，保持静肃。大会设门籍、设知宾，客至击坼传报。仪式细至饭点："各郡各县同志临会，午饭四位一桌，二荤二

东林书院志

《东林书院志》整理委员会整理

陈璧显主持点校《东林书院志》书影

素;晚饭荤素共六色,酒数行;第三日之晚,每桌加菜四色,汤点一道,攒盒一具,亦四位一桌,酒不拘,意洽而止。""每会设茶点随意,令人传递,不必布席。"①

会讲中间插入"歌诗":"会日久坐之后,宜歌诗一二章,以为涤荡凝滞,开发性灵之助。须互相倡和,反复涵咏,每章至数遍。庶几心口融洽,神明自通,有深长之味也。"②制订有"歌仪":"蒙学习礼者,充歌生。每歌鱼贯升堂齐立,对圣像一揖。择年长声亮一人为倡,每句倡者先歌一声,众生齐和一声。歌毕,复一揖,卷班,散。"③备选的诗有理学前贤的七绝四十首,律诗二十四首,多为哲理诗,蕴含理学义理,"以诗明道"。其中有杨时《东林道上闲步》、朱熹《克己》、王阳明《咏良知》、程颢《秋日偶成》、邵雍《观物》等,选诗不限门户,注意博采众长。

东林讲会自万历三十二年(1604)到四十年,在东林书院会讲共九次,轮流在常熟虞山书院、毗陵经正堂、金沙志矩堂、荆溪明道书院、嘉禾天心书院举办共七次。会讲主讲稿及讨论发言分别记入顾宪成《东林商语》《虞山商语》《仁文商语》《南岳商语》《明道商语》。商语,是学术互相商讨的记录。这些"商语",主要探讨儒学经典,并无所谓的"议政"。

《〔雍正〕东林书院志》的主编许献认为,《东林会约》由三部分组成:"首列孔、颜、曾、思、孟,明统宗也;次《白鹿洞学规》,定法程也。申之以饬四要、辨二惑、崇九益、屏九损,卫道救时,周详恳到。"④《会约》依这一思路展开。顾、

---

① 《〔雍正〕东林书院志》卷二《院规·会约仪式》。
② 同上。
③ 《〔雍正〕东林书院志》卷二《院规·歌仪》。
④ 《〔雍正〕东林书院志》卷二《院规·顾泾阳先生东林会约》。

高在惠山、阳羡的讲会"力辟王阳明'无善无恶'",取得认识上的升华,《会约》有理论总结的意味。

明确道统学统

顾宪成认为,学者继承孔子的人文路线,一定要搞清楚孔子为什么强调学习,颜、曾、思、孟为什么善于学习。顾宪成善于从根本上思考问题,《会约》开头列举了孔子和颜、曾、思、孟的七段语录,是儒家学说的大本大原,分别涉及儒家的世界观、社会理想、哲学观点和价值观,顾宪成认为王门后学正是在这些方面违背了儒学原理。

"吾道一以贯之"是说道统,儒家追求尧、舜、禹、汤、文、武、周公的"三代之治",孔子一生忠于这一信仰,并推己及人。孔、颜、曾、思、孟是统宗,后人称为学统。明统宗,是提醒各学派,要恪守儒道,尤其是"三教合一"的鼓吹者,不要丢了儒家的主导地位。

"吾十有五而志于学,三十而立,四十而不惑,五十而知天命,六十而耳顺,七十而从心所欲不逾矩。"孔子的一生是学而知之的一生,顾宪成反对王学的"生而知之",多次以孔子为例,到七十岁才敢说"从心所欲",说明没有"先天圣人"。

"仰之弥高,钻之弥坚。瞻之在前,忽焉在后。"这一段是说学无止境。顾宪成少年时就以"孔颜之乐"为自己的理想,学无止境就是学习动力。

"大学之道"一段,一是提出"明德、亲民、止于至善"的治国方针,二是提出"格物、致知、诚意、正心、修身、齐家、治国、平天下"的经世路线。与心性学说不同,东林人士更关心的是"家事、国事、天下事"。

"天命之谓性,率性之谓道,修道之谓教"与"中和位育",是从哲学高度,阐述儒家的"形上"原理。王门后学认为佛学是上学,儒学是下学,顾宪成以此纠弹。

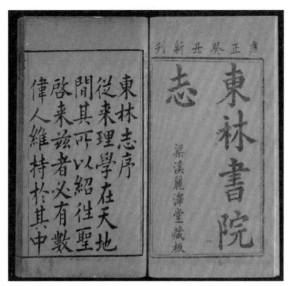

《〔雍正〕东林书院志》书影

"孟子道性善,言必称尧舜",是强调践履尧、舜的性善宗旨,而不是用"满街都是圣人"的口号,讨好、忽悠民众。

"可欲之谓善,有诸己之谓信,充实之谓美,充实而有光辉之谓大,大而化之之谓圣,圣而不可知之之谓神。"(《孟子·尽心下》)这是中国人"善真美"的价值观。"可欲"解释是"己有欲,施与人"。"圣",是"大而化之"的能力;"神",是预测预见能力,神圣不神秘,更不是神仙鬼怪。王学以个人成贤成圣为学习目标,顾宪成以创建一个善的世界为目标。

由上可见,七段语录不是随意选取,条条都有学术争议的背景。

明确教育方针与学生守则

《东林会约》第二部分,全文转引朱熹《白鹿洞书院揭示》(以下简称《揭示》)。《揭示》不仅是对学生而言,更多的是对学校和学政提出要求,实质是教规。南宋淳祐六年(1246),宋理宗诏颁《白鹿洞学规》,于各州府县立石,作为学校管理规范。

《揭示》全面反映朱熹"德行道艺"的教育思想。《揭示》指出:"古昔圣贤所以教人为学之意,莫非使之讲明义理,以修其身,然后推以及人。"要使学生"明理修身",决不能使学生只会"务记览、为词章,以钓声名、取利禄"。朱熹认为教育首先要教会学生如何做人。后人只要一提到朱熹,就会联想到他的

《四书章句集注》。实际上在此之前,朱熹还主编了《小学》一书,内篇前三个纲目是立教、明伦、敬身。在序言中他说:"古者小学,教人以洒扫、应对、进退之节,爱亲、敬长、隆师、亲友之道,皆所以为修身、齐家、治国、平天下之本。"①都是从人格修养方面提出要求。

围绕"德行优先",《揭示》从为学之序、修身之要、处事之要、接物之要四个方面加以规范。顾宪成予《白鹿洞学规》评价极高,认为其"见之正也,守之确也,虑之远也,防之豫也",是从根本上讲道理的学说:"吾绎朱子《白鹿洞规》,性学也,不可不察也。"(《会约》)顾宪成主张要从人伦日用的常理出发,研究其深层次的道理。人伦日用,要侧重理解为什么要强调父子亲、君臣义、夫妇别、长幼序、朋友信;学、问、思、辨是穷理,要懂得穷理方能笃行的道理;修身,无论是"惩忿窒欲",还是"迁善改过",都要从自己做起。修身、处事、接物都取决于"性",学习要解决根本性的问题,"学以尽性",这是顾宪成把《白鹿洞规》称为"性学"的原因。东林讲会,强调"会以明学,学以明道","专以道义相切磨,使之诚意、正心、修身"。

《揭示》的远见卓识,表现在反对科举考试专以文词取士。宋代已经出现重文轻德现象,人才由学校贡举,"其所以教者,既不本于德行之实,而所谓艺者,又皆无用之空言"②。《揭示》批评的"务记览、为词章,以钓声名、取利禄"现象,根子是"读书做官"的制度。明代科举乡试、会试皆以《四书章句集注》的内容命题,答题不能超出《章句》的注解,要求考生用八股文作答,"代圣人立言",不能有创新见解,考生的实际德才被忽略,士子奔竞钻营现象更严重,科举制度进入了死胡同。东林先贤既反对官学对士子之"拘",又反对王学之"荡","舍其两端,允执其中",立论公允。

---

① 〔宋〕朱熹:《晦庵先生朱文公文集》卷七十六《题〈小学〉》。
② 《晦庵先生朱文公文集》卷六十九《学校贡举私议》。

端正学风 卫道救时

《会约》在演绎儒学经典和前贤著述的基础上,提出饬四要、破二惑、崇九益、屏九损,批驳王门后学之谬误,系统表述对学风问题的看法。

饬四要:知本、立志、尊经、审几。知本:反对王学以"无善无恶"为宗,力主"性善"为宗。立志:推崇孔子"发愤忘食,乐以忘忧"的好学精神。尊经:六经、《四书》都是"维世教、觉人心"的常道,反对穿凿、矫诬、玩物、执方,"六经注我、我注六经"导致异端曲说纷纭。审几:诚伪、善恶的征兆均见之于"几微"。

破二惑:破除对讲学的两种责难。一种是认为讲学是"迂阔",若所讲都是"日用常行、须臾不可离之事",怎么是迂阔? 一种是认为"重在躬行焉",不用讲,问题不在"讲",而是言行不一,"所讲非所行,所行非所讲"。

崇九益:崇信讲学的九种益处,为道义相尚、联属多方、立命安身、潜移默化、师友切磋、广见博闻、众念烁金、正学熏陶、励志不朽。

屏九损:摒除讲学中常犯的九种弊病,分别是比昵狎玩、党同伐异、假公行私、评议是非、谈论琐怪、文过饰非、多言人过、自负执辩、道听途说,概括为"鄙""僻""贼""浮""妄""怙""悖""满""莽"九个字。

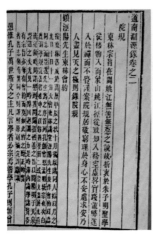

邹钟泉《道南渊源录·顾泾阳东林会约》书影

明代儒学，成、弘以前，官学化的朱学占统治地位；正、嘉时，王学(心学)风行一时；隆、万时，阳明后学引释入儒，士大夫爱好禅悦之会，官员多兼有居士名号，不少学者熟悉佛经、道藏胜过儒学六经，"三教合一"之说甚嚣尘上，士人以深谙禅机、机锋敏利为荣，借口"良知现成""不思不勉""顿悟"，束书不观，学术严重虚化，正直人士为之揪心。《会约》力挽狂澜，呼吁黜虚返实，力纠时弊。

《会约》倡导性善实理，"善者性之实也。善存而性存矣，善亡而性亡"。以性善为宗，则与羲、尧、周、孔诸圣，周、程诸儒一脉；以无善无恶为宗，则与佛、老一脉，或是"无忌惮之中庸""无非刺之乡愿"：不可不分辨。

《会约》关注经世济民实事，"一人之见闻有限，众人之见闻无限。于是或参身心密切，或叩诗书要义，或考古今人物，或商经济实事，或究乡井利害"。讲学当以"百姓日用"、经世致用为课题。

《会约》力主良好的会风，反对党同伐异。讲学"问答之间，意见偶殊"，被告诫不要"遽为沮抑""遽为执辨"。讲学不抱门户之见，虽然批评王学后期的"无善无恶"，但对王阳明仍是公允评价："阳明之揭'良知'，真足以唤醒人心，一破俗学之陋。而独其所标'性宗'一言，难于瞒心附和。"不是全盘否定。

《会约》特别强调会讲时，不要"评有司短长，或议乡井曲直，或诉自己不平"，不要"人是亦是，人非亦非，道听涂说，略不反求"。顾宪成特别指出："凡此皆致损之道，协而屏之，是在吾党。"反对议论有司之短长写进了《会约》，真不知后来指责东林议政一说从何而来？

顾宪成去世后，《会约》先后为吴桂森、高世泰所申订，分别为《吴觐华先生申订东林会约》和《高汇旃先生申订东林讲会规则》，此处从略。

附：高攀龙《东林会约序》和顾宪成《顾泾阳先生东林会约》，据高廷珍等辑校：《东林书院志》，台北：广文书局印行，1965年。有校改。

东林会约序
吾锡故未有讲学者，有之，自宋龟山杨先生始，今东林其皋比处也。自元以

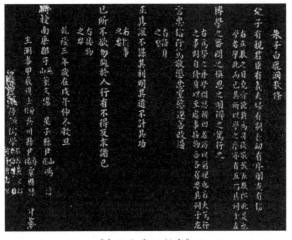

《朱子白鹿洞教条》

来，芜废久矣。复之于邵二泉先生，王文成之记可考也。嘉、隆以来，又芜废矣。复之于顾泾阳先生。于时，中丞则嗣山曹公，直指则起莘马公，督学则意白杨公，兵使者则龙望邹公，郡伯则宜诸欧阳公，邑侯则平华林公，皆曰："都，时哉不可失。"各捐金构祠宇。同邑顾侍御骧宇公则出其所有地以为祠址，林侯复以其工之美，买田供盉簹之饩。泾阳先生而下，同志者又各捐金买地，构为讲堂书舍，以为讲习燕居之所。而先生复为约，指示一时从游者。盖攀龙读而叹曰："至矣！无以加矣！古之君子，其出也以行道，其处也以求志，未有饱食而无所事事者。夫饱食而无所事事，斯不亦乐乎？又何多事而自取桎梏为耶？噫，正以不能无事云尔。夫人有生则有形，有形则有欲，有欲则有忧。以欲去忧，其忧愈大，茧茧然与忧俱生，与忧惧死矣。学也者，去其欲以复其性也，必有事以复于无事也。无事则乐，乐则生，生则久，久则天，天则神，而浩然于天地之间。夫人即至愚，未有舍其可乐而就其可忧。然徐而究其实，卒未有不就其所忧而舍其所乐者。呜呼！其亦弗思耳矣。思之如何？约备矣，无以加矣。"谨刻以公同志者，期相与不负斯约云。

顾泾阳先生东林会约

　　按：东林落成于万历甲辰之秋十月，遍启诸同人，始以月之九日、十日、十一日大会东林讲堂。泾阳先生爰作会约以谂同志，而景逸先生为之序。首列孔、颜、曾、思、孟，明统宗也；次《白鹿洞学规》，定法程也。申之以饬四要、辨二惑、崇九益、屏九损，卫道救时，周详恳到。其间阐提性善之旨，以辟阳明子天泉证道之失，尤见一时障川回澜之力。是时海内论学，诸贤各有宗旨，亦每有会约，而莫如此约之醇正的实者。旧志颇有异同，今则谨照原刻编定。许献谨识。

愚惟孔子万世斯文之主，凡言学者必宗焉。善学孔子，则颜、曾、思、孟其泽也。是故欲观孔子之所以学，与颜、曾、思、孟之所以善学孔子，当于其浑然者矣。其浑然者不可得而见也，当于其灿然者矣。其灿然者又不可得而悉也，于是掇其要而表之。谨列如左：

孔子

吾道一以贯之。

吾十有五而志于学，三十而立，四十而不惑，五十而知天命，六十而耳顺，七十而从心所欲，不逾矩。

颜子

颜渊喟然叹曰：仰之弥高，钻之弥坚；瞻之在前，忽焉在后。夫子循循然善诱人，博我以文，约我以礼。欲罢不能，既竭吾才，如有所立卓尔。虽欲从之，末由也已。

曾子

大学之道，在明明德，在亲民，在止于至善。知止而后有定，定而后能静，静而后能安，安而后能虑，虑而后能得。物有本末，事有终始，知所先后，则近道矣。古之欲明明德于天下者，先治其国；欲治其国者，先齐其家；欲齐其家者，先修其身；欲修其身者，先正其心；欲正其心者，先诚其意；欲诚其意者，先致其知；致知在格物。物格而后知至，知至而后意诚，意诚而后心正，心正而后身修，身修而后家齐，家齐而后国治，国治而后天下平。自天子以至于庶人，壹是皆以修身为本。其本乱而末治者否矣。其所厚者薄，而其所薄者厚，未之有也。此谓知本，此谓知之至也。

子思

天命之谓性，率性之谓道，修道之谓教。道也者，不可须臾离也；可离，非道也。是故君子戒慎乎其所不睹，恐惧乎其所不闻。莫现乎隐，莫显乎微，故君子慎其独也。喜怒哀乐之未发，谓之中；发而皆中节，谓之和。中也者，天下之大本也；和也者，天下之达道也；致中和，天地位焉，万物育焉。

孟子

孟子道性善,言必称尧舜。

可欲之谓善,有诸己之谓性,充实之谓美,充实而有光辉之谓大,大而化之之谓圣,圣而不可知之之谓神。

愚惟古之立教者,各因其质之所近而辅相之,与其所偏而裁成之。抑扬高下,初无定法。至其大本大原、大纲大纪,自圣人至于初学,俱有不能越者,则亦未尝无定法也。稽古昔,述生民,揆典则,秩彝训,约而有章,详而有体,其惟朱子《白鹿洞规》乎?谨列如左:

父子有亲。君臣有义。夫妇有别。长幼有序。朋友有信。

右五教之目。

尧、舜使契为司徒,敬敷五教,即此是已,学者学此而已。而其所以学之,亦有五焉。具列如左:

博学之,审问之,慎思之,明辨之,笃行之。

右为学之序。

学、问、思、辨四者,所以穷理也。若夫笃行之事,则自修身以至处事、接物,亦各有要。具列如左:

言忠信,行笃敬。

惩忿窒欲。迁善改过。

右修身之要。

正其谊不谋其利,明其道不计其功。

右处事之要。

己所不欲,勿施于人。

行有不得,反求诸己。

右接物之要。

熹窃观古昔圣贤所以教人为学之意,莫非讲明义理以修其身,然后推己及人。非徒欲其务记览、为词章,以钓声名、取利禄而已。今之为学者,既反是矣。然圣贤所以教人之法，具存于经，有志之士，固当熟读而问辨之。苟知理之当然，而责其身以必然，则夫规矩禁防之具，岂待他人设之而后有所持循哉？近世于学有规，其待学者为已浅矣。而其为法，又未必古人之意也。故今不复施于此堂，而特取凡圣贤所以教人为学之大端，条列如右，而揭之楣间，诸君相与讲明遵守，而责之于身焉。则夫思虑云为之际，其所以戒谨恐惧者，必有严于彼者矣。其有不然，而或出于禁防之外，则彼所谓规者，必将取之，固不得而略也。诸君其念之哉。

愚惟朱子《白鹿洞规》至矣尽矣！士希贤，贤希圣，举不出此矣。东林之会，惟是相与讲明而服行之，又何加焉？顾欲讲明而服行之，必饬四要、破二惑、崇九益、屏九损。凡皆互为维持，俾明者常明，行者常行，施之永永而勿弊也。具列如左：

四要

一曰知本。知本云何？本者，性也，学以尽性也。尽性必自识性始，性不识，难以语尽；性不尽，难以语学。吾绎朱子《白鹿洞规》，性学也，不可不察也。是故父子亲矣，君臣义矣，夫妇别矣，长幼序矣，朋友信矣。乃其所以亲，所以义，所以别，所以序，所以信者，果何物乎？于是乎有学矣，有问矣，有思矣，有辨矣，有行矣。乃其所以学，所以问，所以思，所以辨，所以行者，又何物乎？不可不察也。以至修身也，言能自忠信乎？行能自笃敬乎？忿能自惩、欲能自窒乎？善能自迁、过能自改乎？处事也，谊孰从而正？道孰从而明乎？接物也，有不欲，孰禁之使勿施？有不得，孰引之使反求乎？不可不察也。察之，斯识之矣。识则无往而非性也，不识则无往而非器也。或生而知之，或学而知之，或困而知之，识也。饥食渴饮，贸贸焉，与禽兽并生并死于天地之间，不识也。盖亦有自以为识者矣，而高之则虚无，卑之则支离，其识也，殆无以异于不识也。究其弊，又有甚于不识也。此无他，其于学也，以己为准，而不以性为准；其于性也，以其所谓性为准，而不以公共之所谓性为准。于是妄开蹊径，上下走作，或欲跃出人伦日用之表，而不安其常也；或仅株守人伦日用之迹，而不研其精也。无为贵学矣！夫然后知朱子之见之正也，守之确也，虑之远也，防之豫也。故曰：《白鹿洞规》，性学也，不可不察也。或曰：世之言性者何如？曰：性一而已矣，言性者亦一而已矣，不闻有异同之说也。自孟子道性善，告子又道无善无不善，而一者始歧而二矣，此孔子以

白鹿洞书院朱熹铜像

后之变局也。今之言曰无善无恶是谓至善,而二者又混而一矣,此孟子以后之变局也。或于同中生异,或于异中强同,诐淫邪遁,皆从此出,不可不察也。曰:然则子何以折衷之耶?曰:吾将深言之,参诸人生而静之,上则冲漠靡朕,方为无善无恶之所影响,而未有以夺之也;吾将浅言之,参诸感物而动之,后则纷纭靡定,所据反出无善无恶之下,而不足以胜之也。请就一"善"字为案,相提而论之:由孟子,则善者性之实也,善存而性存矣,善亡而性亡矣,天下虽欲不尊视乎善,不可得也;由告子,则善者性之障也,亦与恶无以异耳,天下虽欲不卑视乎善,不可得也。尊视乎善,君子好其实,将日孜孜焉望而趋之;小人畏其名,将日惴惴焉而不敢肆。即有非僻邪谬之子,鲜不意沮而色作矣,是率天下而检摄于"善"之内也。卑视乎善,君子且去而凌空驾虚以见奇,小人且去而破规裂矩以自恣,于是亲、义、序、别、信皆为土苴,无关神理;学、问、思、辨、行皆为桎梏,有碍自然。从上圣贤之所相与叮咛告戒,一切藐而不事矣,是率天下而驰骛于"善"之外也。两言判若霄壤,而究其利害,亦相什伯千万,乃欲推此入彼,援彼附此,强而合之耶?窃见迩时论学,率以悟为宗,吾不得而非之也。徐而察之,往往有如所谓以亲、义、别、序、信为土苴,以学、问、思、辨、行为桎梏,一切藐而不事者,则又不得而是之也。识者忧其然,思为救正,谆谆揭修之,一路指点之,良苦心矣。而其论"性",则又多笃信"无善无不善"之一言,至以为告子直透性体,引而合之孟子之性善焉。不知彼其以亲、义、序、别、信为土苴,以学、问、思、辨、行为桎梏,一切藐而不事者,其源正自"无善无不善"之一言始。而"无善无不善"之一言所以大张于天下者,又自合之孟子之性善始也。是故据见在之迹,若失之于修；究致病之源，实失之于悟，所谓认贼作子也。今不治其源而治其流，非特不治也，又从而益滋之。一边禁遏，一边崇奉，何异扬汤以止沸？如是而犹致咎于流之不澄，何异疾走而恶影？必不得矣。阳明先生曰："无善无恶心之体，有善有恶意之动，知善知恶是良知，为善去恶是格物。"其立言岂不最精密哉，而卒不勉于弊，何也？本体工夫原来合一，夫既无善无恶矣，且得为善去恶乎？夫既为善去恶矣，且得无善无恶乎？然则本体功夫一乎、二乎？将无自相矛盾耶？是故无善无恶之说伸，则为善去恶之说必屈；为善去恶之说屈，则其以亲、义、序、别、信为土苴，以学、问、思、辨、行为桎梏，一切藐而不事者必伸。虽圣人复起，亦无如之何矣，尚可得而救正耶？阳明之揭"良知"，真足以唤醒人心，一破俗学之陋。而独其所标"性宗"一言，难于瞒心附和，反覆寻求，实是合不来、说不去，而其流弊又甚大耳。是故以性善为宗，上之则羲、尧、周、孔诸圣之所自出，下之则周、程诸儒之所自出也。以无善无恶为宗，上之则昙、聃二氏之所自出，下之则无忌惮之中庸，无非刺之乡原之所自出也，不可不察也。或曰：告子曰性无善无不善，专欲抹下一"善"字。今曰无善无恶是谓至善，却乃拈上一"善"字。其立言之旨，倘亦有不同乎？曰：固也，惟是彼之于"善"也，即妄意排摈，以矫揉造作者当之，而"善"之本相尽被埋没；此之于"善"也，又过意描写，以渺茫恍惚者当之，而"善"之本位竟致虚悬，窃恐均之不必有当于性体耳。曰："无善无不善"，塞孟子之性善者也，孟子之操戈戟也；"无善无恶是谓至善"，通孟子之性善者也，孟子之毛、郑也，概而距之得无过乎？曰：歧"无善无不善"于性善，一彼一此，门户各别，孟子之所谓"性"犹在也；混"无善无不善"于性善，面目无改，血脉潜移，孟子之所谓"性"亡矣。歧性善于"无善无不善"，一是一非，稍有识者，类能别之，告子之说犹不得重为世道之害；混性善于"无善无不善"，吕嬴共族，牛马同曹，告子之说且居然窜入义、尧、周、孔之宗矣。论至于此，与其混也，宁其歧也。呜呼，此吾儒之所为硿硿护持，力争于毫厘抄忽之间，而必不敢苟为迁就，与世同其滔滔者也。

一曰立志。立志云何？志者，心之所之也。莫贵于人，莫灵于心。心欲超凡民而之豪杰，豪杰矣；心欲超豪杰而之圣贤，圣贤矣。有不然者，由其漫然不知自贵耳。幸而知自贵矣，乃或遇富贵贫贱之交则动，遇毁誉之交则动，遇死生之交则动,是情识可得而搀也。又或凭一察、挟一班,语上则黜下,语实则摈虚,语顿则薄渐,语方则左圆,浑然之中强生拣择,是意见可得而搀也。于是纯者驳,通者碍,我之心且不得而有之,即有所就,搀之自家性命,了无干涉。总之浮生浪死,虚担一个人名而已,与所谓漫然者无以异矣,岂不可惜?昔孔子发愤,至于日不食、夜不寝;孟子愿学孔子,即伊尹、夷惠犹然舍之而不屑,所以卒成大圣大贤,由此也,夫非吾师也耶?是故君子立志之为要。

一曰尊经。尊经云何?经,常道也。孔子表章六经,程、朱表章《四书》,凡以昭往示来、维世教、觉人心,为天下留此常道也。譬诸日月焉,非是则万古晦冥;譬诸雨露焉,非是则万古枯槁。学者试能读一字便体一字,读一句便体一句,心与之神明,身与之印证,日就月将,循循不已,其为才高意广之流欤?必有以抑其飞扬之气,敛然思,俯而就,不淫于荡矣;其为笃信谨守之流欤?必有以开其拘曲之见,耸然思,仰而企,不局于支矣。所谓陶冶德性,变化气质,胥而纳诸大中至正之归,其功岂浅鲜耶?若厌其平淡,别生新奇以见超,是曰穿凿;或畏其方严,文之圆转以自便,是曰矫诬;又或寻行数墨,习而不知其味,是曰玩物;或胶柱鼓瑟,泥而不知其变,是曰执方。至乃枵腹高心,目空于古,一则曰何必读书,然后为学;一则曰六经注我,我注六经。即孔子大圣一腔苦心,程、朱大儒穷年毕力,都付诸东流已耳。然则承学将安所持?循乎异端曲说,纷纷藉藉,将安所折衷乎?其亦何所不至哉。是故君子尊经之为要。

一曰审几。审几云何?几者,动之微,诚伪之所由分也。本诸心,必征诸身;本诸身,必征诸人,莫或爽也。凡我同会,愿反而观之,果以人生世间、不应饱食暖衣,枉费岁月,欲相与商求立身第一义乎?抑亦树标帜、张门面而已乎?果以独学悠悠,易作易辍,欲相与交修互儆,永无退转乎?抑亦慕虚名、应故事而已乎?由前,则一切精神用事也;由后,则一切声色用事也。精神用事,人亦以精神赴之,相熏、相染、相率而入于诚矣,所以长养此方之善根,厥惟今日;声色用事,人亦以声色赴之,相熏、相染、相率而入于伪矣,所以斫削此方之善根,亦惟今日。《中庸》曰:"知远之近,知风之自,知微之显。"其斯之谓与?是故君子审几之为要。

二惑

二惑云何？一曰：锡故未有讲学之会也，一旦创而有之，将无高者笑、卑者骇，是亦不可以已乎？请应之曰：固也。虽然，龟山先生不尝讲于斯乎？二泉先生不尝讲于斯乎？今特仍其故而修之耳。且所为笑者，谓迂阔而不切耳；所为骇者，谓高远而难从耳。窃惟：伦必惇，言必信，行必敬，忿必惩，欲必窒，善必迁，过必改，谊必正，道必明。不欲必勿施，不得必反求。学者，学此者也；讲者，讲此者也。凡皆日用、常行须臾不可离之事，曷云迂阔？又皆愚夫愚妇之所共知共能也，曷云高远？此其不当惑者也。一曰：学顾躬行何如耳，将焉用讲？试看张留侯、郭汾阳、韩、范、富、欧诸公何尝讲学，而德业闻望照耀百世。至如迩时某某等，无一日不讲，无一处不讲，无一人不与之讲矣，乃所居见薄，所至见疑，往往负不韪之名于天下，何也？请应之曰：固也。虽然，假令张留侯、郭汾阳、韩、富诸公而知学，不遂为稷、契、皋陶乎？所称某某等之病，不在讲也，病在所讲非所行，所行非所讲耳。夫士之于学，犹农之于耕：农不以耕为讳，而士乃以讲学为讳；农不以宋人之揠苗移诟于耕，而士乃以某某等之毁行移诟于讲学，抑亦舛矣！此其不必惑者也。不当惑而惑，昧也；不必惑而惑，懦也，协而破之，是在吾党。

九益

九益云何？国家设学，本教人为圣为贤，非徒也。惟是士之所习者占毕，所希者科名，父兄师友之间相期相督不过如是而止，失其本矣。今兹之会，专以道义相切磨，使之诚意、正心、修身，以求驯至乎圣贤之域，而设学之初意庶几不负，一也。善无方，与人为善亦欲其无方。今兹之会，近则邑之衿绅集焉，远则四方之尊宿名硕时惠临焉。其有向慕而来者，即草野之齐民，总角之童子，皆得环而听教，所联属多矣，二也。尝试验之，燕居独处，了无事事，操则游思易乘也，纵则惰气易乘也。当会之时，长者俨列于前，少者森列于后，耳目一新，精神自奋，默然相对，万虑俱澄，即此反念入微，便可得安身立命之处矣，三也。至如家庭之间，妻子之与狎，童仆之与偕，煦煦耳，亲朋知故之往来，涸涸耳，又最易堕落也。当会之时，非仁义不谈，非礼法不动，瞻听之久，渐摩之熟，气体为移，肺肝为易，一切凡情俗态不觉荡然而尽矣，四也。学者第无志于道，诚有志于道,方当不远万里寻师觅友。乃今一堂之上,雍雍济济,能彼此互相严惮,有余师矣;能彼此互相切磋,有余友矣。声应气求,随取随足,道孰近而事孰易焉?五也。一人之见闻有限,众人之见闻无限。于是或参身心密切,或叩诗书要义,或考古今人物,或商经济实事,或究乡井利害,盖有精研累日夕而不得,反复累岁月而不得,旁搜六合之表而不得,遂求千古之上而不得。一旦举而质诸大众之中,投机遘会,片言立契,相悦以解者矣,六也。且是会也,无谓每年仅八举,每举仅三日,每日仅数刻已也。诚即是时,反而追按其既往,凡往者之所为,揆诸目今对众,一念能悉符合否?必有惺然不容瞒昧者矣。又即是时徐而预筹其将来,凡来者之所为,率吾目今对众,一念能不渗漏否?必有凛然不容放松者矣。然则只此数刻间,即所以起旧图新,为众身作结束,而在会者务俾未会之先,既会之后常如会时,亦总之了此数刻间公案耳,岂非人生一大关键耶?七也。此犹就自家检点言也,而人之检点我尤甚。若曰是依庸堂中人耶,庸言信乎?庸行谨乎?是丽泽堂中人耶?愿闻己过乎?乐道人善乎?又若曰是道南祠中,所为斋明盛服,肃谒入先生之前者耶?异时孰当杨先生乎?孰当罗先生乎?孰当胡先生乎?孰当喻先生、尤先生、李先生、蒋先生、邵先生乎?夫如是,其责我也不已周乎!其望我也不已厚乎!其爱我也不已至乎!夫如是,纵欲妄自菲薄,聊自姑息,庸可得乎?岂非人生一大幸事耶?八也。吾见世之能自树者亦不少矣,或立节、或立功、或立言,非不足以名当时而传后世也。然自道观之,犹枝叶非本根也。会以明学,学以明道,从本根出,枝叶而后。其立言也,声为律矣,非复如世俗之所谓立言矣;其立功也,日新而富有矣,非复如世俗之所谓立功矣;其立节也,成仁取义,浩然塞天地矣,非复如世俗之所谓立节矣。岂非人生一大究竟耶?九也。凡此皆致益之道。协而崇之,是在吾党。

九损

九损云何?比昵狎玩,鄙也。党同伐异,僻也。假公行私,贼也。或评有司短长,或议乡井曲直,或诉自己不平,浮也。或谈暧昧不明及琐屑不雅。怪诞不经之事,妄也。己有过,贵在速闻速改,而或恶人之言,巧为文饰,怙也。人有过,贵在委曲密移,而或对众指切,致其难堪,悖也。问答之间,意见偶殊,答者宜徐察问者之指若何,明白开示。而或遽为沮抑,使之有怀而不展。问者宜细绎答者之指若何,从容呈请,而或遽为执辨,至于有激而不平,满也。人是亦是,人非亦非,道听涂说,略不反求,莽也。凡此皆致损之道,协而屏之,是在吾党。

愚所条具,大都就《白鹿洞规》引而伸之耳,非能有以益之也。退而思之,更发深感。追惟龟山先生自洛而归也,程淳公目送之曰:"吾道南矣。"自是一传得豫章,再传得延平,三传得考亭,而其学遂大显,皆南产也。淳公之言,庶几其知命欤?先生之游吾锡,乐而安之,至历十有八年不舍,其眷眷如是。

蕞尔东林,屡废屡兴,即已大半落为僧区。幸其旧地可复,于是得以严饬庙貌,奉罗、胡七君子左右以从,而又于其旁辟讲堂,筑学舍,群同志友切磨其间,意亦天之所留以惠我后人欤?夫安知不在向者道南谶中耶?然则今日之会,乃一最胜机缘也。且自先生迄于今,已四百余岁矣。顷者有事东林,请诸当道,当道惠然许可,相与一意表章,传诸大众。大众翕然踊跃,相与交口赞叹。非夫东林之为灵也,先生也。先生上承濂洛,下启考亭,四先生之精神,直与天地相始终。而先生之精神,又与四先生相始终。宜其有触而即应,不介而自孚也。是故必有先生之精神,而后可以通四先生之精神;必有四先生之精神,而后可以通天下万世之精神。所为维道脉,系人心,俾兴者勿废,废者复兴,垂之弥久而弥新也,皆自我方寸间握其枢耳。然则今日之会,乃一最重担子也。如此机缘,不可辜负,宜作何酬答?如此担子,不易肩荷,宜作何承当?因复缀其说,与吾党共商焉。

东
林
学
派
的
学
术
特
点

东林学派是晚明以顾宪成、高攀龙为代表的儒学学派,因在无锡复兴东林书院而得名。中国古代儒学的发展,经历先秦儒学、汉唐经学、宋明理学、明清实学四个阶段,东林学派正处在宋明理学向明清实学转型的节点上,无锡乡贤钱穆认为"清初学风尽出东林"①。

东林学派与东林党是两个概念。东林学派在学术上续接王学后期"四有"派对"四无"派的批评,顾宪成和高攀龙力辟王阳明的"无善无恶"说。万历二十六年(1598)、二十七年,顾、高与王门后学管志道在无锡惠山和宜兴阳羡山中举行了两次会讲,两年中书信往复论辩四十余次,非王的观点引起了学术界的广泛的关注。无锡张泾顾宪成老家同人堂"弟子云集,邻居、梵宇僦寓都遍,至无所容"。这才再次有了复兴东林书院的动议。东林学派的集结是学术性的,许多人是顾高的门生和崇拜者,并不都是如《明史·顾宪成传》所说的"抱道忤时之士"②。

研究思想史的学者,往往以宗王或宗朱来界定东林学派的学术倾向。东林是一个独立学派,其学术源于朱王,会通朱、王,以中庸的方式解构朱、王,可以视作朱学、王学之外的第三派。顾宪成早期是王学的崇拜者,师从薛应

① 钱穆:《中国近三百年学术史》,北京:商务印书馆,1997年,第22页。
② 《明史》卷二百三十一《顾宪成传》。

高攀龙像　　　　　　　顾宪成像

旂后接受其学说,转向调和朱王。存在决定意识,东林学派的形成,受当时社会经济环境变迁影响。晚明颓象百出,"天下之人,乱心已萌,而乱人未倡"①。政局岌岌可危。当时的王学末流空谈心性,鼓吹"三教合一",学术虚化、禅化,严重脱离民困国危的实际。"今之讲学者,恁是天崩地陷,他也不管,只管讲学耳。"②东林学派力求恢复儒学经世传统,呼吁入世救世,倡导"有用之学"。

　　"实学"本意是学以致用,引申义是践履、实践、言行一致等,是一个相当宽泛的概念,几乎所有的学派都宣称自己是"实学"。宋明理学建立了以"天理"为核心内容的心性学说,与佛教的"虚无"相比,理学就是实学。这里所说实学专指经世实学。"经世"是中国人文治国传统,先秦诸子为"得君行道",都提出自己的治国理政纲领,不能把"经世"仅仅归之于儒家。儒家的经世特色是把修身养性与治国平天下结合起来,以道德伦理统领治国思想。理学在发展中,围绕"天理"的本源产生分歧,中晚明朱学、王学之争较多集中于心、物

①《明史》卷二百二十六《吕坤传》。
②《明儒学案》卷六十《主事顾泾凡先生允成》。

《东林会讲图》（裘国骥）

之争，忽略了经世根本。东林学派呼吁重回儒学发展原点，把心性、天道与经世致用结合起来，这是东林实学的特色。

王阳明晚年，钱德洪和王畿两大弟子围绕"心""意""知""物"是"有善有恶"还是"无善无恶"产生分歧，为平息王门内争，王阳明在天泉桥论学，提出"无善无恶心之体，有善有恶意之动，知善知恶是良知，为善去恶是格物"的"四句教"，并称"四无之说，为上根人立教；四有之说，为中根以下人立教"①。王阳明去世后，王门继续分化，狂禅一派引释入儒，以顿悟为尚，任心废学。顾、高对狂禅派进行了激烈的批判，认为相比告子明言"性无善恶"与佛教"空宗"，"无善无恶"一说对儒学的危害要大得多，是"阴坏实教"。②为扭转虚无学风，东林先贤开宗立说，举旗批判"无善无恶"，倡导儒学的务实学风。

性善为宗

"无善无恶心之体"之说，引发本体是"心体"与"性体"之争，王学"心外无

---

① 《〔雍正〕东林书院志》卷七《顾泾阳先生传》。
② 〔清〕顾贞观等撰辑：《泾皋渊源录》卷二《泾阳先生·高忠宪撰行状》。

理,心外无事"①,以心为本体。顾宪成指出:"心是活物,最难把捉",漫言"心即理",就如"无星之秤,无寸之尺"。②东林学派秉承程朱"性即理",但认为"天理"也应充实内容,强调"性善实理":"善者,性之实也。"③用一个"善"字,打通宇宙观、价值观和道德伦理:"自昔圣贤论性,曰帝衷,曰民彝,曰物则,曰诚,曰中和,总总只是一个善。"④上天的好生之德、民心的期盼、事物的规律、行动的准则、处世的哲理都反映着"性善"。

开宗明义,万历二十七年(1599)有学生问,各个学派都有宗旨,本学派的宗旨是什么? 顾宪成回答:"吾于此亦颇参之有年矣,参来参去,委不如'性善'二字好。"⑤万历三十二年他正式把"性善为宗"写入了《东林会约》。顾宪成认为,要解决王学"四有"与"四无"的根本矛盾,只有"性善"一说:"四无之说,接得上根,接不得中下根;四有之说,接得中下根,接不得上根。诚欲通上下而兼接,舍性善一宗,其奚之?"⑥

东林学者把"性善"上升到本体论的高度。管志道把"善"分为"统体之善"与"散殊之善",认为"无善无恶"之"善"与仁义礼智之"善"是两种"善"。⑦顾宪成指出"统体之善"就是"散殊之善","性善"是仁义礼智四端之"善"的统领:"性善原道自孟子,更请以孟子证:夫道一而已矣,是点出性善头脑;仁义礼智四端,是铺出性善眉目,四者变,一者不变。"⑧价值观要统领具体的道德规范。"性善"是本体,本体是不变的,道德规范是本体的具体化。所以顾宪成说:"语本体,只是'性善'二字。"⑨

---

①〔明〕王守仁:《传习录》卷上《门人陆澄录》。
②《泾皋藏稿》卷二《与李见罗先生书》。
③《〔雍正〕东林书院志》卷二《顾泾阳先生东林会约》。
④《小心斋札记》卷三。
⑤《小心斋札记》卷七。
⑥《泾皋藏稿》卷十一《虎林书院记》。
⑦张学智:《明代哲学史》,北京:北京大学出版社,2000年。
⑧《小心斋札记》卷十六。
⑨《小心斋札记》卷十八。

东林学派以性善为本,"善本"说与"理本"说、"心本"说并列而三,可以说东林学派是介于朱学与王学之间的中间派,黄宗羲《明儒学案》把东林学派列为独立学派。

即事为学

儒家认识论以格物致知为起点,程颐格"一草一木之理"①,朱熹"即物穷理"②、"理只在事中"③。王阳明以程、朱为"闻见之知",认为"良知不由见闻而有,而见闻莫非良知之用"④。王阳明借用佛教"根器"说,把人分为"利根"与"钝根"两类,认为"利根"之人"直从本原上悟入"⑤,认知无须见闻积累。顾宪成肯定"多闻多见"对认识的作用,"利根的大头脑已自分明,若肯用多闻多见工夫,将来越炼得细腻",主张"多闻而择""多闻而识"⑥,多闻,就是要重视"事理",注重直接和间接经验,先博后约。

高攀龙既肯定一草一木的"物理",又重视"事理":"格物是随事精察。"⑦他主张"即事为学":"事即是学,学即是事,无事外之学,学外之事也。然学者苟能随事精察明辨,的确处之,事事合理,物物得所,便是尽性之学。"⑧高攀龙认为"道"源于实践,日常政务中有"事理":"知道,则刑名钱谷皆实事也;不知道,则礼乐刑政皆虚文也。"⑨他力倡"有用之学":"《大学》之道先致知格物,后必归结于治国平天下,然后始为有用之学也。"他反对迂腐:"若是个腐儒,不

---

① 〔宋〕朱熹、〔宋〕吕祖谦:《近思录》卷三《致知》。
② 《朱子语类》卷十五。
③ 《朱子语类》卷四十四。
④ 《传习录》卷中《答欧阳崇一书》。
⑤ 《传习录》卷下《门人黄省曾录》。
⑥ 《小心斋札记》卷二。
⑦ 《高子遗书》卷一《语(一百八十二则)》。
⑧ 《道南渊源录》卷四《高景逸先生东林论学语》。
⑨ 《高子遗书》卷七《论学揭》。

通世务,不谙时事,在一身而害一身,在一家而害一家,在一国而害一国,当天下之任而害天下。"①《东林会约》要求讲学要把修身义理与经世实务结合:"或参身心密切,或叩诗书要义,或考古今人物,或商经济实事,或究乡井利害。"其中"经济"是指经世济民。由此可知,东林学派的"事理"是经世之理,"治国平天下"之理。

小心工夫

"工夫"在佛道中指修炼工夫,在理学中指成圣成贤的工夫。东林学派以君子养成为目标,提出了"小心工夫":"语工夫,只是'小心'二字。"②"小心"是针对王阳明轻许"满街都是圣人"③以及王门后学的"不学不虑""不思不勉"④。顾宪成以孔孟为例说明什么是"小心":"试看孔子岂不是古今第一等大圣,还用了七十年磨炼工夫方才敢道个'从心';试看孟子岂不是古今第一等大贤,还用了四十年磨炼工夫,方才敢道个'不动心'。"⑤孔子、颜子自己都不认为是"生而知之",成功是靠后天磨炼,顾

侯外庐、邱汉生、张岂之主编《宋明理学史》

①《道南渊源录》卷四《高景逸先生东林论学语》。
②《小心斋札记》卷十八。
③《传习录》卷下《门人黄省曾录》。
④《明儒学案》卷三十四《参政罗近溪先生汝芳》。
⑤《小心斋札记》卷二。

宪成说："'心不逾矩'，孔子之小心也；'心不违仁'，颜子之小心也。"①

王门四无与四有两派有不同的本体功夫观，王畿是"即本体便是工夫"，本体现成，不需认知，实际消解了工夫；钱德洪是"由工夫透本体"，本体隐藏在工夫中，践履才能发见。东林学派承接钱氏的观点，反对侈谈本体，倡导本体工夫统一。史孟麟认为："本体工夫分不开的，有本体自有工夫，无工夫即无本体。"这一观点被顾宪成吸收进了《当下绎》。②高攀龙认为："以本体为工夫，以工夫为本体，不识本体，皆差工夫也；不做工夫，皆假本体也。惟诚敬，即工夫即本体，诚无为，敬无适，以识本体。"③"工夫不密在本体不彻，本体不彻又在工夫不密。"④针对四无派"良知当下现成"的观点，顾宪成更强调"当下工夫"："或问'当下'二字应如何看？曰：'发愤忘食、乐以忘忧'，孔子之当下也；'非礼勿视，非礼勿听，非礼勿言，非礼勿动'，颜子之当下也；'必有事焉而勿正，心勿忘，勿助长'，孟子之当下也。"顾宪成以孔子、颜渊、孟子的当下工夫，支持钱氏的"由工夫透本体"。顾宪成说："世人往往喜承本体，语及功夫，辄视为第二义，孔子当时却只任功夫……然则孔子之所谓功夫恰是本体，而世人之所谓本体，高者只一段光景，次者只一副意见，下者只一场议论而已矣。"⑤

本体与工夫是讲教育方法，"小心"则是讲学术态度。顾宪成用"人心惟危、道心惟微"(《中庸》)、"十目所视、十手所指"(《大学》)、"人之所以异于禽兽者几希"(《孟子》)等经典名言，说明"圣贤满腔子都是一个战兢恐惧之心"。"'吾十有五章'是个小心诀。"⑥顾宪成认为儒释之辨、人兽之辨、出世入世之辨、君子中庸与小人无忌惮之辨等等，差别都只在几微之间，不可不小心。他

①《小心斋札记》卷十八。
②《小心斋札记》卷十八《顾端文公遗书·当下绎》。
③《高子遗书》卷八《答薛用章》。
④《高子遗书》卷一《语(一百八十二则)》。
⑤《小心斋札记》卷十五。
⑥《小心斋札记》卷一、卷十二。

揭批"无善无恶"说的欺骗性:"上之可以附君子之大道","下之可以投小人之私心",是"以学术杀天下万世"。①高攀龙说:"天下不患无政事,但患无学术。何者?政事者,存乎其人。人者,存乎其心。学术正,则心术正;心术正,则生于其心、发于政事者岂有不正乎?故学术者天下之大本。"②他认为"不学之害小,而学术之害尤大。不学之害害其身,而学术之害害万世"③。"学术杀人",是顾、高对狂禅派最严厉的批判。

唐君毅把东林学派的学术特点概括为"小心格物以去狂肆之知,宗性善以矫无善无恶之论"④。看一个历史人物是不是东林学派,主要应看其学术思想。例如方学渐,按学谱属泰州学派,学术上他力主性善,反对无善无恶,顾宪成曾自称"私淑本庵方先生"。又如邹元标,为反对"夺情"被杖八十,被称为"东林三君"之一,但学术上是江右王门后学。总之,不能把讲学与议政混为一谈,也不能把东林学派混同于党人。

---

① 《小心斋札记》卷五、十、十一、十二、十八。
② 《高子遗书》卷一《语(一百八十二则)》。
③ 《高子遗书》卷九《重刻诸儒语要序》。
④ 唐君毅:《中国哲学原论·原性篇》,台北:学生书局,1984年,第486页。

东
林
实
学
思
想
的
哲
学
高
度

　　明代哲学是中国哲学发展史上的又一个高峰,阳明学与朱子学的心物之争,超越宋代朱、陆关于易简与支离、"尊德性"与"道问学"争议,深入到自性与物性、先天与后天等深层次哲学范畴。东林学派以实学经世为己任,主张由虚返实,哲学维度面对三方面的挑战:一是佛教以"上学"的姿态争"三教合一"的主导权,儒学的"形上学"是什么? 二是从心性之学转向经世致用,"格致诚正"与"修齐治平"内在统一性是什么? 三是调和朱、王学术分歧,如何化解"纷纷之议"?顾、高等东林先贤从认识论、方法论入手,从根本上阐明实学观点,有较多创新。

下学上达

　　顾、高等人对认识论的一个贡献是纠正了王学"四无"立教说,厘清了"下学上达"的认识路线。

　　"下学而上达",孔子原话是"不怨天,不尤人,下学而上达,知我者其天乎!"(《论语·宪问》)意思是由立身处世而体悟天道。程颐解释为"下学人事,便是上达天理"。天道、天理都是形上学的概念,"上学"来源于下学,是下学的经验理性总结或升华。

　　王阳明持德性之知,认为"良知"是现成的、先验的,不认可"下学上达"。他给"下学上达"下了一个禅化的定义:凡眼、耳、口、心可见、可闻、可言、可思者皆是下学,反之不可见、不可闻、不可言、不可思者方是上达。①很接近佛学的"无眼耳鼻舌身意",超凡入圣才是上达,由此导出只有上根人才能掌握上学。

顾、高持闻见之知,认为认知离不开立身处世,离不开人事。高攀龙的贡献是把"事理"纳入了"物理","以事为学",格物既包括"物"也包括"事"。顾宪成认为"下学上达"是一个由博入约的渐修渐悟过程:体验省察是"修",是入门;融会贯通是"悟",是入室,"下学,修也;上达,悟也。舍下学而言上达,无有是处"②。高攀龙倡导实修实悟,他批评王门后学"任心废学""任空废行":姚江之弊"始也扫闻见以明心耳,究且任心而废学,于是乎诗书礼乐轻而士鲜实悟;始也扫善恶以空念耳,究且任空而废行,于是乎名节忠义轻而士鲜实修"③。

顾、高不接受"上根人""中下根人"的分类,认为"下学上达"必须得到民众的认可,"学问通不得百姓日用便不是学问"④,"圣人神化不过百姓日用",讲学必须联系经世济民实事,反对"走入玄虚""以虚见为超悟"。"一人之见闻有限,众人之见闻无限"⑤,东林学派提倡学问"质诸大众"。顾宪成把公私观引入"修身",指出修身有两类,一类是只注意自身修为,洁身自好,一类是"修己以安百姓"。他赞颂"(关心)四境之疴疾痛痒"的邑令是"捐躯壳之己以成公共之己"。⑥为公共之己修身成为心性学说与经世学说的结合点。

传播"三教合一"说的管志道认为:释迦是"圣之圣",老子是"圣之智",孔子是"圣之仁",主张"以释迦治心,老聃治身,以儒治世"。⑦为破除狂禅派"释教是上学,孔教是下学"的偏见,东林学者引用易学构筑经世实学的形上基础。顾宪成晚年读《易》,对易学义理深有研究,他引用"天地之大德曰生""天命流行,生生

①《传习录》卷上《门人陆澄录》。

②《泾皋藏稿》卷十一《虎林书院记》。

③《明儒学案》卷五十八《忠宪高景逸先生攀龙》。

④《高子遗书》卷五《会语(一百则)》。

⑤《道南渊源录》卷二《顾泾阳先生东林会约》。

⑥《泾皋藏稿》卷十三《题邑侯林平华父母赴召赠言》。

⑦〔明〕伍袁萃:《林居漫录》卷二《管东溟金宪》。

不已之机"等《易经》原理描述上天是一团生机,说明"天命"是善;批评"百姓日用而不知"也是引自《易经》。①高攀龙是易学名家,他用"生生之谓易"②诠释"继善成性":"善即生生之易也,有善而后有性。"③"元亨利贞皆善也,元而亨而利而贞,贞而复元,故曰'继之者善'。"④高攀龙善于用深奥的易理解释实学思想,如用"乾知坤成""无坤不成物"说明"了悟在片时,修持在毕世",用"开物成务"说明"事理愈彻,则心灵愈莹"。东林学派精于易学的还有钱一本等,万历四十年(1612)以后,东林讲学的重点转向易学,用《易经》的形上原理,阐述实学思想。

以行证知

顾宪成雕像(吴为山)

顾宪成关于知行的一大创见是提出"以行证知"。

"知行合一"是王阳明一个著名论断,王阳明不同意朱熹的"知行二分",提出"知者行之始,行者知之成,圣学只一个工夫,知、行不可分作两事"⑤,"外心以求理,此知行之所以二也。求理于吾心,此圣门知行合一之教"⑥。"知行合一"与"心即理""良知"一起成为早期王学的核心要义。

顾、高不同意笼统地提"知行合一":"凡人

①《小心斋札记》卷十三、卷三、卷二。
②《周易·系辞上传》。
③《高子遗书》卷八上《答少墟二》。
④《高子遗书》卷二《札记(四十六则)》。
⑤《传习录》卷上《门人徐爱录》。
⑥《传习录》卷中《答顾东桥书》。

之言合者,必二物也。"①"知行之说,《大易》揭其原,《中庸》悉其委,试取而参之,或分言、或合言;或单言、或对言、或互言,无所不可,正不须执一而废百也。"②以《中庸》为例,上半部"中庸之知"是讲"知德",下半部"诚"是"行德",分而论之,脉络清楚;混而一谈,使人分不清"中和"与"诚"谁是本体。

顾宪成指出,朱熹的"论先后,知为先;论轻重,行为重"与王阳明"知者行之始,行者知之成"的提法本身无甚大的区别。分歧在于对"知"与"行"的理解。王阳明对于"行"的解释是:"我今说个知行合一,正要人晓得一念发动处便即是行了。"③发动时的"一闪念"仍属认知的过程,却被王阳明主观判定为"行"。所以,王阳明的"知行合一"被人批评为"以知代行"。

高攀龙画像(张复)

关于知行,顾宪成提倡"先行后言""慎言敏行"。高攀龙"率性""宗善""知性""复性"都立足于致知力行:"知欲侔乎上圣,而行不逾中人,则知行离矣。"④

顾宪成一大创见是提出"以行证知",他说:"'默而识之',言悟也;'学而不厌',言修也;'诲人不倦',言证也。"⑤意在用讲学实务验证学说。他分析孔夫子一生:"曰志、曰立、曰不惑,修境也;曰知天命,悟境也;曰耳顺、曰从心,证境

①《高子遗书》卷三《阳明说辨三》。
②《小心斋札记》卷五。
③《传习录》卷下《门人陈九川录》。
④《高子遗书·陈龙正序》。
⑤《小心斋札记》卷五。

也。"①孔子五十岁就"知天命"了，但为什么要到六十岁才称"耳顺"，到七十岁才称"从心"？这二十年正是实践认证的过程，使学说到达炉火纯青的境界。"修—悟—证"形成完整的认识路线，在认识论方面有开创性的意义。用现在的目光看，高攀龙强调"事理"，有实践出真知的意思；顾宪成"以行证知"，则有实践检验真理的意思。

一而二 二而一

《东林精舍课徒图》（钱松岩）

顾、高调和朱、王，平息学术纷争的方法是"一而二、二而一"，提倡"会通"。

是王学还是朱学？东林学派的学术倾向历来争执不已，实际上顾宪成早有答案。万历三十六年（1608），云间（明代松江府）钱大复创办日新书院，讲堂孔子像之左右列朱熹及王守仁像，顾宪成写《日新书院记》高度肯定此举。他引用《中庸》"小德川流，大德敦化"的赞语，肯定"朱子由修入悟，王子由悟入修，川流也，孔子之分身也，一而二者也。由修入悟善用实，其脉通于天下之至诚；由悟入修善用虚，其脉通于天下之至圣。敦化也，又即孔子之全身也，二而一者也。"顾宪成还从学术史角度分析朱学、王学的思想流变："弘正以前，天下之尊朱子也甚于尊孔子，究也率流而拘，而人厌之，于是乎激而为王子；正嘉以后天下之尊王子也甚于尊孔子，究也率流而狂，而人亦厌之，于是乎转而思朱子。"他指出两者有"同中之异、异中

①《顾端文公遗书》卷中《虞山商语》。

之同"，而学派纷争只是"各执其见过为抑扬而也"①。

顾、高依"一而二、二而一"的思路评价朱王："朱子平，阳明高；朱子精实，阳明开大；朱子即修即悟，阳明即悟即修。""以考亭为宗，其弊也拘，以姚江为宗，其弊也荡。"②高攀龙肯定王阳明的"致良知"："人心之灵，莫不有知，良知也；因其已知，而益穷之，至乎其极，致良知也。""王先生之致良知，则明明德之谓也。"③同时也不客气地指出"无善无恶"实质是佛氏的"不思善、不思恶"④。顾宪成对王的批评也是集中在"无善无恶"："'至善者，性也。性原无一毫之恶，故曰至善。'阳明先生此说极平正，不知晚来何故，却主'无善无恶'。"⑤王阳明一个重要观点是不能只以孔子的是非为是非⑥，顾宪成评价说："阳明得力处在此，而其未尽处亦在此矣。"⑦得力处是鼓励士人要有自心自性之当，未尽处是容易变成随心所欲，顾宪成的评价还是很客观的。顾宪成对朱学也是一分为二，批评朱学把"士人桎梏于训诂词章间"。朱学是官学，他对朱学的批评比较隐晦，如用"天理人情"替代"天理人欲"，把"气禀所拘，人欲所蔽"改成"气禀所拘，物欲所蔽"，明显是对"天理人欲"说的修正。还有寓贬于褒："朱子之最有功于天下万世者三：一是表章周元公《太极图说》，一是作《通鉴纲目》，一是作《小学》。至《集注》，则当别论。"⑧表明他对《四书章句集注》是不满的。他反对当时重四书、轻五经的现象，曾借梦境，表达还《大学》《中庸》于《礼经》，另以周敦颐《太极图说》《通书》、朱熹《小学》配《论语》《孟子》成新四

①《泾皋藏稿》卷十一《日新书院记》。

②《小心斋札记》卷三。朱熹晚年在考亭讲学，王阳明出生在姚江，故"考亭""姚江"分别指代朱学、王学。

③《高子遗书》卷一《语(一百八十二则)》、卷三《大学首章广义》。

④《高子遗书》卷一《语(一百八十二则)》。参见慧能《六祖坛经·自序品第一》。

⑤《小心斋札记》卷七、卷四。

⑥《传习录·答罗整庵少宰书》："夫学贵得之心，求之于心而非也，虽其言之出于孔子，不敢以为是也，而况其未及孔子者乎？求之于心而是也，虽其言之出于庸常，不敢以为非也，而况其出于孔子者乎？"

⑦《泾皋藏稿》卷二《与李见罗先生书》。

⑧《小心斋札记》卷八。

顾宪成《小心斋札记》书影　　　　《小心斋札记》卷十三书影

书主张。①

　　顾宪成更多是于方法论意义上运用"一而二、二而一"："吾读《易》而得穷理之说焉。合之,自乾至未济同一体也;分之,自乾至未济各一用也。不相假借,不相侵越,不相搀和,不相抵牾,穷理者应作如是观。吾读《易》而得博约之说焉。乾刚坤柔也,坎实离虚也,艮静震动也,巽伏兑现也。一分而二,体则通贯;二合而一,功则夹持,博约者应作如是观。"②

　　顾宪成用"一而二、二而一"原理分析理气、心知、道器、性命、体用、本末、理欲、义利、人心、道心等一系列对立范畴,例如:"或问理与气一乎? 曰:形而上者谓之道,形而下者谓之器。曰:然则理与气二乎? 曰:一阴一阳之谓道。"③又如:"心与知,一而二、二而一者也。"④

①《小心斋札记》卷九。
②《小心斋札记》卷十三。
③《小心斋札记》卷九。
④《小心斋札记》卷十三。

"二而一"很容易被误解为无原则调和,顾、高更多的是提高一个层次看问题,寻找对立面统一的条件,例:"气则养其道义之气,心则存其仁义之心,气亦性,心亦性也。"①主张以"性"统一"气"与"心"。又如:"阳明之所谓知,即朱子之所谓物;朱子之所以格物者,即阳明之所以致知者也。"②这是以《大学》"格物致知"统一"心物之争"。再如:"朱子之言,孔子教人之法也;陆子之言,孟子教人之法也。"③朱、陆都是儒学的教育者,只不过教育的切入点不同。类似这样的公允研判,使对立双方容易接受,足以平息学术纷纷之议。

东林学派"一而二、二而一"的实质是中庸之道,明代诸多学派就《中庸》的"先天与后天"等学术范畴争论不已,但在实践层面践履"中道"的较少,许多学派往往陷于一端。东林学派主张学术兼容并蓄,公允客观点评诸家优劣。顾宪成对宋、元、明三十余位理学家的著作或观点给予述评,各评骘其过,摘绎其不及,评价不徇不刻,切中要害。顾、高与管志道互称君子,即使对李贽、何心隐等狂禅人物,优点也予以肯定。

在晚明经济社会转型、思想多元化的背景下,东林实学形成了系列哲学思想:世界观方面,东林以"实理"反对佛、老的虚无;在认识论方面,东林把实践作为认识的起点和终点;人性论方面,东林提倡"生生",反对"空谈心性";方法论方面,"一而二、二而一"实际是讲对立面的转化和统一,是否定之否定。

经世与宗教化是儒学发展两个路向,从先秦时代起,就有人企图圣化孔子,被孔子本人否定。孔子去世后,"圣化""神化"的调门越来越高,"至圣""素王"等提法不一而足。王阳明实际走的是儒学宗教化之路;东林主张实事实理,恢复儒学经世传统,积极入世,称东林实学当之无愧。

晚明的这场虚实之争对当代儒学发展也有借鉴作用。东林经世实学是中国哲学发展的重要阶段,不能把中国哲学归结为"道德形上学"。相似的生产

①《明儒学案》卷五十八《忠宪高景逸先生攀龙》。
②《小心斋札记》卷八。
③《小心斋札记》卷七。

发展阶段会产生相似的思想,东林实学产生于前近代,许多思想是世界性的。东林实学追求"同善",追求"善"的社会风气,颇接近亚里士多德的"共同善";东林颂扬"三代之治",体现了对历史经验理性的重视;东林实学强调"事理",也可说有"实证"的意味,防止了"天理"变"绝对精神"。中西比较哲学研究,东林实学也是极好的素材。在晚明的这场论争中,东林学派萌生了朴素唯物主义、朴素辩证法,这是中华优秀传统文化的亮点,也是传播辩证唯物主义的中国基因。

嘉万时代

从『锡山三富』谈起
——嘉万商人阶层的崛起

中国商业发展和商人地位的转变,嘉万时期的无锡是一个重要例证,傅衣凌研究古代商人向商业资本的转化,举的第一个例子,就是嘉万时期无锡的安国和邹望。[1]加上同时期的华麟祥,明末清初的史料书《花村谈往》称他们为"锡山三富":

> 无锡古泰伯地,墓在延祥乡。嘉隆间有三富翁,世所传安国、邹望、华麟祥也。

嘉靖时权臣严嵩的儿子严世蕃有一个习惯,自己新增资产每满百万,就置办一酒会,请交情深厚的宾客评议天下富豪,前后共四次,这是中国明代的"福布斯"榜。资产满五十万方可列入首等,第一次评首等十七家,邹、安二家列入,"邹望将一百万,安国过五十万"[2]。专家以购

《弇州史料后集·国朝丛记·严氏富资》

---

① 傅衣凌:《明清时期商人及商业资本》,北京:人民出版社,1956年。
② 〔明〕王世贞:《弇州史料后集》卷三十六《国朝丛记·严氏富资》。

安桂坡像(《胶山安黄氏宗谱》)

买力比价推算,当时银一两,相当于现在500元,则邹望资产接近5亿,安国超过2.5亿。也有资料称安国是"安百万"的。

安国(1481—1534),字民泰,号桂坡,明代无锡胶山堠村(今无锡市锡山区安镇)人。《〔康熙〕常州府志》评论他:"居积诸货,人弃我取,赡宗党,惠乡里。乃至平海岛,浚白茆河,皆有力焉。"平海岛,是指嘉靖四年(1525)海盗董效为害,御史中丞伍文定奉令征讨。有人主张直捣海岛,伍问计于安国,安国说海盗在长涛怒波间运帆楫如驯马,往必不利,不如使用离间计诱敌。伍文定采取他的策略获得成功,朝廷拟授官,安国辞谢,后来授安国七品衔,赐银牌。浚白茆河,是指正德十六年(1521),应天巡抚李充嗣疏浚白茆港,河道常坍方,安国进言说,河床垂直,就容易坍方,改成锅底状就好,李充嗣将此建议布告并着力推行。[①]国家有事,安国出钱出物尽力,难得的是他有谋略,《〔康熙〕无锡县志》赞安国"性资警,多谋略"。

① 参见黄省曾《桂坡安征君传》,无锡图书馆藏抄本。

《西林园景图册》（张复）

安国"以布衣起家，饶于资而具大经济"①。他是一个成功的出版商，安氏桂坡馆继华燧华通馆之后，较早掌握了铜版活字印刷技术②，核对校勘、刻印精良又超过华通馆。出版业是当时新兴产业，安桂坡馆以翻刻翻印唐宋善本知名。嘉靖十年（1531），桂坡馆影刻了唐代徐坚的《初学记》三十卷，这是类书（字典），印数较多。俞泰跋语云："经史子集，活字印行，以惠后学，二十年来无虑数千卷。"按明代书价估算，单出版这一部书盈利就在万两以上。桂坡馆的再造善本还有唐代颜真卿《颜鲁公集》三十卷、宋代魏了翁《重校鹤山先生大全文集》一百一十卷、宋代单锷《吴中水利通志》十七卷、宋代谢维新《古今合璧事类备要》五集三百六十六卷。正德十六年（1521），南京吏部尚书原东光县令廖纪听闻安国能铜版活字印书，就委托安国翻印了《正德东光县志》，因此而成为安国挚友。安国的刻本还有明代沈周《石田诗选》（重刻本）、施仁《左粹类纂》等。

安国又是大古董商、大收藏家。嵇承咸《梁溪书画征》称他"渔猎子史，精于书法，善鉴别彝鼎法书名画，珍藏之盛，甲于江左"，王照宇揭示，安国过手、现在存世的书画有晋代王羲之《二谢帖》、晋代顾恺之《女史箴图》、五代《雪霁捕鱼图》、五代王齐翰《勘书图》、宋代《寒鸦图》、宋代赵构《七绝诗》、宋代李唐

---

① 〔清〕安曾发：《胶山安氏黄氏家乘合钞》。
② 见《吴中水利通志》末页："嘉靖甲申，锡山安国活字铜版刊行。"

《晋文公复国图》、宋代梁楷《白描道君像图》、元代黄公望《富春山居图》、元代王蒙《太白山图》、元代赵孟𫖯《归田赋》、元明佚名《松谷诗话图》等26种①,尚不包括唐寅为安氏西林所作《虚亭岸帻图》等。上述书画,任选其一,都是价值连城,"安百万"之称,真不是虚名。

安国之富,体现在尚文博古,虽然自己是"处士",但真个是"谈笑有鸿儒,往来无白丁"。安国有《安桂坡游记》,又名《北游记西游记东游记》②,于游历一笔带过,对所到之处遍访藏家、文人雅集、作诗评画记载甚详。一路少不了收文进画,归来时"图籍盈载,殆不异于米舫"。安国结交的名宦吴一鹏、廖纪,文人文徵明、俞泰、陈端甫、陈鹤,乡贤秦金、华钥、华云、蔡亨等,作《北游赠言》《西游赠言》《东游赠言》附于书后。尚宝司少卿、李东阳女婿崔杰赞安国藏书汗牛充栋:

> 江南有客身姓安,布袍草履晋贤冠。
>
> 贯朽粟陈富何有,汗牛充栋书尤刊。

慈溪人、状元姚涞有《赠锡山安君南还诗》,也赞扬安国购书校雠出版盛举:

> 安君好读书,三万同邺侯。千金辑遗简,高声振儒流。
>
> 雌黄勘纰缪,温煴勤校雠。展玩失书肆,秘府良可谋。

安国"志存德义",非一般商人可比拟。惠山李纲祠、张巡庙年久失修,他出资修复。安史之乱时贺兰进明拥兵不救,致张巡、南霁云失援被害,安国作贺兰像跪在张巡像前,以表达其崇正祛邪之志。倭寇入侵,他捐建毗陵城。嘉靖年大旱,他首创"以工代赈",《泰伯梅里志》载:"嘉靖间,岁旱民饥,国出粟,课民凿渠,日集千夫。自春及夏,遂成巨浸,活民无算。""富而行义",得到朝廷表彰,安国获南京户部员外郎衔。安国去世,嘉靖皇帝诰赠奉直大夫,王廷相、湛若水、吕柟三位大学者和秦金为他写墓志铭。

---

① 王照宇:《明代安国家族书画收藏研究》,《荣宝斋》2017年第3期。

② 王立人编:《无锡文库》第四辑《北游记西游记东游记》,南京:凤凰出版社,2012年。

古代士农工商四民,耕读被视为根本,经商是末业,安国最后是"以末致富,以本守之"。他购置了大量田产,一说达十六万亩。他令儿孙读书进取,儿子安如山科举连捷,孙子安希范考中进士。《花村谈往·锡山三富》讲了安国的一个传奇故事,他以做斋事为由租借胶山古刹,短短二十四天使寺庙东移挪向,而内部陈设一切如旧,腾出风水宝地葬父,安氏据说因此繁衍成世家。

《锡山三富》第二个故事是"邹顾构讼",说邹望与退休尚书顾可学打官司:

《花村谈往·锡山三富》书影

邹号东湖,邑之泰伯乡人。会计簿编号至六百,米谷数汇储至百万,钱不索而廞,银不匣以室。至柜藏于床前阿堵,零剩物也。曾与顾尚书荣僖公构讼,郡城内外十里悉令罢市,荣僖在寓,几无菜腐鱼肉以为飧。衙佁胥役呼命不应,钞酒无灵,以餍足于邹者过多也。荣僖讳可学,关节图章金提玉质系于袖悦,日夕弗离。一日欲致札郡伯,启出视之,一块瓦砾,秘不敢发。明晨再启,绵纸缄识,大书"邹望封"三字。荣僖警骇曰:吾头可断也。即与之平。钱能使鬼如此。

邹望(1521—?),字国表,号东湖,无锡徐塘人(现无锡鸿山镇东塘街村),家产"田三十万余亩,僮仆三千人,四十别墅阙其一"①。邹望是地域巨商,分支机构多至六百,足以垄断一地商业。利润也可观,铜钱都不用串成贯,散堆在仓库里;银子不装箱,直接放在储藏室里,难怪乎民谣"金银日夜用斗量"。荣僖公顾可学已是"副国级"人物,邹望都敢惹,说明后台也硬得很。黄印《锡

① 〔清〕黄印:《锡金识小录》卷十《前鉴》。

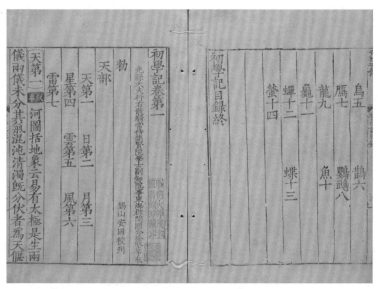

锡山安国校刊《初学记》书影

金识小录》披露两人为了争夺新安庄，打了十多年官司，用尽诡计。邹望软性绑架顾可学的两个宠童，好吃好住地待着，同时制造被害假象，案件开审时让宠童突然出现在公堂，反诉顾可学诬告。顾可学也不是善茬，勾结"打行"，买尸栽赃，诸如此类，不可胜言。顾可学以用童溲提取性药上位，"千场万场尿，换得一尚书"（"尿"无锡话音"书"），也为邑人所轻。

邹、顾两人都爱好声色鼓吹，养家班，嬖优童，比豪斗富，是当时无锡奢侈领袖。"前明邑缙绅巨室多蓄优童，邹东湖望家二十余辈，柳逢春、江秋水最善……月夜歌于雨花台，趋听者万众。"父亲如此，两个儿子也不学好，"来鹤来鹏，阋墙招衅，亲朋分党，百万家资，断送衙门"，无锡人引以为鉴。

《锡山三富》第三个故事是"华麟祥化腐朽为神奇"。

华麟祥（1463—1542），字时祯，号海月居士，晚称海翁。原住地无锡菰渎（现无锡梁溪区南禅寺街道耕渎桥周边）。华麟祥由儒入商，是儒商的杰出代表。他进过县学，与教谕不和，很快退学，以善于赘算担任吏郎。不久考取秀才，年度例行选拔中被推选入太学成贡生。两次参加会考不中，就不再应试。

太学生与落榜举人一样，可以有参加吏部选调教职等低层职务的机会。儿子华云考取进士后，他致函吏部放弃选调，表示只想得一个虚衔。吏部侍郎嘉许他的选择，上奏授予他浙江布政司都事的职衔，官阶从仕郎，因而人称华都事。①

华麟祥极富才识，既然不能为时所用，就专注于治生植产，"訾算转输，得其肯綮"。他掌握了商品流通增值的关键法门。《锡山三富》记载，华麟祥在镇江当私塾老师，就试着把家乡菰渎的红菱运销到镇江，"六七日往来，利可十倍"。赚取了可观的地区差价。他的"第一桶金"来自市场预测，借用别人的闲置资金，以百斤花银二钱的价格，囤储几乎被视为废物的板枝花（絮棉）。适逢正德皇帝御驾亲征朱宸濠叛乱，经行处都急需板枝花准备供帐衾褥，价格涨到每斤花一两银还无货，据说仅这一次就赚了百万。②华麟祥运用掌握的知识和社会资源，"人弃我取""亿则屡中"，成就了一代儒商的辉煌。华麟祥也收购古董，但比安国低调；也印刷出版善本书，现存世嘉靖十一年（1516）无锡崇正书院华麟祥校刻宋吴淑《重订事类赋》。他秉承儒家"义利双行"宗旨，设立义庄义田以赡族，子孙回归举子业，长子华云中进士，次子华露以太学生授光禄寺监事。

安国与华麟祥都极有可能参与了海外贸易，因当时明廷海禁政策，所以秘而不宣。安国熟悉东海的情况，所以能为东海平盗出谋划策。在邵宝任职浙江时，一年八次赴浙江③，且与台州知府、温州知府等交厚，酬答诗句有"海上烟云万里秋""此游莫浪逢人说"④之句。华麟祥被公认为商贾，但板枝花之后再无商贸情事，暴富原因归结于其家在铁柱岸掘到宋代"秦丞相"藏金，无可考证。⑤出口要有供货商，进口要有分销商，安、华是否海商，目前只能存疑

①周道振、张月尊：《文徵明年谱》，上海：百家出版社，1998年，第542页。
②这是个夸大的说法，按提供的价格计算仅赚了十万两。
③见安国《映江楼和二泉邵先生韵》："越山都入映江楼，此地年来八度游。"
④〔明〕安国：《宴台州巾子山许太守席》。
⑤《锡金识小录》卷三《铁柱岸》。

待考。

无锡古代本质上是一个商业中心城市,龟背形的城市格局明显与"天圆地方"布局的行政中心城市不同,大运河穿城而过,唐宋城市建设随着市场发展而发展,大市桥、中市桥、南市桥次第建成。①明代无锡商业的发展,又得益于"黄金水道"——大运河。为了减轻漕粮运输成本,明廷允许漕船每船顺带多至六十石"土宜",九千条漕船把南方生产的土布、丝绸等带到北方,回空漕船又把棉花、豆、麦、桃、枣带到南方。无锡本地不产棉花而成为棉纺织基地,靠的就是这种机制。"因河而兴,因商而富",明代无锡出了许多富室。

无锡人富而行义的传统,可以上溯到"十九年中三致千金,再分散与贫交疏昆弟"的范蠡。明代无锡的富户也是"富而好行其德":正统六年(1441)饥荒,巡抚周忱劝赈,钱秉、钱惟常各助米一千二百石;景泰四年(1453)大水,巡抚王竑劝赈,钱孟清、华泽、邹元等二十六人各助米四百石。②嘉靖三十三年(1554),士绅张守经变卖家产,毁家纾难,招募何五路等三百人,组成义勇军抗倭。③万历十六、十七年江南大荒,倪瑝尽出仓窖十万钟救灾,另外还施粥灾民。倪瑝去世后,顾宪成为他写墓志铭,歌颂他"以义主利,以利佐义"的义利观:

> 以义诎利,以利诎义,离而相倾,抗为两敌;以义主利,以利佐义,合而相成,通为一脉。人睹其离,翁睹其合,此上士之所不能誉,而下士之所不能测也。④

---

① 参阅宋史能之《咸淳毗陵志》。
②《锡金识小录》卷七《稽逸四》。
③庄炎:《无锡民族英雄张守经与王其勤》,《台北无锡乡讯》第四号,1970年2月。
④《泾皋藏稿》卷十七《明故处士景南倪公墓志铭》。

白粮之害

　　无锡地处太湖流域,平原广袤,河网密布,水甘土沃,是著名的稻米产区,又是较早形成的稻米市场。明代万历时期的人文地理学家王士性,悉心考察地方风物,在《广志绎》一书中列举全国十三个商品产地兼集散码头,其中就有"无锡之米":

　　　　天下马头,物所出所聚处。苏杭之币(帛),淮阴之粮,维扬之盐,临清、济宁之货,徐州之车骡,京师城隍、灯市之骨董,无锡之米,建阳之书,浮梁之瓷,宁、台之鲞,香山之番舶,广陵之姬,温州之漆器。①

　　无锡稻米有红莲、香粳等品种,香粳早熟,粒小而香;红莲晚熟,粒大而香,深受皇室喜爱。所谓"锦衣玉食","锦衣"有苏杭的绫罗绸缎,"玉食"则是"无锡之米"。明光禄寺珍馐署指定无锡每年上贡一千多石白米到内库[万历十五年(1587)定为粳米一千石,糯米一百九十七石]②,此米是正贡之外加派白粮的一部分,称为"上供玉食"。

①〔明〕王士性:《广志绎》卷一《方舆崖略》。
②《明神宗显皇帝实录》卷一百九十一"万历十五年冬十月乙亥":光禄寺署寺事少卿谢杰题:
　　"查珍馐署粳米常有余而糯米常不足,见今署中粳米尚足十数年之用,乞敕户部酌议于无锡县原派粳米一千一百九十七石一斗八合额中,改派一百九十七石一斗八合征作糯米解寺,以足岁用三百余石之数。"

漕吴而食——清宋骏业绘苏州盘门景象

《明史·食货志》载：

> 漕粮之外，苏、松、常、嘉、湖五府，输运内府白熟粳糯米十七万四十余石，内折色八千余石，各府部糙粳米四万四千余石，内折色八千八百余石，令民运，谓之白粮船。自长运法行，粮皆军运，而白粮民运如故。[①]

上述两项相加，白粮总数是二十一万八千石，去除折色（折现），约二十万石，其中小部分送南京，大部分由江南运至北京，故又称北运白粮。用途一是供六宫消费，二是发放百官俸禄。朱元璋定都南京，白粮由江南运南京，距离比较近，有粮长制度支撑，执行无甚大碍。明成祖朱棣夺了侄儿的皇位，迁都北京，白粮由江南北运。明宪宗成化七年（1471），漕运实行长运法，江南州县漕粮改军运，但白粮仍民运。脱离漕政的民运，难于与军运争资源，弊病日生月积，路途困难重重，加耗屡禁不止，中官索贿肆横，受责解运白粮的粮长往往因此破家，北运白粮竟成劳民弊政。

白粮北运路途困难重重，万历时任给事中的无锡人侯先春在《书民运事

---

① 《明史》卷七十八《食货二》。

宜考后》一文中描述民运白粮之难：

> 东南财赋半天下，而苏、松、常、嘉、湖五郡又半东南，乃民运白粮二十余万石，又天下所无而五郡所独也，五郡之民泰苦矣。惟自高皇帝定鼎金陵，则此五郡者旁并辇毂，故当时属之民运，以为地近而用力少也，岂虞有今日之艰难哉。今京师在西北上游，道路迁徐三千里余矣。于是沿途有阻滞之患，淤浅有盘剥之费，暑湿有泅烂之虞，风波有丧失之险，关津有船料之税、带砖带瓶之烦，船户有抑勒之害，水手有索诈之扰。夫裹粮储粟，操舻艎之舟，漫澜于江淮河济之间，遭回困顿，日与死为邻，而复耗费无算。舟抵丁字沽，已脱万死一生之幸，而白河之剥船、通州之过坝，其狼戾于船夫之手又无算。自大通桥抵京以至投解内府各监局库，其奸技弊窦益又无算，民命几何，而不焦烂于灌输之役耶。①

白粮民运困难重重。租船水脚（租船费）、驳运车脚原有官脚作定价参考，现为议价，多数漕船被运军征用，民运船只少，船家坐地起价。运输船过江有覆没风险，粮食淋雨有霉变腐烂的风险，囤房有火烛的风险。一路上榷关钞关，要查征顺带"土宜"的税收，还有额外负担，例如皇室建寿宫，规定每船要从清江带数百砖、从江南带瓶罐之类。清江过闸，要雇用纤夫，宿迁小河口到徐州段河道浅阻，不得不雇车驳运至水深区再装船。风霜雨雪，九死一生，好不容易到了天津丁字沽（明代大运河和大清河交汇处），密云至通州的白河水

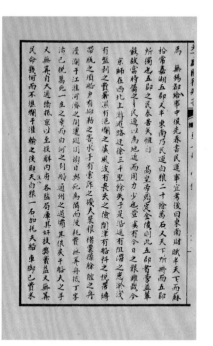

《天下郡国利病书》引"侯先春论白粮"书影

---

①转摘自顾炎武《天下郡国利病书》。

浅,必须在此换剥船(小型漕船),到张家湾要另雇车,剥船数量少,船家、车主漫天要价。大运河通州至北京段明代没有船闸,在水中建一石坝以提高运河水位,剥船用绞关拉动过坝,又是敲诈的机会。军运优先,民船过闸过坝只能静候。春夏粮船集中北上,航道狭窄,与漕船有磕碰,运军耍横敲诈勒索。白粮到通州要先租仓囤储,待运军漕船过尽再起解,难在囤房又不足。时间消耗,解一趟白粮往往要一年。侯先春写此文,经过了详细的考察,尽写民运白粮之难。

加耗屡禁不止。"正耗之外又要加耗,铺垫之外又要加银。"万历时熟谙掌故的沈德符在《江南白粮》一文中写道:

> 江南白粮之为害,至今日而极矣。吴中士大夫亦攒眉相对,而无能上控。惟先朝詹事霍韬曾有疏陈时弊,内一款云:"成化以前,粮户解纳白粮及合用料物,户、工二部委官同科道官验收,乃运送内府。粮户不与内臣相接,故内臣不得多取,小民不致亏害。弘治以后,部官避嫌,不肯验收,责小民运送内府。是故有白粮一石,加至一石八斗乃能上纳者矣;各项料物,有索取银四百余两,乃得批回者矣。虽有法禁,小民敢与内臣抗乎? 虽有号诉,九重万里。曾无为之上闻者。"[1]

正税定额以外加收的份额有正耗、加耗的分别,正耗是实物和运粮途中船户的消耗,万历九年(1581)曾限定每石至多加耗五升,官宦腐败,哪里限得住。例验收时有淋尖、责罚等多种名目。"每一斛淋尖则多至斗余,每一石折罚则多至三斗。"明制"五斗曰斛,十斗曰石",则每五斗就要多收一斗;以米色、糠皮不符为名的处罚,每十斗多至三斗;验收呈样,用斗抽大样,小民哪敢与之争竞。

加耗不仅是粮食消耗,还包括名目繁多的费用,称之为铺垫。铺垫本义是苫盖铺垫的物料费用,演变成官吏勒索的陋规常例。据嘉靖元年(1522)巡仓御史刘寓生上言:

---

①[明]沈德符:《万历野获编补遗》卷二《江南白粮》。

天下卫所运粮四百万石常额,外加耗有日太监茶果者,每石三厘九毫,计用银一万五千六百两;有日经历司、日该年仓官、日门官门吏、日各年仓官、日新旧军斗者,俱每石各一厘,共计用一万六千两;有日会钱者,上粮之时有日小荡儿银者,俱每石一分,共计用银八万两;又有日救斛面银者,每石五厘,计用银二万两。率一岁四百万米,分外用银一十四万余两,军民膏血,安得不困竭也。①

刘寓生讲的是漕粮,民运白粮更是五花八门,交纳白粮被中官视为"奇货",太监验收每个环节都要捞一把:"买御道有钱,遮拦门官有钱,大小呈样、巡路、探筒旗尉、书办之勒取,家人、兵番之吓诈,种种难以枚举。"②一些官员主张认可旧例,设定定额,严禁再开新例,试图以此禁饬歪风,但实际是节节后退。铺垫,万历九年(1581)裁定是每百石三两③,而后限定为每石三分,即百石三十两,甚至有各项索要四百两才肯给回批者。正耗加耗合起来有多少? 万历十四年时任右庶子的赵用贤有一笔细账:

查每石加白耗米三斗,加二春办,该米二斗六升。夫船本色米四斗,折色米四斗,折银二钱。又车脚银杭、嘉、湖每石六钱,苏、松、常每石四钱,是白粮一石,所费民间米九斗六升,银八钱,通正米为四石余,始当白粮一石。则此二十余万实为八十余万矣,此天下之所无,而独江南之所有,民几何而能胜也。④

粮钱折合成白耗米,要四石方能完纳一石白粮,这还是比较中允的数字,据侯先春考察,要八石方能完纳一石。

"江南之役最重且艰者无如粮长,粮长之役最重且艰者无如白粮。"⑤粮长

---

①《大明世宗肃皇帝实录》卷十二"嘉靖元年三月丁卯,命内外总督粮运等官严禁科取分例,违者重治之"。

②《明神宗显皇帝实录》卷二百一十三"万历十七年七月乙丑,湖广道御史林道楠言"。

③《明神宗显皇帝实录》卷一百一十九"万历九年十二月乙巳,巡仓御史顾尔行奏"。

④〔明〕陈子龙:《皇明经世文编》卷三百九十七《赵文毅文集·议平江南粮役疏》。

⑤《泾皋藏稿》卷十《龚毅所先生城南书院生祠永思碑记》。

明代漕运示意图

夹在农民与朝廷之间,征收环节,农民不认可如此离奇的加耗;完纳环节,加耗年年无底线增长,粮长只能自认赔补。"轻则荡产,重则丧身。虽有禁例,谁敢与内臣抗衡?虽欲号诉,无由向九重上达。"朱国祯的《涌幢小品》描述粮长之苦:"家有千金之产,当一年即有乞丐者矣;家有壮丁十余,当一年即为绝户者矣。民避粮长之役,过于谪戍。"①当粮长,相当于被充军,可见惨酷。《〔万历〕无锡县志》载:

> 白粮粮长代运,一区中有粮夫三四十名者,每名银二十余两,赔费不赀。至于转输之艰,往返万里,动逾岁月。钱粮至京,公家之人视为奇货,百计需索。墩有亏负,往往贷息赊偿,回文未销,追呼杂沓,身在国门,而亲属已陷于囹圄矣。②

送一趟白粮,每名给二十两银子包干,全赔了都不够。"公家之人"视解粮进京的粮长为可鱼肉的"奇货",给皇帝送口粮,却饱受欺凌,真说到了粮长的伤心之处。成化以后白粮改由内廷验收,这里的"公家之人"指内监。运去的白粮被七折八扣,总量不够完纳,只好借高利贷抵充。

明初,朱元璋有惩于元代胥吏之害,乡村实行"以民治民",设立粮长制,选择乡村有实力的富厚之家当粮长。粮长送粮到南京,有时还受到朱元璋接见,乌程人严震直因而被识拔当通政司参议,后累升为工部尚书。③但在胥吏眼

①〔明〕朱国祯:《涌幢小品》卷二。
②《〔万历〕无锡县志》卷八《食货志二·役法》。
③《明史》卷一百五十一《严震直传》。

中,却是粮长侵夺了他们的权力,到明代中晚期,选谁担任粮长就成了官吏敲诈富民、报复粮长的手段。往往解粮人还在北京,官吏就要求粮长家包干完成白粮征收定额,逾期就追比,甚至拘禁粮长家属。《涌幢小品》讲了一桩地方官员以指定粮长报复退休尚书的事:

> 长洲知县郭波,福建人。与致仕尚书刘缨有小隙,编其家粮长七名。复以谢罪为辞,造其庐,连拜二十余拜。既出门,号于众曰,我欲拜死老贼耳。刘年八十余,不胜悫愤而卒。其孙不能承役,逃移四方,家立破矣。①

田产成了破家之累,据顾元庆《夷白斋诗话》记载:"近来吴中多田之家,即签粮长,州司取剥阴偿,终则棰楚禁锢,连年莫脱,其势不至倾家荡产不止也。是以人惩其累,有知者皆不售田,吴人所以畏役如畏死。"买田致祸,谁还敢购田置产? 有人讽刺碌碌置买田产者:

> 广买田产真可爱,粮长解头专等待。
>
> 转眼过来三四年,挑在檐头无人买。②

北运白粮是江南第一重役,可谓一米一珠,一粒一泪。有征收北运白粮任务的江南五府二十五县地方官员,无法改变白粮民运格局,纷纷在自己的职权范围内作一些微调:

嘉靖二十六年(1547),吴县知县宋仪望设立役田,补贴有解粮徭役的解户。

隆庆元年(1567),南直隶苏州知府蔡国熙"奏定白粮税额,南北运则议助役法"。

隆庆四年(1570),应天巡抚朱大器议立役米,秋粮每石带征米五升,作为解粮用。

隆庆六年(1572),应天巡抚张佳胤重议,针对一些大户巧名逃避应役,改

---

①《涌幢小品》卷十三《编役连拜》。
②〔明〕蒋一葵:《尧山堂外纪》卷九十一《国朝·桑悦》。

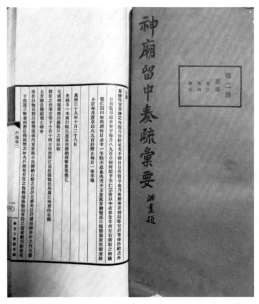

《神庙留中奏疏汇要》收有关白粮民运奏疏

为平米法,每年平米一石派米二升、银二厘。大户不派粮长,但必须出粮出钱,以均衡负担。①遗憾的是役田、役米、平米法都没能列入后来的一条鞭改革。

嘉万时,朝廷多名务实官员力主改革和完善白粮北运制度,由民收民解改为民收共解、民兑军运,由军运优先改为民运优先,等等:

嘉靖元年(1522),江南诸府巡按御史马录率先上疏:"江南之民最苦粮长,白粮输内府一石,率费四五石。"时户部侍郎秦金等接受他的意见,下令每石加耗不超一斗。②

嘉靖八年(1529)二月,詹事兼翰林院学士霍韬以灾变应诏陈言解运白粮事,乞敕各部改正旧法:"俾贪暴不肆苛虐,小民不致重困,庶几弊政少除,民怨少息,灾变可弭也。"③

隆庆元年(1567),浙江巡抚王德春主张将实际内官掌控的光禄寺纳入科道监督。④

万历十四年(1586),庶吉士赵用贤上《议平江南粮役疏》⑤,其第七条专议白粮,主张"光禄寺白粮,应均派天下折银买纳",并主张白粮军运。折银买

---

① 《[万历]无锡县志》卷八《食货志二》。
② 《明史》卷二百零七《马录传》。
③ 《明世宗肃皇帝实录》卷九十八"嘉靖八年二月己巳,詹事府詹事兼翰林院学士霍韬以灾变应诏陈言"。
④ 《皇明经世文编》卷三百六十七《王侍御奏疏·王得春撼明诏馨恩衷疏》。
⑤ 《皇明经世文编》卷三百九十七《赵文毅文集·议平江南粮役疏》。

纳,即白粮折色。白粮的运耗成本已远远超过北京市场价,完全可以地方交银北京买入。

万历十五年(1587),给事中侯先春上疏"陈苏、松、常、嘉、湖五府白粮四事:曰定囤房,给剥船,革杂用,责歇家"①。

万历十七年(1589),湖广道御史林道楠言:"乞命司礼监晓谕各监局内官,前项弊端尽行禁革白粮,其耗米、铺垫务照先年题准则例,不许加增。"②

万历三十六年(1608),巡按浙江监察御史张惟任上揭帖,"为江南重役未苏,上方玉食难缓,恳乞特申功令以恤民艰、以便趱运事",再诉东南小民解纳白粮之苦、起运之弊,主张"处置调停、立法革蠹"。光禄寺寺丞徐必达上《请革解绸白粮积弊疏》③转述了揭帖的内容,特别指出白粮运输种种弊病根子是"军先民后","军粮船九千余只,其势盛,其人众,白粮舡人少势弱",力主上贡玉食应先于军船。这样一个重要奏疏竟留中不发。④

上供玉食运输要处处让着军运,实在是说不过去,"白粮先漕行"一直拖到崇祯初年户部尚书钱春手上才解决。⑤钱春,是"东林八君子"中钱一本的儿子。

嘉万时,无锡乡贤设想了许多方法缓和白粮解京和粮长破产问题:

华察在延祥乡设立役田。华察,生于明朝弘治十年(1497),卒于万历二年(1574),官至翰林院掌院学士,民间称华太师。华察于嘉靖二十四年(1545)引退回到无锡,当时延祥乡许多粮长破产,原因除了运白粮费用外,还有积逋(历年欠税)摊派引起农民逃亡,逃得多,积逋更多,负担都压在粮长身上。华察带头拿出八百亩地,发动其他族人共筹集二千四百亩作为役田,助役完逋,兼作义田,济贫助学。王世贞写了《延祥上区华氏役田记》记载

①《明神宗显皇帝实录》卷一百九十。
②《明神宗显皇帝实录》卷二百一十三"万历十七年七月乙丑"。
③〔清〕清高宗敕选:《明臣奏议》卷三十四《徐必达·请革解绸白粮积弊疏》。
④《神庙留中奏疏汇要》第四册"户部"卷二。
⑤《江南通志》卷一百四十二。

此事。①

与延祥乡华氏役田同时，高攀龙一家在开原乡、吴桂芳吴桂森兄弟在天授乡都设立了役田，顾宪成写了《天授区吴氏役田记》，歌颂华、高、吴三门的义举仁风。②顾宪成四名子侄与浃、与涤、与溉、与演捐三百石，与祖上留下的遗产共一千石，在家祠之旁建立义仓，一半赡族，一半助役，每年粮长一名贴银一百两。③顾宪成还极力称誉乡贤龚勉未发达时提出的"八议"："一曰加白粮之耗米，一曰革千料之粮船，一曰分银米之征收，一曰并徭银之征收，一曰革无名之供费，一曰免粮船之盘验，一曰缓批单之勾获，一曰增金花之滴珠。""八议"被当时的县令柴恪接受并报请上峰施行，"自是充役者省费过半，人人德之"④。邑人在城南书院建生祠立永思碑，纪念这位德者。龚勉未发达时家境清贫，某年年三十避债于寺庙，留下无锡"绿萝庵里看梅花"的典故，后官至浙江右布政使。

"白粮"只是晚明弊政之一角，二十万石白米就搞得哀鸿遍野，从中可以看到晚明上层的昏庸，吏治的腐败、内官的肆横。对"上供玉食"贪官权宦都敢上下其手，朝廷还有什么权威可言。粮长是封建统治的阶级基础，以粮长为鱼肉对象，说明明代统治已经病入膏肓。而正直官员的审查、谏议、对策，又说明社会犹有"良心"在，民情民意、为民请命，是正直官员执政的依据和使命。从"白粮"也可看到东林不是"清议"，东林人士不仅是批评弊政，而且提出解决方案，力挽狂澜、身体力行。

---

① 〔明〕王世贞：《弇州山人四部稿》卷七十五《延祥上区华氏役田记》。
②《泾皋藏稿》卷十一《天授区吴氏役田记》。
③《泾皋藏稿》卷五《与检吾徐中丞书》。
④《泾皋藏稿》卷十《龚毅所先生城南书院生祠永思碑记》。

万历无锡县均田碑

　　万历三十九年（1611），无锡知县陈以闻立了一块《无锡县均田碑》①（以下简称《均田碑》），这块碑现经多方寻找无踪迹，好在江苏省博物馆编的《江苏省明清以来碑刻资料选集》保留了是碑碑文，使我们对万历时期无锡的赋役不公和有识人士大胆改革的情况有所了解。先要说明的是这里的"均田"可不是后来意义上的"耕者有其田"，而是"均役"——均平负担以地亩为基础的赋役（力役）的意思。

　　万历三十八年（1610），江南巡抚徐民式在苏松常地区推行以"限制优免、清理花分、诡寄"为内容的均役改革，明代是照田派役，均役先要均田，因而也称均田改革。《均田碑》记载了苏松兵备李某、巡抚徐民式和巡按房壮丽给皇帝的奏疏，户部部复和皇帝准行的圣旨，常州府杜承式、常镇道臧尔劝的奉行及斟酌意见，最后是无锡知县陈以闻公示实施均田的结果。

　　《江苏省通志稿·职官志》载：万历三十七年（1609）十一月丁酉，太仆少卿徐民式巡抚应天。"巡抚江南时，吴中搢绅，不供徭役。民式请均之。"万历三十八年，题准均役。

　　明代沿用唐朝开始的两税法，每年夏、秋两次征税。除了两税，还有徭役

---

①江苏省博物馆编：《江苏省明清以来碑刻资料选集》，北京：生活·读书·新知三联书店，1959年，第516—521页。

（力役），按田计征。明初徭役较轻，洪武元年（1368）所定之役法，量田出夫，每田一顷（百亩）出丁夫一人，农隙赴京供役，每岁率用三十日。但不久就突破了规定，南北两京宫殿、帝陵建设、整修长城、修河修仓、抗倭战争，徭役名目繁多，加之官吏腐败，无偿享用民力，胡乱摊派，民不能堪。嘉靖九年（1530）始，桂萼、傅汉臣等人试行"通计一省丁粮，均派一省徭役"。万历初，张居正加上税赋折银措施，正式推行"一条鞭"改革。"一条鞭"把原来按田、按丁摊派的赋役，统一为按田征收，简化了税赋征收，稳住了财政收入的基本盘。但"一条鞭"也有明显缺点，原有的摊派得到承认，新的摊派无法包容，万历"三大征"、修三大殿，"一条鞭"赶不上徭役增长。苏松常地区出产多，赋役负担也多，白粮、布、绢民征民解；漕粮虽然军运，但仍然要送到"水次仓"交割，即《均田碑》中所说的"收柜、收仓、解布、解绢、南北两运"，这些都没有列入"一条鞭"，构成江南重役。其困难的情况："有终岁拮据始得竣事者；有水宿风餐、犮趿道路、资空产罄、流落他乡，甚而血杖淋漓公庭，疲曳查盘逼迫狱底，羁监三年五年尚未得息者。"（《均田碑》）前文《白粮之害》已较详尽地叙述了白粮民运之难，布解的情况也与此相类。

"一条鞭"法把田亩分为当差田与不当差田，有三种情况可以不当差：官户优免、零碎（十亩以下）小户、庄田。逃避当差的人就钻这三方面空子，于是出现"花分""诡寄"等弊端。

一是突破优免限额。明代对秀才、举人和各级官员都有税收免粮、徭役免丁的优惠，嘉靖十年（1531）、二十四年制订《优免则例》，对优免规定上限。二十四年的上限是：一品官优免粮30石，优免丁数30丁；二品24石24丁……九品6石6丁；举人、秀才、监生、教官2石2丁。万历十四年（1586），《优免则例》把优免粮折算成优免田额，如一品官优免1000亩，举人、秀才等免40亩等，以免税计算相差不大，但明代的赋役是照田分派的，自此官员有了当差田与不当差田的区别，理论上优免限额内不当差，超出限额当差，但实际上谁来执行？大官包括退休官员门生故吏遍天下，地方官巴结还来不及，谁来当这个恶人？

二是诡寄,即将自己的田地伪报在享有优免特权的大户名下,借以逃避赋役。诡寄多是大户的戚族,倚官仗势,分享优免。还有一种叫"投献",即自耕农情愿把田献给特权大户,甘当佃农,目的也是逃避赋役。清初顾炎武总结说:"吴中之民,有田者什一,为人佃作者十九。"①可见当时吴中的田赋之重。

三是花分。田产不满十亩的零散小户免赋役,中等户将田产化整为零,分附于亲邻、佃仆等户名下,每户不满十亩田,也可逃避赋役。

另外还有寄庄。官田设庄管理,大户勾结官吏,把田产附名于官庄,官田不须赋役。

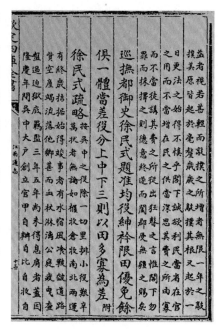

江南通志·徐民式疏略

从这次清花诡的成果,也可说明诡寄、花分的普遍性:长洲县原当差田不过二十万亩,清出当差田共有五十五万六千九百亩;华亭县旧充差役止闽户十万余亩,清出当差田共有三十四万五千亩;常熟申称清出花诡田共十五万亩有余;吴江县往年编役之田止二十万二千亩,清出当差田有九十万亩有奇。(《均田碑》)原来当差田与不当差田的比例竟是倒三七甚至倒二八。

一个县的土地就那么多,大户小户都有办法避役,赋役负担全压到无权无势的小民身上,"豪门子弟倚势人奴,方且坐拥良田善宅,歌童舞女,耳中曾不闻役之一字;而彼瓮牖贫民,鹑衣百结,豕食一餐,反共出死力,以代大户非常之劳"(《均田碑》)。赋役派不下去,有的户被重复多次服役,直至破家。

限优免、清花诡遭到大官僚、大地主的抵制。为了能顺利推行均田,苏、

---

① 〔清〕顾炎武:《日知录》卷十《苏松二府田赋之重》。

松两府再次放宽优免限额至万历十四年(1586)《则例》的十倍,一品官放宽到万亩,二品官放宽至八千亩等等。即使是这样,大官僚还是不满意。吴县曾当过首辅的申时行公开反对,分别给徐民式、房壮丽去信,理由是国初有规定,"官员除税粮外其余一应杂泛差役尽免,今之粮运等役即所谓杂泛差役也"①,还以"吴兴之舛错、檇李之纷纭"警告徐民式。

万历二十九年(1601),在吴兴(今浙江省湖州市)老家养病的朱国祯,目睹大户小户应役严重不均,向巡抚刘元震、按察使马从聘上揭帖,主张均田均役,得到马从聘赞同,也得到中小地主、贫困小户欢迎。马从聘从嘉兴(檇李)到湖州,一路上都是"均田便民"的标语。各大族子弟亦集聚千人,扬言要烧朱国祯房子。这就是申时行说的吴兴、檇李事件。乌程县令曾绍芳、曾国祯采纳并实施了朱国祯的方案,"上下帖然",成功的经验推广到湖州全府。②徐民式也是采取了朱国祯方案。

常镇道、常州府推行均田是积极的,武进、无锡、江阴、宜兴四县,清出花诡田九万九千二百九十三亩零,限外田二十四万二千六百四亩零。但苏松放宽优免的办法不符合常州实际,杜承式、臧尔劝分别做了说明。"毗陵缙绅之田,缩于限内者十之九,逾于限外者十之一。如以苏松一体优免,则免田多而役田反少",若实施苏松十倍之法,反而会助长诡寄之风。

无锡知县陈以闻在当地缙绅支持下,顺利完成均田均役,全县清出花诡田五万九千亩,官户优免限外当差田一十六万亩,当差田达七十二万五千亩;核实零星不当差田四十九万四千亩,官户优免不当差田十七万二千亩。清查结果勒石县门,永远遵守,是八个均田县中唯一的一个。

---

① 〔明〕申时行:《赐闲堂集》卷三十八《与徐检吾抚台》。
② 参见《涌幢小品》卷十四"均田""揭帖""绪帖""客问""条议自""曾有庵赠文"各节。

附:《无锡县均田碑》(万历三十九年)

直隶常州府无锡县为东南徭役不均,民生日困,恳乞圣明严旨清核,以解兆姓倒悬,以培国家命脉事。

奉本府帖文,该奉钦差整饬苏松兵备带管常镇兼理粮储水利湖广提刑按察司副使李,案验奉钦差总理粮储提督军务兼巡抚应天等府地方都察院右佥都御史徐[①],案验准户部咨,该本部题四川清吏司案呈奉本部送户科抄出该本院题前事。

臣惟我国家二百年来,惟正之供强半倚办东南,称为外府。每岁陆航海输,辐辏而致之辇下,有秋毫皆小民之力也,其□至苦至系。臣往□刑□□□□□知艰难之状。而比自任抚以来,耳目所闻见,公家之差役倍增,豪横之兼并无算,殆于昔日更有甚焉者。臣不胜咨嗟扼腕,敢据实备摘其所以受病之故,及今急议厘正之举,谨会同巡按直隶监察御史房[②],一一为皇上陈之。

臣等按:吴中之役,除一切里排等小役艰辛万状者毋论,至如收柜、收仓、解布、解绢、南北两运,有终岁拮据始得竣事者;有水宿风餐、跋跛道路、资空产竭、流落他乡,甚而血杖淋漓公庭,疲曳查盘逼迫狱底,羁监[③]三年五年尚未得息肩者。盖因隆庆年间,吴中士大夫创立官甲,自办自比,自收自兑,未□□诈百出,弊窦纷然。有倚官甲为避差之窟而诡寄者,有通钱神于猾胥之手而花分者,有寄庄而图优免者,有故宦而仍滥免者。相沿积习,牢不可破,而长民之吏莫能究诘。

夫总计一县之田,止有此数,此增则彼减。官户之田日增一日,则民户

①徐,指徐民式(1549—1617),字用敬,号俭吾,福建建宁府浦城县人。万历八年(1580)进士,官至应天巡抚,以省觐归,有《三吴均役全书》。

②房,指房壮丽(1555—1636),字咸甫,号素中,直隶安州人。万历二十三年(1595)进士,三十五年任湖广道监察御史,三十八年巡按。

③羁监,二字原缺,依《江南志通》卷七十六"巡抚都御史徐民式题准均役绅缙限田优免余俱一体当差"补入。

之田日减一日，减之又减，将来不至尽化为无役之田不止。故□中□□□差，上户不足点及中户，中户不足点及朋户。于是豪门子弟倚势人奴，方且半拥良田美宅、歌童舞女，耳中曾不闻役之一字；而彼瓮牖贫民，鹑衣百结，豕食一餐，反共出死力，以代大户非常之劳□，此情理之难通者。

臣等以为今日役法之弊，物穷则反，断无胶柱不移之势，而此中贤士夫桑梓情切，未必非相与□捄之一会也。该臣等严行，道府县逐一清查：自甲科以至一命，谨遵照会典厚加优免外，于乡绅大体似无不惬；其余限外田亩及有诡寄、花分、寄庄，概不容隐匿。无论官民，尽数照田编役，以苏积困。

随据长洲县知县韩元善①申称，前次编役旧册，当差田不过二十万亩，今清出当差田共有五十五万六千九百亩矣；华亭县知县聂绍昌②申称旧充差役止圄户十万余亩，今清出当差田共有三十四万五千亩矣；常熟县知县杨涟③申称清出花诡田共十五万亩有奇矣；吴江县知县冯任④申称本县往年编役之田止二十万二千亩，今清出当差田有九十万亩有奇矣。盖四县差役独重，各官悉心查核，先已造册竣报，□之各属，度无异同，嗣此而诸役尽平，东南区数百万生灵，可脱汤火而措之衽席矣。

抑又思臣等所抚者皇上之赤子，所奉者皇上之三尺，为赋役而全民命，臣等职也。何为削牍奏请，缘此举利于公，不利于私，若不著之令甲，异日必致更张，恐终贻皇上轸恤东南之虑。伏望俯采臣等所言，亟敕下户部复核，果于地方少有裨补，行臣等查确，编定勒石，永为遵守。其所

①韩原善（1584—1628），字继之，卢龙人。万历三十五年（1607）进士，三十八年以才调长洲。初，役法苛繁，率诡寄花分，役贫而漏富，力请均役，民累以苏。

②聂绍昌（1577—1622），字符玉，一字绳之，号井愚，四川叙州府富顺县人。万历三十五年（1607）进士。三十六年任华亭县知县，三十八年由吴之甲接任。

③杨涟（1572—1625），字文孺，号大洪，湖广应山人。万历三十五年进士，授直隶常熟县知县。举廉吏第一。天启四年（1624），劾魏忠贤二十四大罪，阉党炮制冤狱，异刑酷拷，以铁钉贯顶致死。崇祯元年（1628）始得平反，谥忠烈。

④冯任（1580—1642），字重夫，号起衡，浙江慈溪县人。万历三十五年（1607）进士，授吴江知县。任满升工部主事，官至副都御史。

属有司或□法市恩,及豪右阻挠者,听臣等指名参究。民生幸甚,国计幸甚,臣等无任激切待命之至,等因。

奉圣旨:这所奏关系赋役,该部便看了来说。钦此。

随奉户部复:请看得东南财富之薮,惟吴中居饶;徭役凋零之嗟,惟吴中最剧。家温食厚者,半花分而诡寄;衙门傍者,户尽逃富以差贫。巨奸为之窟穴其中,猾胥得以出入其手。革屋素封之辈,享数万亩,而役事终身不闻;风餐水宿之夫,仅担石储,而繁费累岁不□。此地方抚按所为目击而痛焉若割,却顾而厘不终朝者也。据称长洲县知县韩元善等搜剔弊源,稽查亩数,具照会典优免之例,加意常额,则乡绅之体貌攸存;清积年冒滥之条,逐亩科差,则编户之□逸共适。有田必有赋,赋无射影之虞;有赋必有役,役无偏废之苦。其君子悦礼好义,首事以为之先;其小人守法奉公,望风而惟恐后,行之允称便利,愚之永为成规。既经抚按会题前来,相应复请。恭候敕下本部,移咨应天巡抚并都察院转行巡按御史,将苏、松等府诡冒滥免田亩确行查编,勒为令甲,毋此行而彼□,毋朝改而夕更。其所属有司或骫法市恩,及豪右阻挠者,听抚按指名参究。事明之日,开迳田赋徭役总册,交部查考。庶上完国课,下纾民力,三吴数百年之积困,从此少苏乎。等因。分历三十八年十一月二十一日,户部署部事总督仓场都察院右佥都御史兼户部右侍郎孙[①]等具题。

二十八日奉圣旨是:赋役法贵均平,岂可偏累,这所议,着著为令,永久遵行,不许阻扰变更。其中编派事宜,还着抚按官详细经画,务绝弊端,以成永利。钦此。

钦遵。抄出到部,备咨到院,案行该道行府转行各县掌印官,各将清出花分、诡寄、优免、限外及寄庄等项田亩,照依虎鼠文册尽数编差,照册挨充。如遇后户消乏,将田转售他人,即以其役责令买主代认,五年役

---

①孙玮(? —1624),字纯玉,一字以贞,号蓝石,陕西西安府渭南县人。万历五年(1577)进士,三十六年升为都察院右都御史兼户部右侍郎总督仓场。天启四年(1624),在吏部尚书任上去世。魏忠贤用事,斥为党人。崇祯初,谥庄毅。

毕，照法另编，不许奸人托故推避，移累小民。仍将议定优免规则，及各原从地方之便，佥点解差名数田数等项，并本院原题户部复奉明旨各缘由，勒石县门，永久遵守，不许废弛。一面抄录碑文，送县类核，如有豪右恃强阻挠，及有司徇情废法、始遵终玩者，访出或告发，定行奉旨参究，决不轻贷。至于各州县原议优免规则并清出官民花、诡、优免、限外、寄庄、当差，与夫以前编役、今次编役各田数目，该道逐县查取覆，加核磨算相同，限正月初十以里，先行类册通详，以凭咨复施行。等因。

奉此。案仰本府帖行本县，照帖备奉案验内事理，作速查照遵行等因。奉此。案照先奉本院宪牌内开：照得吴民困苦，固由赋重，至今日困苦之极，则莫甚于差解之偏枯矣。盖自免役者田无限制，避役者计出多端。于是奸民每将户田假捏伪卷，诡寄官甲，日积月累，官户之田益增。当□之田愈减，至有仕宦已故，优免如常。一切差役，俱累小民代当。致使一二愚民，岁岁困于输挽，日日苦于追呼，家资田产不尽不休，行且邑无往役之人矣。课逋民疲，审皆由此，良可悲叹。夫缙绅既膺禄位，自宜优崇，讵可与齐民一体当役。惟是国家典制，诸凡优免，俱有差等，何独编差，漫无伦次。况此中乃贤达之士大夫，皆表表伟□，恤民体国，孰肯后人，乃忍桑梓偏瘠至是。皆由族属家人，不体贤士大夫之心，轻□奸民滥行，士大夫不忍屈情申法，遂至相沿成习耳。夫物极则反，理有固然，胶柱而瑟，民何堪命，合行立法清查。

行道仰府转行所属查议间，随该本县知县陈以闻[①]看得本县原额田一百二十八万九千余亩，以零星免者十之四，以官户免者十之二。而应役田五十余万，属民户者十之一，属官户及监生、小员、杂职者十之四。且役随区定，不相通融。若但胶柱鼓瑟，一体优免，则官户认役者少，而

①陈以闻，字寄生，一字无异，号石泓，湖广黄州府麻城县人。万历三十五年(1607)进士，三十八年调无锡，行均田役法。历升尚宝司丞，以与杨涟、高攀龙善，忤魏珰，削籍。崇祯初，官至刑部左侍郎。

见役求豁者多。大区以富户应领之差,分减于士绅;小区以士绅应免之差,分增于细户,未免微有窒碍。而奉旨苏役又□难□苏松差别,议令优免则例,仍一定成议而□差分数,随各区通变。或田多大户,本役原轻,不必尽编于限外;或田少瘠区,朋役亦艰,不必取盈于限内。总以役官户为网,以便小民为主,以一体优免为画一之法,以随地斟酌为可久之规。奉详批行,已经斟酌数款,□官户□外田照例匀编,民户□□□□□减豁。自本年起至第五年止,造册具由到府。

该本府知府杜成式①看得"清花诡,所以均赋役之平;议限田,正以绝诡寄之□"。乃毗陵缙绅之田,缩于限内者什之九,逾于限外者什之一。如以苏、松之例一体优免,则免田多而役田反少,虑非设法之初意。如以十倍之法,斟酌从减,则彼一例,而此又一例,恐非尽一□定规。本府仰体抚台一念均役苦心,慨然于法□必行,议将乡绅田亩缩限之内者,只就见在优免;逾限之外者,即以限外编差,而监生生员及杂职等项,悉仍旧贯,不许混免。庶事不异同,法称画一等因。

呈详钦差整饬常镇兵备兼理粮储水利湖广按察司按察使兼布政司使右参议臧②。复:看得常州府属除靖江县原无缙绅花、诡不开外,其武、无、江、宜四县,清出花、诡田九万九千二百九十三亩零,限外田二十四万二千六百四亩零,俱照例一体编查,其优免一节,亦照苏松事例规行。秋之□□定优免之□□□四县缙绅户内之田,有不足优免者,如必揽入新田以足其数,恐诡实之弊,又继苏松而起矣。惟溢于限之外者,即以限外之田应役;缩之于限之内者,止以见在之田优免,其监生生员杂职等项,俱止仍旧,毋令滥免。庶为画一之规,足□经久之制矣。等因。

转呈本院奉批,常州优免欲照苏松而田不足,欲同□江而田有余,不

---

① 杜承式,字言卿,号象元,山东济南府滨州人。万历二十九年(1601)进士,历升刑部郎中,出守常州府,有治声。

② 臧尔劝,字仲升,号九岩,山东诸城县枳沟镇枳沟村人。万历二十年(1592)进士,时任湖广按察使兼常镇兵备道。

得已为调剂十倍之法，溢于外者编役，缩于内者尽免。一时均平之规，无以逾此。至于五年外消长不一，所编所免，亦照见在盈缩，永以为例，余俱如议行缴。到府帖县知会该县祥照。本县各区有大小不等，田地有平高低不等，概以亩数例编，则有肥瘠偏枯之叹，惟就各区通融匀编，以见在官户免余田拨补帮凑，见役者不得援免之例，田少者不得争免之数，从此田日增而役日宽。遇有审期，止据虎鼠文册，照区点充，不窘于消乏，不摇于异议，民艰役困，世世永赖之矣。计本县原田一百二十八万九千三百二十亩二分二厘，先年编差田五十一万七千一百七十亩，今次清出花、诡田五万九千一百二十八亩一分，官户优免限田不当差田一十七万二千一百二十三亩六分七厘，官户优免限外当差田一十五万九千七百一十九亩二分，民户当差田五十七万六千二百九十八亩，零星不□差田四十九万四千三百二亩九分一厘。于是次而勒之石，以垂永久。

万历三十九年九月日，无锡县知县陈以闻立石，诸生张士骥书丹。

惜阴社及晚明士风

中晚明，无锡文人结社十分活跃：正统年间，有秦朴、翟厚等人的真率会；景泰年间，有原陕西按察副使张思安、原陕西河渠提举唐理等十二人的耆英社；成化年间，秦旭创碧山吟社，以后秦霖、邵宝和秦金、顾可久和秦瀚等凡三续（至清代七续）。上述都是诗社兼怡老团体。嘉靖年间，俞宪、谈恺等有"五老会"，研究戏曲。隆万年间的惜阴社是无锡第一个文社。《锡金识小录》卷四对惜阴社有记载：

> 隆万间邑中文社最盛，其尤著者曰惜阴社，共二十四人：沈勤甫学、浦性初湛如、张与时明卿、邹彦威凤光、孙以德继皋、尤伯升镗、钱惟一万善、杨子修应文、朱永年万春、周岐阳子文、朱寅甫元仲、朱永禄万龄、虞虎岐文炳、杨子恒拱翼、侯元甫先春、顾翼卿龙祯、尤洵美钿、顾叔时宪成、陈尔耕稚登、莫纯卿仁勤、万仁甫象春、刘进之升、秦君扬焜、杨士初复元。

惜阴社原名同心社，尤镗和孙继皋改名惜阴社，从嘉靖三十九年（1560）同心社算起，历时二十三年。社员以万历初年的无锡籍举人、太学生和常州龙城书院同学为主，其中有七人后来考中进士：

孙继皋（1550—1610），字以德，号柏潭，万历二年（1574）状元，万历八年任会试同考官，选拔顾宪成、魏允中等。历官会典纂修官、侍读学士、玉牒纂修官、礼部右侍郎充经筵讲官及正史副总裁官、吏部右侍郎,万历二十四年升吏部左侍郎,代理官员铨选。神宗嫡母陈太后梓棺发引,按礼制神宗应亲送,但神宗称疾不送,派官代理,孙继皋上疏极力劝阻;神宗一次降调两京六科都给事和十三道掌道御史多至二十三人,孙继皋疏救被罢诸官。他两次上疏都违背了神宗的意图。三大殿失火天灾,六部九卿都循例上疏自劾,其他人神宗都表示挽留,独独批准孙继皋退休。回到无锡后,与顾宪成等人一起修复东林书院并讲学,人称"东林九君子"。

万象春(? —1612),字仁甫,万历五年(1577)进士。历官工科给事中、礼科都给事中、山东参政、山西左布政使。在谏官位置上时间比较长,前后上七十余疏,多关军国大计。例如,请求恢复建文年号,加景帝庙谥,①调整宗室俸禄等。万象春尽力规劝神宗,神宗盛宠郑贵妃,沉迷于酒,享庙大典前留宿宫中,万象春上疏谏诤。为限制权宦擅权,他反对内宫宿重兵,反对遣缇骑逮问外吏,主张内臣犯事交付外廷按治,廷臣建言贬黜应当通过叙迁环节。宦官陈增以"矿税"至山东,诬奏福山知县韦国贤,万象春疏论其危害,力保韦国贤。神宗偏听陈增,下诏逮捕韦国贤,停发万象春俸禄,万称病回家。

侯先春(1545—1611),字元甫,号少芝,万历八年(1580)进士。历官礼科给事中、兵科右给事中、吏科左给事中、户科都给事中、兵科都给事中。礼科任上,上转漕五策、救荒十策,上《陈苏、松、常、嘉、湖五府白粮四事疏》,弹劾诚意伯刘世延;兵科任上,荐举万世德复任山东按察司辽东兵备佥事;吏科任上,奉命阅视辽镇,上《安边二十四议疏》②;兵科都给事中任上,反对留兵朝鲜,以免"疲中国以奉异域"。万历二十九年,因疏救辽东总兵马林,触犯矿税太监高淮,神宗谕旨降为广西按察司知事,未到任。在谪籍七年,转莱州府推官,升南京吏部主事,不久去世。

---

① 明成祖于建文四年(1402)夺取了皇位,改建文四年为洪武三十五年,神宗予以恢复。明英宗复辟后,谥景帝为庚王,称郕庚王。宪宗时期,上谥号"恭仁康定景皇帝",但庙号未定。 南明时期,弘光帝上庙号代宗。

② 《皇明经世文编》卷四百二十八《侯给谏奏疏一》。

隆庆五年(1571),侯先春就与顾宪成一起加入惜阴社。万历八年,两人一起考中进士。张居正生病,百官为之祈祷,侯、顾及魏允中三人拒签名。侯先春未直接参加东林讲学,但与耿橘在常熟虞山书院讲学,这是"天下东林讲学书院"之一,《明儒学案》中耿橘列东林学派十七人之一,侯先春与耿橘共同整理了《言子文学录》。侯、顾不存在分道扬镳之说,所不同的是顾宪成已被削职为民,侯先春尚在谪籍,不得不有所顾忌。

周子文(约1605年前后在世),字岐阳,万历十一年(1583)进士。编有《艺薮谈宗》,汇编王世贞、李东阳等明十九家诗论。

顾龙祯(1556—?),字翼卿,号骧宇,万历十四年(1586)进士。历官山东道、江西道御史,广东巡按监察御史。万历二十八年上疏指市舶税务内臣李凤拘锁平民,严刑逼勒以致新会激变,疏入不报。不久,顾龙祯竟与布政使王泮互殴,以浮躁去官。有识之士认为,在神宗偏信宦官背景下,此举不失为聪明之举。

杨应文(1517—1585),字子修,号凤麓,万历十七年进士。历官工科给事中、刑科左给事中、礼科给事中、刑科都给事中,曾代替徐观澜查勘明军战绩。所上的密封章奏有规范潞藩言行、停中使、祛恶税、赦免被拘系之臣等,都能识大体。官至中宪大夫南京太仆寺卿。

上述的这七个进士,除了周子文,虽经历不同,但都是极言敢谏,忠于职守。从中可以感受到当时士人的浩然之气。

惜阴社社员中的举人有六人:浦湛如(隆庆六年)、朱万龄(隆庆六年)、张明卿(万历四年)、沈学(万历十年)、刘升(万历十年)、钱万善(万历十六年)。太学生有四人:邹凤光、尤镗、陈稚登、杨复元,还有未入太学,以才能直接任职制敕房中书舍人兼翰林院典籍的目录学家秦焜。沈学与浦湛如、孙继皋一同被常州知府施观民选中,入龙城书院学习并肄业。社员中还有著名经师尤钿,曾被顾宪成父亲顾学聘来教两个儿子,出题作文,顾宪成一挥而就,尤钿阅后连连说搞错了,说这是博控阴阳、埏植造化的手笔,岂能面北屈尊当他的学生,当即还拜了顾宪成。从此,师生变挚友。

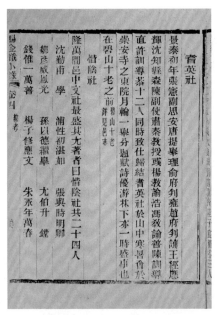

黄印《锡金识小录·惜阴社》

惜阴社的发起人尤镗是个奇才，"器器耻侪俗，逸品绝才称奇"①，授官不赴，自弃其爵，与世俗不同，顾光旭《梁溪诗钞》称之为"尤别驾"：

> （尤镗）字伯升，号镜湖，晚号耕石、钓井叟。太学生，除邛州州判，不赴，一时辇下名流皆赠以诗。既归里，江二周为筑云鸿馆，叶参之为作记。叟工诗，古文辞尤工骈语，博学强识。弱冠即与张与时孙以德辈七人为同心社，后改入惜阴社，共廿四人，此社最久，自嘉靖庚申至万历癸未始散，而叟独后存。……著有《红箱集》，《镜湖停钓书》八十卷，《酒志》百六十五卷，《护鲭编》三十卷，《稽制录》二百卷，《毗陵先哲传》《邑志补遗》《无锡山水志》《梁溪杂事》。②

尤镗著述还有《清贤记》《云鸿馆集》。《清贤记》现存有清末上海国学扶轮社排印本，署"天下第二泉亭长尤长镗"，该书记录倪瓒生平轶事。清抄本《梁溪杂事摘抄》一卷于《中国古籍善本总目》有存目。《锡金识小录》摘录引用《梁溪杂事》较多，从中可见作者崇尚气节、反对奢靡等立场。

文社是志同道合文人的团体，无锡惜阴社不仅是以文会友，更是同声相应、同气相求的励志群体，惜阴社的成因有几个方面：

一、取名于惜阴会

为了传播王学，嘉靖五年（1526），江西安福的王阳明弟子成立惜阴会，王阳明写《惜阴说》予以鼓励，各地纷纷创建以"惜阴"为名的王门讲会，形成惜

①〔明〕尤镗：《清贤记·陈禹谟序》。
②〔清〕顾光旭：《梁溪诗钞》卷十《尤别驾镗》。

阴会讲学网络。王阳明提倡士子自主自立，不以孔子的是否为是否，对于拘拘束缚于章句传注的读书人来说，无疑似拨云见日，如梦初醒。王阳明的"立德立言立功"功绩，也激励士人志在天下，例如尤镗的父亲尤瑛，"卓荦有大志……留心韬略，绘《九边图》，著论三十余篇"。当时绘"九边图"的有八人之多，可见天下为怀是一种风气。隆庆初年，惜阴会向全国发展，无锡同心社改名惜阴社，应是受此影响。

二、激扬理学气节

嘉靖初年出了"大礼议"事件。明武宗朱厚照暴亡，武宗无子嗣，张太后选中武宗叔父兴献王之子朱厚熜嗣皇位，是为世宗，年号嘉靖。仓促中没有先确认朱厚熜过继为孝宗（武宗父）嗣子，然后再继承皇位。嘉靖坐稳位子后，不承认自己是孝宗嗣子，提出尊自己父亲为皇考，尊孝宗为皇伯考，将反对此事的86名四品官停俸，134名五品以下官员当庭杖责，打死16人。廷杖，原来只是警告情绪语气过激的官员，并不着力打，聊以示辱，至此，开创杀人纪录。嘉靖想以此吓退反对的官员，不想反而激扬了士气。持反对态度的官员被逐步被清退，回到地方却被视为抱志捐躯、抗章拜杖的英雄，这是晚明朝野对立的开始。反对者以理学气节勉励自己，号召"以道事君"，"君有过则谏""格君心之非"，愚忠思想遭批判，"武臣死战，文臣死谏"，倡导别样的忠诚。在反对权相、权宦的斗争中，出现了许多"死谏"的直臣，如嘉靖三十二年（1553）诉严嵩"五奸十大罪"的杨继盛，被嘉靖廷杖一百，在狱中自割腐肉三斤，三年后被杀害，留下"铁肩担道义、辣手写文章"的名句，光照千秋。

三、史学经世

无锡人崇尚气节，一个重要原因是史学监督，不仅体现在县志正史，更多地体现在民间修史，不管你做多大的官，都逃不过"乡评"贬褒，崇正黜邪，激浊扬清。顾可久正德、嘉靖两受刑杖；"大礼议"中邑人杨淮被打死；黄正色因弹劾中官被杖；张选批评嘉靖祭祖大典不亲自参与被杖，嘉靖亲自监听行刑，刑杖打断三根。民间修史褒扬顾、杨、黄、张为"锡谷四谏"，又称"嘉靖四忠"。民间修史也有准绳，大礼议受杖者还有两位，"乡评所不与"，就没有列入忠谏之臣名单。

尤镗可谓无锡民间修史第一人，其《毗陵先哲传》《邑志补遗》《无锡山水志》都是修地方志的参考和补充，《梁溪杂事》是"乡评"的范作。

四、反对逃世、奢靡之风

嘉靖的高压政策，造成士风的三个走向：一谓经世，如惜阴社，在野思君，在朝思民；二谓逃世，水边林下，禅院钟声；三谓玩世，沉湎声色，以奢侈相尚。惜阴社诸人对后两种士风也是毫不留情地批评，"风声、雨声、读书声"，一说是针对"松声、竹声、钟磬声"。《梁溪杂事》云："（谈）十山归，与安胶峰、秦从川、王石沙、俞是堂为五老社，月各数会，楼船鼓吹，园池声竖，极盛一时。"尤镗对这种风气很看不惯，批评说："吾邑本尚俭，始奢于冯龙泉、顾惠岩，至嘉靖中，俞、谈诸老争以奢侈相尚，而风俗益靡矣。"①

在世风衰变之时，惜阴社的出现，犹如一股清泉，使人自省，催人奋起。嗣后顾、高"声气动天下"，就是依托这种感人的精神。但声气相感，极容易偏激失序，这是我们研究惜阴社时，应有的警醒。

---

① 转抄于《梁溪诗钞》卷七《谈都宪恺》。

国际大变局中的晚明
——嘉万年代的大背景①

十四世纪世界地理大发现,郑和"七下西洋",最远到达非洲东海岸;世纪末,欧洲人发现了绕过好望角到达中国的航路,推动了贸易发展。嘉万时期,中国以瓷器、丝绸、茶叶出口,贸易出超,欧洲人用银圆支付,白银大量涌入中国,据台中科技大学李隆生教授的研究②,自嘉靖九年(1530)到明末,流入白银有3亿两左右。

白银急剧流入,对中晚明的经济社会产生重大影响。明代中期开始,就自下而上推开白银货币化。正统元年(1436),明廷决定将南直隶、浙江等地夏秋税粮中的四百余万石折银万余两征收,直接解入北京内承运库,谓之金花银。③这是税赋折银的开始,明朝的实物财政开始转向货币财政。万历六

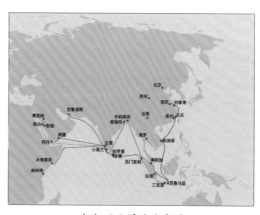

郑和下西洋的路线图

---

① 本文参考樊树志《晚明大变局》,北京:中华书局,2015年。
② 李隆生:《明末白银存量的估计》,《中国钱币》,2005年第1期。
③ 《明史》卷七十八《食货二》。

年(1578)，张学颜编辑的《万历会计录》，采用银两为计币标准①，默认了白银的货币地位。万历九年，张居正全面推行"一条鞭"②法改革，正式确定税赋折银。白银流通，使经济格局发生了许多积极变化。

一、商品性农业发展。

税赋折银，指变实物征缴为纳银。以粮食等实物缴税，称为本色；按官价折合成银子，称为折色。允许折色缴纳税赋，推动了经济作物布局。一部分不适合种稻的田地改种棉花。万历十一年(1583)，朝廷批准"折漕"(以粮折银)，嘉定与当时松江府的上海都种植了上百万亩棉田③，太仓"地宜稻者，十之六七皆弃稻袭花"④。嘉定、太仓、川沙、南汇、奉贤、常熟、江阴形成一大产棉区，松江成为"衣被天下"的布匹生产基地。税赋折银使农民可以根据比较利益种植，太湖地区的蚕桑大发展，尤其是吴兴，"桑蚕之利，莫甚于湖"⑤。吴江、盛泽等地普遍栽桑，经济史学家李伯重根据生丝产量推算，明末江南桑田应接近七十万亩。⑥

二、出现了专业市镇

明中晚期，出现了一批兼具专业化生产和商品集散功能的专业市镇，棉纺织业有松江，丝织业有苏州盛泽、桐乡濮院，瓷器有江西景德镇，铁器有广东佛山等。万历四十一年(1613)来华的天主教传教士曾德昭估算，"上海城镇及其所辖区内，有以这些棉花为原料的二十万台织机"⑦。明末松江棉布年产量，范金民教授估算达到了2000万匹。⑧当时，松江、常熟、江阴、无锡形成了纺织业的集中区域，而苏州与湖州之间的平望、盛泽、震泽、乌青、王江泾、

---

① 万明、徐英凯：《明代〈万历会计录〉整理与研究》，北京：中国社科学出版社，2015年11月。
②《明史》卷七十八《食货二》。
③〔明〕徐光启：《农政全书》卷三十五《木棉》。
④《〔崇祯〕太仓州志》卷十五《灾祥》。
⑤〔明〕徐献忠：《吴兴掌故集》卷十三。
⑥ 李伯重：《江南农业的发展(1620—1860)》，上海：上海古籍出版社，2007年，第40页。
⑦〔日〕西嶋定生：《中国经济史研究》，北京：农业出版社，1984年，第619页。
⑧ 范金民：《明清江南商业的发展》，南京：南京大学出版社，1998年，第29页。

濮院、双林、南浔等则形成江南丝织业集中区。"大都东南之利,莫大于罗绮绢纻,而以三吴为最。"①范金民估算,明后期江南官营织机有3500台,民营织机有1万台到1.5万台。②吴江盛泽镇始名"青草滩",嘉万年间,成为丝织品的集散地,"络纬机杼之声,通宵彻夜。那市上两岸绸丝牙行,约有千百余家,远近村坊织成绸匹,俱到此上市。四方商贾来收买的,蜂攒蚁集,挨挤不开,路途无伫足之隙"③。嘉兴濮院镇原来只是一"草市",万历间"机业十室而九"④。形成规模生产的还有最大的瓷器产地景德镇:"列市受廛,延袤十三里许,烟火逾十万家,陶户与市肆当十之七八。"⑤

樊树志《晚明大变局》

三、全国性大流通的格局开始形成

全国性的商品流通,是资本流通的前提,苏州成为全国性商业中心城市,得益于巡按苏松御史朱寔昌免门摊税的政策。苏州地处江南棉纺、丝绸集中产地,又是大运河漕粮发运、转运地,朝廷允许漕船顺带"土宜"⑥,北向布匹绸缎、南向棉花形成全国性流通,带动了其他商品的流通。万历四十年(1612)进士王心一说:"尝出阊市,见错绣连云,肩摩毂击。枫江之舳舻衔尾,南濠之货物如山,则谓此亦江南一都会也。"⑦赞颂苏州不愧为当时的全国商业中心。

税赋折银,农民减少了对土地的依附,部分农民弃农从贾,与部分士子弃儒从

① 〔明〕张瀚:《松窗梦语》卷四《商贾纪》。

② 范金民、金文:《江南丝绸史研究》,北京:农业出版社,1993年,第114页。

③ 〔明〕冯梦龙:《醒世恒言》卷十九《施润泽滩阙遇友》。

④ 〔清〕金淮:《濮川所闻记》卷四。

⑤ 〔清〕蓝浦:《景德镇陶录》卷八《陶说杂编上·黄墨舫〈杂志〉》。

⑥ 《明神宗显皇帝实录》卷九十一"万历七年九月辛酉,户部覆漕运侍郎江一鳞等条陈漕政三事"。

⑦ 〔明〕牛若麟修,〔明〕王焕如纂:《〔崇祯〕吴县志》,王心一《序》。

商结合起来,形成一股经商热潮。从事长途贩卖的行商增多,十大地域商帮先后形成。徽州商帮、山西商帮、陕西商帮、江右商帮、洞庭商帮形成于成弘年间;闽商帮、龙游商帮形成于正嘉年间;宁波商帮、绍兴商帮形成于嘉靖年间。[1]

四、商业信用发展

嘉万时,典当行业急速发展,各大商帮都开设钱庄、典当,以资金为纽带,加强商业联系。典当兼营钱庄银钱兑换和异地支付业务,吸收闲散资金并放贷,是事实上的银行。徽州人开的典当遍及城乡,典当放贷支持包买商发花加工、发(蚕)种放养。除了徽商,部分官员也参与开设当铺,如无锡寄畅园第三代主人、湖广巡抚秦燿,"家奴开设典当,在无锡苏常各处者十余铺,每铺不啻二三万金"[2],以致被政治对手上本参奏。

五、出现了雇佣劳动

万历十六年(1588),刑部尚书李世达等提出"立有文券、议有年限者"可认定为雇工。[3]雇佣双方用契约明确劳动关系,雇工对地主不再有人身依附。丝织业的发展,催生了无产者雇佣劳动群体。按织机数推算,当时江南从事丝织业的非农从业人口有三四万人,这些人"以机为田,以梭为末"[4],多是有专业特长的技工。万历二十九年苏州发生民变,应天右金御史曹时聘上书神宗申述情况:"吴民生齿最烦,恒产绝少,家杼轴而户纂组,机户出资,织工出力,相依为命久矣。……浮食奇民,朝

安格斯·麦迪森《世界经济千年史》

① 王琦、陈显霖编著:《中国商帮文化》,北京:现代教育出版社,2012年。

② 《〔康熙〕衡州府志》卷一九《艺文志·沈铁〈劾贪婪抚臣疏〉》。

③ 《明神宗显皇帝实录》卷一百九十四,万历十六年正月庚戌,"刑部尚书李世达、都察院左都御史吴时来、大理寺卿孙鑨等题,申明律例未尽条款"。

④ 《〔民国〕濮院志》卷六《风俗》。

不谋夕,得业则生,失业则死,臣所睹记,染坊罢而染工散者数千人,机户罢而织工散者又数千人,此皆自食其力之良民也。"①"恒产绝少""相依为命""得业则生,失业则死"数句,点出了这一新生阶层的生存生态。无产者最具革命性,苏州两次民变,主力是织工;万历三十年景德镇民变,主力是窑工。

六、出现了资本运作

明末清初松江人叶梦珠在其著述《阅世编》中说:"前朝标布盛行,富商巨贾,操重资而来市者,白银动以数万计,多或数十万两,少亦以万计,以故牙行奉布商如王侯,而争布商如对垒,牙行非借势要之家不能立也。"②从中可知,晚明布商的经营竞争已是"资本级"竞争。

资本巨子分两类:一是自有资本,如王世贞《弇州史料后集》记载的积赀五十万以上的富家二十三家③;一是社会筹集资本,如徽商典当以"权子母"(生息)之名义吸收社会闲散资金。明代徽商的运作方式有了许多近代的因素,例如股份制、朝奉制(职业经理)等。《〔万历〕歙志·货殖》把徽商的经营方式概括为"走贩""团积""开张""质剂""回易","皆由数十万以汰百万者",以今人眼光看是资本经营。"走贩"是选准投资项目;"团积"是集资、集股,集小钱为大钱;"开张"是资本带动扩张,多店连锁经营;"质剂"是票据(舱单)质押,商业信用;"回易",文中解释是"所多易所鲜",徽商所多者钱,所少者控股权,以钱博得"其权无所不握"。④徽商的这些做法,体现了资本增值发展规律。

税赋折银,给无锡带来纺织手工业乡村布局。江南八府税赋负担重,历年累计完不成称为"积逋"。积逋是江南的"老大难"问题,积逋多,农民就逃亡,逃走的农户税赋又分摊到不逃户身上,更促使逃亡。有识见的官员就提议"以商税补农赋",灾年交不上税,你可以交布或交银子。一张织机可以养活一家五口人,相当于十亩田。于是农家"户户机杼声",男耕女织蔚成风气。徽州布商在中间

①《明神宗显皇帝实录》卷三百六十一"万历二十九年七月丁未"。

②〔清〕叶梦珠:《阅世编》卷七《食货五》。

③《弇州史料后集》卷三十六《国朝丛记·严氏富资》。

④ 张海鹏、王廷元编:《明清徽商资料选编》,合肥:黄山书社,1985年,第45页。

徐扬《姑苏繁华图》(局部)

起了组织者作用,购来棉花贷给农户,又回购土布集中运销。

　　明代中期,中国加工业(手工业也是工业)领先世界,外贸顺差,直接赚银子,是千载难逢的好机会。但机遇稍纵即逝,一是明代禁海政策迟至隆庆元年(1567)才放开,二是万历矿税演变成抑商,三是没有发行银币,白银储量优势没有变为货币信用。万历末年西班牙限制白银外流,加之灾荒通胀,优势不再。万历矿税政策有财政困难的因素,但应该着眼于改进税收制度,搞活流通,而不是相反,更不能派太监四出掠夺。有识之士早就提出改革税制建议,如万历三十五年(1607)河南巡抚沈季文建言:“征税之法,当税富民不当税贫民,当有官税不当有私税,当征有税之税不当征无税之税。”他认为“盖取之富商者不过割其羡余,征之微末者则如腴其膏脂”①。“羡馀”指利润,向富商的利润征税,于富商不过是少赚一点,不影响经济活力,体现社会公平。若依沈季文建议,中国开征所得税要比拿破仑早一百年。

　　毛泽东曾经说过:“中国封建社会内的商品经济的发展,已经孕育着资本主义的萌芽,如果没有外国资本主义的影响,中国也将缓慢地发展到资本主义社会。”②明代嘉万时期的经济社会发展,是这一著名论断的又一例证。明代封建社会的架子虽然没有倒,但内部结构已经发生了明显变化。明朝与国际大变局失之交臂,其中有许多值得总结的教训。

①《明神宗显皇帝实录》卷四百三十四“万历三十五年六月丁酉”。
② 毛泽东:《毛泽东选集》(第2卷),北京:人民出版社,1991年,第626页。

万历一朝的『大数据』

近年,学术界对明朝灭亡的原因给予较多关注,有多人认为明万历时GDP世界第一,取得了"三大征"的胜利,因而明神宗是个好皇帝,是被清代编撰的《明史》丑化了。是不是这样呢?我们接下来主要根据《明实录·神宗显皇帝实录》(以下简称《实录》)做统计分析判断,《实录》是明代万历、天启时的内阁依据皇帝起居注编写的原始资料,受派系影响少,相对更可靠些。

评价皇帝,不仅要看他当朝时的文治武功,疆域大小,更要看其对国祚的贡献。神宗去世后,仅三代25年明朝便灭亡,国运气数衰败,神宗负有主要责任。

导致明朝灭亡的"胎里病"

明朝自公元1368年太祖朱元璋开国,到1644年思宗朱由检自缢,共277年。从天下一统到亡国,原因是多重因素叠加,不能只怪罪神宗朱翊钧一人,许多是"胎里病"。

一是皇室人口急剧扩张,成为财政沉重的负担。立国之初,为确保大明江山永固,朱元璋分封24个亲王(含2个侄孙),分守藩国,藩王享有俸禄,拥有军队,但不准经商,子孙不参加科举考试,一旦国家有难,亲王可以勤王。朱元璋死后,孙子朱允炆继位,削藩未成,被四叔朱棣(永乐帝)夺取帝位。朱棣防备藩王效仿自己,实施"土地换兵权",给藩王封地,释除其兵权,从此藩王专注繁衍子孙。明朝制度,皇帝兄弟封亲王;亲王长子承继,其余封郡王,以此类推,依次为镇国、辅国、奉国将军,镇国、辅国、奉国中尉。明朝从太祖到崇祯,一共封了86个亲王,624个郡王。除了亲王系列,还有公主、郡主、县主,亲王女儿封公主,郡王女儿封郡主等等。明代封了80位公主,郡主多少不详。朱元璋时皇族仅五十八人,到万历四十年(1612),达七十五万人。[①]另有一说到崇祯时达到百万。记载世子世孙的宗谱称为"玉牒",只要入玉牒,就至少会有一份禄米。万历四年张居正编玉牒,正副共一百四十册;万历三十一年编玉牒,正副共二百九十册,才二十多年就翻了一番多。龙子龙孙、金枝玉叶成为财政沉重负担,河南藩王最多,收的租税还不够禄米。税收之外还有赋役,皇田是免赋役的,大官可以部分免赋役,哪儿皇田和大官多,百姓分担的赋役负担就重,万历年间赋役名目越来越多,"一条鞭"无法包含。为逃避服役,自耕农情愿放弃地权投靠大户当佃农,称之为"投献"。清初,顾炎武说:"吴中之民,有田者什一,为人佃作者十九。"[②]十个农民,九个佃农,农民不要土地,这是罕见的怪现象。

　　二是内廷、内阁、六部关系混乱,"权宦""权相"交替出现。"权宦"有王振、汪直、刘瑾、魏忠贤等,"权相"则有严嵩、徐阶、张居正等。溯其源,还在于明初制度。洪武十三年(1380),吸取胡惟庸案教训,"罢宰相不设,析中书省之政归六部,以尚书任天下事",皇帝直接处理政务,"殿阁大学士只备顾问"[③]。朱元璋能力非凡,有人统计他曾8天处理政务奏章1660件共3391件事。[④]后来的皇帝没有这样的能力,也远不如他的勤勉,于是任用内阁协理文书,由内阁草拟批答意见——票拟,再交皇帝用红笔批复——批红。票拟是个重要环节,阁权渐渐加重,政务决策权实际上在内阁。内阁首辅无丞相之名,有丞相

①《实录》卷四百九十二"万历四十年二月丁丑,大学士李廷机、叶向高题"。
②《日知录》卷十《苏州二府田赋之重》。
③《明史》卷七十二《职官一》。
④《明太祖高皇帝实录》卷一百六十五"洪武十七年九月己未,给事中张文辅言"。

之实,缺乏制衡,就容易产生"权相"。

为了制衡文官系统,明朝后代皇帝开始重用宦官,又往往造成"权宦"。明初,朱元璋在宫门口立铁牌,明示"内臣不得干预政事,预者斩"①。朱棣依靠宦官的帮助夺取了王位,登位后授予宦官"出使、专征、监军、分镇诸大权",设立东厂,"刺臣民隐事"。明宣宗专设内书堂(宦官学校),由翰林院学士给太监讲课,宣宗首开秉笔太监代自己"批红"先例。英宗时王振专权,导致"土木堡之变"。宪宗时宦官汪直设立西厂,总领禁兵精锐,开内臣掌控禁军先河。刘瑾封九千岁,百官要跪见。魏忠贤封九千九百岁,建了二十六个生祠,麾下"五虎""五彪""十狗""十孩儿""四十孙",有严密的组织。朱元璋禁止太监干政,但明朝最后却成了"太监王国",那块铁牌不知所终,据《明史纪事本末》记载,该是被王振去掉了。②

明之亡,亡于万历

既然承认明之亡有"胎里病",为什么仍说神宗是明朝灭亡的主因?因为神宗在制度上加重了"胎里病",种下了宗社倾覆的恶果,而且一手造成了"一月天子"和"木匠皇帝"。

1. 因私废公,中断和耽误了太子和长孙的储君教育

神宗宠妃及子,有意立郑妃所生第三子为太子,"有嫡立嫡、无嫡立长"是避免皇位争夺的"硬杠子",万历十四年(1586)开始君臣争议"国本"。万历十八年,申时行、王锡爵等提出"皇长子年已九龄,蒙养预教正在今日,宜令出阁读书"。神宗以长子的资性禀赋婉拒。③五年中,内阁及六部20次催请朱常洛出阁讲学(就学),④期间李献可、钟羽正、舒弘绪、张栋、陈尚象等十多人因而

①《明史》卷七十四《职官三》。
②〔清〕谷应泰:《明史纪事本末》卷二十九《王振用事》。
③《实录》卷二百一十九"万历十八年正月"。
④《实录》卷二百一十九至卷二百七十。

获罪，户科左给事中孟养浩被廷杖一百夺职为民。①一直拖到万历二十二年二月，以"不可遽用东宫之仪"为条件，皇长子常服出阁讲学。②神宗不担心儿子的教育，而是担心"预教"会变相承认皇长子的太子地位。令人不解的是万历二十七年五月癸丑，神宗又突然命令"皇长子暂辍讲"③，停止朱常洛出阁就学。

万历二十九年（1601），在慈圣皇太后干预下，神宗被迫册立朱常洛为太子，但辍讲如故，一直到神宗去世，再没有恢复。22年中，阁、部催请皇长子（太子）出讲41次，④"大小臣工竭诚疏恳亡虑百数十，上皆不足以动"⑤。神宗冬寒待春暖，夏暑待秋凉，还有以臣子选的吉期不吉等理由搪塞。万历四十一年八月，大小九卿、科道等官各具公疏请皇太子出讲，神宗不答复。⑥万历四十二年八月，大学士叶向高获准回乡，临行再次忠告："东宫辍讲十余年矣，元身国本危安所关，而深居青宫、不亲书史，睿姿令质何以陶镕？"⑦万历四十五年九月，礼部上本则有些不客气了：你五岁就知读书，哪有（皇太子）到三十六岁不可学的道理？"后世谓清明之朝有三十六岁不学之皇太子，皇上何谢人言？"⑧神宗口口声声"父子天性"，表示对儿子一视同仁，实际并不如此，中止长子的教育就可以看出他的真实态度。

东宫辍讲还波及皇长孙朱由校出阁就傅。万历四十三年五月癸酉，神宗在慈宁宫接见群臣，表示皇太子出阁将与皇长孙出讲并举。⑨后来皇太子开讲无期，皇长孙预教也就不了了之，朱由校十六岁当皇帝未经预教。

①《明史》卷二百三十三。
②《实录》卷二百七十"万历二十二年正月癸丑"。
③《实录》卷三百三十五"万历二十七年五月丁卯"。
④《实录》卷三百三十五至卷五百九十一。
⑤《实录》卷四百九十五"万历四十年五月乙丑"。
⑥《实录》卷五百一十一"万历四十一年八月甲午"。
⑦《实录》卷五百二十三"万历四十二年八月丁未"。
⑧《实录》卷五百六十一"万历四十五年九月辛巳"。
⑨《实录》卷五百三十二"万历四十三年五月癸酉"。

神宗去世后朱常洛继位,是为光宗。朱常洛在宫内长期受压抑,骤然当了皇帝,不知如何把控自己,沉湎于酒色,泄泻不止还吃壮阳药(红丸),当皇帝才29天就生病死了,俗称"一月天子"。朱由校匆匆继位,是为熹宗,年号天启。朱由校以"倡优声伎,狗马射猎"为乐,好油漆木工,房屋营造,当皇帝后仍热衷做木工活,把国事交魏忠贤处理,俗称"木匠皇帝"。朱由校在位时"妇寺窃柄,滥赏淫刑,忠良惨祸,亿兆离心"①。由于滥服"仙方灵露",朱由校当皇帝七年就死了,死时才23岁。

东宫出讲和预教是为了让储君从历史兴亡得失、政权存续废立中获取经验和教训,没有出讲的光宗和没有受预教的熹宗根本不懂社稷安危。"天下事非一家私议"②,朱翊钧为了与文官们对赌,不惜以国运为赌注,中断和耽搁对子孙的教育,导致明室最后宗社倾覆,他有不可推卸之责。

2. 架空外廷,形成内廷专擅机制

神宗幼时受首辅兼帝师张居正过严管束,心中早存不满。亲政后在太监张鲸、张诚的帮助下清算了张居正,从而依靠内廷多于外廷。

为扩大内廷势力,万历十二年(1584)神宗甫亲政,即向太仆寺要马、向户部要钱,集聚三千太监操练。禁中之兵一旦哗变非小事,"内操"是危险之举,此事遭兵部尚书张学颜等人反对后作罢。③万历初,南北二京内官、内使不到一万三千人。万历元年,以内宫乏人服侍,增加三千余人。万历六年,又要求增加三千五百多人,实增六千人。万历十一年、十六年分别增加二千人,万历二十九年二次增加四千五百人。二十多年间太监增加一万七千余人,翻了一倍还多。④太监激增与缺官不补形成鲜明对照,神宗是有意识削弱文官系统,

①《明史》卷二十二《天启帝本纪》。
②《宋元学案》卷十三《明道学案上》。
③《实录》卷一百五十三"万历十二年九月庚子";卷一百五十六"万历十二年十二月壬子";卷一百六十"万历十三年四月乙丑"。
④《实录》卷五"隆庆六年九月甲申";卷七十七"万历六年七月庚申";卷一百三十九"万历十一年七月丙午";卷二百五十"万历十六年十一月丁卯";卷三百五十八"万历二十九年四月癸未"。

加强内廷。

神宗倚重太监,让内廷直接介入政务,派太监任矿监,通都大邑皆有税监,两淮则有盐监,广东则有珠监,运粮有漕运太监,口岸有市舶司太监。太监提督织造,开皇庄、皇店,提督昭陵等皇家工程。提督御马监太监掌握兵符,湖广、南京、承天、凤阳派守备太监,辽东派镇守太监。东厂、锦衣卫原是太监掌控。矿税新政是神宗以内廷取代外廷的一次试探,万历二十四年(1596),中使四出:矿监有昌平王忠、真保蓟王亮、昌黎田进,税监有河南鲁坤、山东陈增和马堂及张晔、山西张忠、南直郝隆和刘朝用、湖广陈奉、浙江曹金(后以刘忠代)、陕西赵鉴与赵钦、四川丘乘云、辽东高淮、广东李凤和李敬、广西沈永寿、江西潘相、福建高寀、云南杨荣,①税监对地方有监督职能,内廷全面插手外廷。矿税收入直接进内帑(内库),形成第二财政,内外廷发生矛盾,神宗总是偏袒矿税使,内监"片纸朝入,严命夕传"②,"缇绮四出,为藩司、为守令、为推官、经历、举人、生员,为武弁、齐民,被逮者不下百五十余人"③。

万历时,司礼监逐渐侵越内阁权力。一是奏本绕过内阁。原来奏疏经由通政司登记送内廷文书房,只有少数紧急公文送会极门值班太监。万历时,经内阁的奏疏多数留中不报,导致部分奏疏径送会极门太监,内阁根本不知情。④二是原规定奏疏当皇帝面拆封,内廷无法做手脚。万历时改在文书房拆封,内臣先于皇帝知道内容,司礼监可以上下其手。⑤三是原规定奏疏皇帝阅后发给内阁拟票,皇帝参考票拟"批红",再经过内阁抄发六部执行。万历时"中旨直下",直接由神宗批复六部,或由文书官(太监)传口谕,跳过了内阁。⑥内阁的主要功能是票拟,现在票拟由司礼监取代了,内阁实际被"废",

①《明史》卷八十一《食货五》

②《明臣奏议》卷三十三《冯琦·修省弭灾疏》。

③《实录》卷三百五十八"万历二十九年四月"。

④《实录》卷一百五十"万历十二年六月";卷一百六十五"万历十三年九月"。

⑤《实录》卷四百六十一"万历三十七年八月"。

⑥《实录》卷五百四十七"万历四十四年七月"。

大学士朱赓叹息:"今日政权不由内阁,尽移于司礼。"①

权宦弄权矫旨,神宗时已见端倪。万历四十一年(1613),浙江织造太监刘成去世,内廷以"中旨"留任吕贵,后来查明并不是皇帝的意思,而是一个叫纪光先的人保举。纪光先登记刘成遗资时,"侵匿帑(内库)银四万余两",为掩盖此事,买通内监,"取旨如寄"。内阁上本说:"其保举也,上疏不由通政司,票拟不由臣内阁,中旨乍出,通国皆惊。"②权宦"矫旨",外廷很难鉴别,外官见不到皇帝,奏疏又多数留中,是否矫旨,无法查验。

内廷权力缺乏相应制约,军政内外大权集中于司礼监一二人。司礼监掌印太监一般都兼提督太监(内廷总管),有时还兼提督东厂,提督御马监可以插手军务。万历朝太监集团化、知识化,足以叫板文官集团。魏忠贤专擅是天启朝的事,而"强势内廷"则形成于万历朝。崇祯皇帝可以去掉一个魏忠贤,去不掉"强势内廷"的机制,崇祯三年(1630)开始,又恢复了派镇守太监、督军、税监等做法,"魏忠贤"又回来了。

3. 征徭频繁,民流政散

中晚明财政吃紧,有战争和工程的因素,但根本原因在税赋负担失衡,"田连阡陌者诸科不与,室如悬磬者无差不至"③。中晚明有识之士都是从均衡税赋负担中挖掘财政潜力。先有周忱、海瑞、庞尚鹏均田和平米法,后有张居正清丈和"一条鞭"新政,万历中则有徐民式、杨涟均田改革。由于触犯了大地主的利益,改革家很快被抓、被调离或到龄即退等,均平改革人离政息。

张居正"一条鞭"改革本意是对各种火耗摊派封顶,不准再开列新的项目。但具体执行谈何容易,朝廷不断追加"三大征""三大宫"的任务,地方"条鞭之外立小条鞭,火耗之外复加秤头"④,万历二十七年(1599),冯琦指出:"比

---

① 《明史》卷二百一十九《朱赓传》。
② 《实录》卷五百四十一"万历四十四年正月"。
③ 〔明〕罗伦:《一峰文集》卷九《与府县言上中户书》。
④ 《实录》卷四百一十六"万历三十三年十二月"。

来天下赋额，视二十年以前十增其四。"①"二十年前"是张居正改革。

神宗的"矿税运动"是一次普遍的加派。所谓开矿，是前朝留下的金银矿的尾矿，没有开采价值。但神宗只要听说报矿，就"随奏随准，星火促行，不令阁部议拟，不许科道封驳"②。美好构想很快被现实打破，万历三十三年（1605），神宗不得不承认："今开矿年久，各差内外官俱奏出砂微细，朕念得不偿费，都着停免。"停止开矿，矿使撤回，但税监不撤，另有任务："其各省直税课，俱着本处有司照旧征解，税监一半，并土产解进内库以济进赐供应之用；一半解送该部，以助各项工费之资，有余以济京边之用。"③"各省直税课"是指矿税银，原由矿税使上缴，改由本处有司照"旧"征解。也就是说，矿税使搜刮所得要作为依据，成为正税以外加派的定额。从万历二十五年到万历三十四年的十年间，矿监税使共向皇室内库进奉黄金一万二千余两、白银五百六十万两。④皇室所花的代价是多少呢？时任吏部尚书李戴等估计："大略以十分为率：入于内帑者一，克于中使者二，瓜分于参随者三，指骗于土棍者四。"⑤也就是说，皇室得到560万两，而搜刮的总数可能是5600万两。

内帑（内库）增收，并没有"济京边"。万历四十六年（1618）辽东战事急需军费，户部援引征倭、征播先例，每亩加税三厘五⑥，以后两次加征至每亩九厘⑦，年得银520万两。崇祯四年（1631），加至一分二厘计660万两，称之为"辽饷"。崇祯十年、十二年，在此基础上又加征"剿饷""练饷"，"三饷"合计每年加征1700万两，超过明朝财政一年总收入。后人批评崇祯"三饷"激化阶级矛盾，但始作俑者是神宗。

"取于民有度，用之有止，国虽小必安。取于民无度，用之不止，国虽大必

---

① 《明臣奏议》卷三十三《冯琦·修省弭灾疏》。
② 《实录》卷三百三十一"万历二十七年二月，大学士沈一贯题"。
③ 《实录》卷四百一十六"万历三十三年十二月壬寅"。
④ 〔明〕文秉：《定陵注略》卷四。
⑤ 《实录》卷三百五十九"万历二十九年五月"。
⑥ 《实录》卷五百六十四"万历四十六年九月"。
⑦ 《实录》卷五百八十九"万历四十七年十二月"；卷五百九十二"万历四十八年三月"。

危。"(《管子·权修》)万历朝每年财政进项约一千四百六十万,交给内库六百万,[1]仍不能满足皇室的靡费。神宗取民无度,矿税使吸髓饮血,激起人民反抗。万历二十四年湖广,二十七年临清,二十八年辽东、新会,二十九年苏州、武昌,三十年景德镇,三十四年云南,四十二年福州相继发生反矿税监民变,二十九年辽东还发生兵变。万历后期,贫富户徭役负担失衡,流民问题日趋严重。万历三十年,人口五千六百三十万。[2]天启元年,人口五千一百余万。[3]二十年人口减少五百余万,除了一部分隐名在大户名下,多数成为流民,成为社会不稳定因素。斩竿揭木之势已经形成,只差人登高一呼而已。

给明神宗"打卡"

说神宗不郊、不庙、不朝、不见、不批、不讲,是有事实依据的,《实录》记录了他的外廷政务。

不郊、不庙。"郊"是祭天地,"庙"是祭祖,神宗近三十年不祭天不祭祖,皇帝是"奉天承运",不祭天不祭祖,执政缺乏依据。

不朝。不上朝议事,正常情况是每旬三、六、九日各视朝一次。神宗拟废长立幼,此举遭到文官们几乎一致的反对。与文官们赌气,万历十四年(1586),神宗以身体有病为借口免朝,当年只视朝一次。《实录》对神宗每一次视朝都有记录,可以看出,从万历十四年开始,"上视朝"的次数分别为:十四年,1次;十五年,5次;十六年,17次;十七年,3次;十八年,5次;十九年,1次;二十至二十二年,0次;二十三年,1次。四十三年五月,为平息众臣对梃击案的质疑,神宗在慈宁宫召见辅臣并六部五府大小九卿堂上官并科道官,这是神宗最后一次视朝,自此至万历四十八年,再无视朝记录,35年共视朝34次。

①《实录》卷五百八十三"万历四十七年六月甲午"。
②《实录》卷三百七十九"万历三十年"。
③ 转摘自王守稼、缪振鹏《明代户口流失原因初探》,《首都师范大学学报(社会科学版)》1982年第2期。

万历四十七年七月，辽东对后金努尔哈赤的战事告急，七十八岁高龄的吏部尚书赵焕率领廷臣到文华门，坚决请求神宗临朝议政，直到傍晚神宗才派太监劝说官员们散去。赵焕上疏说："敌人打到京城，陛下你还能高枕无忧，托词有病推却吗？"神宗从此讨厌赵焕，非但不予增加俸禄，赵焕死了，也不给相应的恤典。[1]

不见。神宗不见大臣，召见内阁首辅也是屈指可数：申时行十八年（1590）春正月召对一次；王锡爵多一次，二十一年皇太后生日神宗在暖阁召见；二十三年，陈于陛上《陈时政之要六事》疏，第一条接见大臣；三十年，神宗误以为自己不行了，交代后事，这是召见沈一贯唯一一次；朱赓三年没有见过皇帝一面；方从哲是神宗真不行了才召见两次。辅臣如此，其他官员可想而知。万历四十年，南京各道御史上疏："上深居二十余年，未尝一接见大臣，天下将有陆沉之忧。"神宗不理睬。

不批。不批答，即奏章留中不发。所谓留中，即皇帝把臣下的奏章留于宫禁中，不交议，也不批答。万历十七年（1589）大理评事雒于仁上疏，批评神宗酒色财气伤身，神宗大怒，欲重加处分。首辅申时行劝神宗不要下发奏章，以免反而扩散了奏疏的内容。此后，留中不发就成了神宗对付文官奏疏的常用办法。明代董其昌《神庙留中奏疏汇要》[2]收集万历朝留中奏疏301篇，除了讽议神宗的国本奏疏外，大量关于藩封、人材、风俗、河渠、食货、吏治、边防等议疏也被留中。依据《实录》作统计分析，万历二十二年到三十九年，共有1393疏留中不发不报。君臣悬隔，朝廷事务很多都得不到及时处理。万历三十七年五月丙申，辅臣叶向高上疏，诉说内阁主要职责是票拟，奏疏都留中不发，阁部无法运作，"一事之请，难于拔山；一疏之行，旷然经岁"[3]。

不讲。除了东宫辍讲，神宗不上朝，自然也停止了"经筵"讲学。

---

① 《明史》卷二百八十五《赵焕传》。
② 〔明〕董其昌辑：《神庙留中奏疏汇要》，北京：中华书局，2013年。
③ 《实录》卷四百五十八"万历三十七年五月丙申"。

不补。"六不"之外,神宗还缺官不补,有意无意弱化文官体系。万历二十三年(1595)考察结束,时任吏部尚书孙丕扬就提出缺官太多。二十四年,大学士陈于陛等转述吏部孙继皋等人言:"科道缺人之多,未有如今日之甚。""六科中见在止有掌科一人,署印五人。""十三道中并无一人主印。"二十八年,吏部题:"边海抚臣势难久缺,催点福建、辽东、延绥三巡抚。"二十九年,吏部尚书李戴言:"天下两司(全国布政司和提刑按察司)共缺七十余员,知府共缺二十二员,加以迁转未到、奉差未还,则是天下见任之官与缺官而未任者正相半。"三十年,大学士沈一贯等题本:蓟辽总督万世德身故两月而未有人接任,延绥巡抚孙维城身故半年、陕西巡抚贾待问报故、河南巡抚曾如春升迁、浙江巡抚刘元霖丁忧、凤阳巡抚李三才已批准辞职,六个巡抚职位皆空缺。三十二年,沈一贯等言:"今礼部尚书久缺,吏部又缺,六部侍郎止四五人,南京部院尤缺。"同年,沈一贯等再言:"各项缺官悉宜允补,而所量重者山西、郧阳、福建、河南四巡抚。"以上所有补官的建议,神宗都不理睬。万历四十五年十一月,大学士方从哲请补大僚及科道诸臣,说:"部、寺大僚十缺六七,风宪重地空署数年,六科止存四人,十三道止存五人。"[①] 缺官不补,政事近于瘫痪,"文武大选急选官及四方教职积数千人,以吏、兵二科缺掌印不画凭,久滞都下,时攀执政舆哀诉。诏狱诸囚,以理刑无人不决遣,家属聚号长安门"[②]。万历四十七年十月,方从哲再题:"九卿衙门只有户部、通政司系正官掌印,若刑、工二部则别衙门官署掌矣。都察院、大理寺则并官与印而俱无矣;自赵焕故而吏部之印悬矣;自何宗彦出城而礼部之印悬矣;自黄嘉善杜门而兵部之印尘封且一月矣。"[③] 缺官的格局一直持续到万历四十八年神宗去世,政权半

---

① 《实录》卷二百八十一"万历二十三年正月";卷二百九十六"万历二十四年四月癸丑";卷三百四十五"万历二十八年三月壬申";卷二百五十八"万历二十九年四月乙未";卷三百七十八"万历三十年十一月辛酉";卷三百九十二"万历三十二年正月辛酉";卷五百六十三"万历四十五年十一月乙丑"。

② 〔清〕赵翼:《廿二史札记》卷三十五。

③ 《实录》卷五百八十七"万历四十七年十月戊子"。

瘫痪25年。

客观看晚明政局，说神宗怠工，只说对了一半，神宗的问题是"脚踩一条船"，过多依赖内廷，对权宦缺乏制约。我们为明朝惋惜，因为内廷与外廷争斗的这五十年，正是世界格局重大变化时期，中国错失发展机遇。大量白银流入中国，明廷没有以此加强国家信用，反导致大明宝钞崩溃。万历末，西班牙控制了白银流出，中国适逢天灾，引发通货膨胀。所以说，明之亡，是多重因素叠加。明朝是可以逃过这一劫的，以财政问题为例，进出口、当铺（钱庄）等新兴产业因白银流通而致富，已有人提出向"羡余"（利润）征税，即开征所得税，如果不是用荒唐的"矿税"聚财，而是改革税制，那么历史要改写。

东林学子

顾宪成泾里讲学蔚为大观

"下帷泾水之上，灌莽一区，经画四十年，几成邑聚。"

——顾枢

一

明朝东林学派领袖高攀龙在《顾端文公年谱序》中说："况乎吾锡，《诗》《书》记载更四千余岁，而文章理学、气节忠义，实惟先生一人之始名。泰伯来，而梅里片墟，辟东南之草昧；先生出，而泾皋撮土，萃宇宙之文明。"[1]康熙年间江苏布政使胡献征在《顾端文公年谱序》中说："海内百年以来，言正学者首东林，言东林者首泾阳顾公。"[2]顾宪成是东林学派的学术支柱和精神领袖。讲学活动在构建东林学派以及奠定顾宪成学术地位的历史过程中，起着至关重要的作用。而他的讲学起始于泾里（又称泾皋、泾溪，原无锡县张泾乡），长期坚持举办于泾里，成效也多造就于泾里。晚年会讲东林书院而达到学术声誉顶峰，但是这一切的植根源头，来自泾里。由于多年坚持学术活动，泾里一

---

[1]〔明〕顾宪成撰，王学伟编校：《顾宪成全集》，上海：上海古籍出版社，第1719页。
[2]《顾宪成全集》，第1677页。

张泾顾宪成纪念堂

个小小的乡镇,曾经一度盛况空前,俨然成为东南学术和舆论中心。

顾宪成弟兄读书初期,家境较为清贫,请不起塾师,只好去别家私塾借读。好在顾宪成、顾允成均十分明慧,顾宪成读书尤其勤奋,成绩非常稳定,弟兄二人很早就崭露头角。顾宪成18岁那年,顾家经济状况逐步好转,自己家里能够置办家塾,其父顾学尊师重道,倾其全力供养塾师,丰厚的待遇连富豪家都为之惊异。顾宪成20岁时拜到文行兼备的名师张淇座下,为他们弟兄二人真正打开了学术之门。此后,在科举上顾宪成、顾允成连番进取,从秀才而举人,由举人而进士,一路顺遂,取得功名。但此时他们弟兄二人的人生理想已经并不仅仅瞩目于功名,而是更加关注儒学的道统与学术,致力于探究"性命之学",提振世道人心,日后遂成为一代大儒。

顾宪成讲学大致可分4个时期:

一、考取秀才之后至中式登第阶段,即隆庆五年至万历八年之间(1571—1580)。顾宪成科考成绩出类拔萃,早已声名远扬,为贴补家用,开始收徒授学。当时,他问学于理学名家薛应旂不久,讲课的重点应还在科举时文制义方面。门徒钱振先所撰《朱太淑人传》云:"时端文方以文艺执牛耳于四方,松陵、檇李间多留绛帐,岁归不过旬日,直邮视家耳。"①正是此时之谓。

二、从登第授官至削职回乡阶段,即万历八年至万历二十二年(1580—1594)。讲学内容由科举时文制义转为探求性命之学,随处播种学术种子。这期间两次回乡居住:一次请假省亲近3年,一次其母去世守制丁忧2年余。

①悼叙堂《顾氏宗谱》卷四《朱太淑人传》。

此时其弟顾允成长期居家,则泾里讲学势必不会中辍。

三、从主讲泾里到巡讲江浙阶段,即万历二十二年至万历三十二年(1594—1604)。其中以万历二十五年修建"同人堂"为标志,泾里讲学规模愈大,影响愈大。日后高攀龙曾经评价说:"'同人'辟而莽莽泾皋蔚为文薮。"①到万历二十六年会讲诸同仁于惠泉之上,则使顾宪成声誉达到一个新的境界。在此10年之间,泾里是东南学人的活动中心,且是东南学术中心和舆论中心。

四、从会讲东林书院到顾宪成去世阶段,即万历三十二年至万历四十年(1604—1612)。东林书院建成以后,每月3天固定举办常规会讲,每年还召集规模盛大的年度大会。第一年的大会"上自京口,下至浙江以西,同志毕集,相与讲德论学,雍容一堂","一时相传为吴中自古以来未有之盛"②。次年,同人家社也移于丽泽堂,月课多士,讲学中心由泾里完全转移到东林书院。此后,东林学派蔚然成为全国首要学术团体,并产生巨大政治舆论力量,对全国学界和政界产生巨大作用。

二

顾宪成讲学始于泾里。时起于隆庆五年(1571),即考取秀才的次年。他开始广收门徒,数年之间声名日盛,讲学之迹愈行愈远。始则泾里、鹅湖(原无锡县荡口乡)等本县乡镇,后则虞山(江苏常熟)、松陵(江苏吴江)、槜李(浙江嘉兴)等文教昌盛之地。

在顾宪成的求学之路上得到过很多前辈的指点和提携,早期有无锡县令周邦杰慧眼识珠,对顾宪成青眼有加,"进宪而试之,欣然赏异,拔置高等。嗣后三试三冠。每相见,所提勖皆在寻常之表"③。顾宪成不仅在21岁时候考取

---

① 悖叙堂《顾氏宗谱》卷四《泾白公暨曹孺人墓碣铭》。
②《顾宪成全集》,第1693、1697、1712、1726、1735、1736、1738、1780、1782、1797、1846页。
③《顾宪成全集》,第1300页。

秀才，而且应府、县、院试都名列第一，在无锡周边地区声名鹊起。坊间刻印顾宪成的制义试卷，已经十分畅销。当时顾家尚不十分富裕，县令周邦杰因为爱才，分薪助学，拿出自己的薪俸资助顾宪成家。顾宪成之父顾学谢绝了县令的好意，宁肯叫儿子"以研田养耳"。因为有了父命，顾宪成从此便开门授徒，"连岁授经，或家居，或应聘，弟子日众"。此时期弟子名姓已多不可考，顾贞观（1637—1714，号梁汾，顾宪成曾孙）等撰辑《泾皋渊源录》中记载有吴之龙和顾言两人，日后均成进士，出仕为官。

此时期问学者，主要是奔着科举目的而来，殊非顾宪成授业本意。《顾端文公年谱》记载："公于制举业，意殊不屑，塾间求示者众，恒以笔墨代口语，作《学庸说》，存箧中，戒生徒勿得流传。"对于上门求教举业的人，顾宪成心中不屑，懒得多费口舌，便以笔代口写了一部《学庸说》，存放在书箱中。有人问起，就让他们自己去看。但是他禁止学生流传这部书，因为这在他心目中实在称不上是什么学术，并非他想要弘扬的儒家学说。日后顾宪成的科举文章汇编为《百二草》刻印出来，作为举业的畅销书面市，可他自己却说："此非安身立命处，心所冥契，则《五经》《四书》，濂、洛、关、闽，期于微析穷探，真知力践，自余皆所不屑矣。"这里顾宪成的态度更加明确，他认为时文制义并非知识分子真正的"安身立命处"，他心心念念的除却儒家大经大典《四书》《五经》以外，就是宋朝的理学，即以周敦颐为代表的濂学，以程颐、程颢为代表的洛学，以张载为代表的关学，以朱熹为代表的闽学。顾宪成认为，只有这些儒家正统的思想学说才是值得深入探究的学问，其他的东西自己均不看重。

顾宪成27岁，以应天乡试第一名中举，摘取了号称"南京解元"的桂冠。此时其父顾学去世，顾宪成在家丁忧，哀伤毁瘠，但是"四方来学者偬居以待其出，因勉起教授"。可以看出，这个时期前来泾里投师的学子已经数量可观。此时期门徒可知者史孟麟、丁元荐、钱应娄、钱应斾等，日后大多出类拔萃，术业有成。

三

万历八年（1580）顾宪成考中进士，此后任职何地他便讲学于何处，即使身在旅途也论学不辍。

殿试之后顾宪成被分配到户部任主事，时隔数月就受命出差，远赴辽东督饷。关外武官们仰慕他的文名，纷纷送子弟前来请益，顾宪成随才奖荐，但谢绝敬仪。虽然出差只有一个多月时间，临回程的时候，他不忘修葺名儒贺钦祠堂，用以激励当地的学风。

顾宪成在京任职时期，大学士申时行聘请顾允成进京，教授其子申用懋学业，因此申用懋、申用嘉弟兄遂又同时向顾宪成求学。顾宪成此时期还授学同僚之子萧思似，萧思似原来研习王阳明学派，至此始归儒学正统，日后成为著名的"顾门两孝廉"之一。

顾宪成在京讲学的最大成就，是与陕西学者冯从吾相授问。冯从吾师从顾宪成，受业于京邸，后于万历十七年（1589）考中进士，官至工部尚书。他创办关中书院，世称少墟先生，为明代关学之宗。冯从吾是明代把程朱理学和陆王心学融合的集大成者，并是东林党在西北的领袖。他虽然是东林党人，学术观点却与东林学派不同，被认为"去师门最远"。但这并不妨碍他们和而不同、声气相求，也是一段学林佳话。有鉴于此，赵南星在《明南京光禄寺少卿泾阳顾公碑》中说："余自壬午（万历十年，作者注）与顾公同为户曹，顾公已讲学矣。"其实，赵南星不知道的是，早在此前11年，顾宪成就已经在泾里开讲矣。

万历十一年（1583）秋季，顾宪成请假回乡省亲，问学者随踪而至。安希范、丁元荐、王永图等均留泾读书。《泾皋渊源录》记载：丁元荐"请泾阳先生之文而慕之，去家五百里，受业门下。而先生置举业不谈，凡所陈引，微言大义，长孺(丁元荐字,笔者注)别有领悟"[①]。可见其时顾宪成所讲授的内容已经主要是儒家学术,而不是时文制义了。学术眼界打开之后,举业水准也能随之提升,丁元荐两年之后就中举。

万历十四年(1586)春季,顾宪成即将假满回京,接受无锡县令邀请于学宫讲学,士绅云集。高攀龙时年25岁,听讲之后,才知道儒学的门径,始志于学,最后成长为东林学派的领袖之一。当年夏季,顾宪成假满回京。

在此时期,泾里讲学景况日见繁盛。《顾端文公年谱》所谓"时留泾弟子视卯、辰间尤盛",即留在泾里读书的学子,比万历七年己卯(1579)、万历八年庚辰时期还要多。

万历十五年(1587),顾宪成受降三级处分,外调桂阳州判官。此为他出仕之后第一次遭受政治上的打击。顾宪成不改初衷,讲学于湖南桂阳。受教者有曾绍芳等。

万历十七年(1589),顾宪成在浙江处州府推官任上请假回乡,适值母丧,"及门会葬者多,即留泾肄业"。门生们前来举哀会葬,因为顾宪成需要在家守制丁忧,很多人留在泾里继续受业。其中嘉善夏九鼎、钱士升联袂而来,夏九鼎本意是"以经生言求先生耳,先生乃时时及性命根源、时事肯綮,而吾经生言顾独进益,信为学当反求之心也"。夏九鼎家境贫寒,勉强带着口粮来到泾里,顾宪成十分器重他,在生活上多有资助,使他能够在泾里读书两年时间,完成学业。夏九鼎初衷本是为了举业而来,但顾宪成却教授他学术理论和时政实务,结果其科举课业也获得突飞猛进。当年秋季,夏九鼎中举,后考取进士。同来泾里的钱士升后考中状元,为明末著名宰相,就义于抗清事业。

万历二十年(1592),在推官任上的顾宪成被推举为"公廉寡欲天下推官第一",得以重回吏部供职。但是权力集中之地,更是是非丛生之处,顾宪成更深地被卷入政治纷争,在君权与臣职、不同政治派系之间左支右绌,苦苦维持朝廷正气,最后身心俱疲。直至万历二十二年因为会推阁臣,时任吏部文

①《泾皋渊源录》卷五。

顾贞观等撰辑《泾皋渊源录》书影

选司郎中的顾宪成被扣上忤旨的帽子,削职为民,秋季抵家。

此阶段总共14年时间,其间,顾宪成居家前后约有5年时间。而在此14年间,大部分时候顾允成并未离开泾里,则泾里讲学并不会中辍。顾宪成之孙顾枢后来对泾里办学的状况曾经作过一段评述:"下帷泾水之上,灌莽一区,经画四十年,几成邑聚。"他是说,顾宪成和顾允成在泾里收徒授学造福一方,此事顾氏家族苦心谋划经营了整整40年,方有"几成邑聚"之功。可见他们是将讲学作为事业来规划的,断不会轻易中断。

(四)

顾宪成自万历二十二年(1594)被革职还乡之后一病不起,一度还十分危急,迁延到万历二十四年秋季,病情方见痊愈。这两年多时间,顾宪成主要是以养病和著述为务。高攀龙评价:"先生自甲午(万历二十二年,笔者注)以来,见理愈微,见事愈卓,充养愈粹,应物愈密,从善如流,徙义如鹜,迨几于无我矣。"夏九鼎闻公旋里,亟来求学,偕至者李衷纯、叶昼、钱士升。而此时,史孟麟等学生也在泾里。

到万历二十五年(1597),顾宪成眼见泾里求学者日见其多,甚至学子们无处安身,便跟顾自成、顾允成商议决定,他们弟兄三人各自修建学舍收留学子。其兄顾自成在小心斋(顾宪成于万历十三年请假家居,读《春秋》,名所居曰"小心斋")的东面大葺同人堂,作为集中课士之所:

> 连岁弟子云集,邻居、梵宇僦寓都遍,至无所容。公商之仲、季,各就溪旁近舍构书室数十盈以居之,省其勤窳,资其乏绝。溪之南北,昼则书声琅琅如也,夕则膏火辉辉如也。过者停舟叹美,即行旅皆欲出于其途。泾白公乃于小心斋之东辟同人堂,规制弘敞,萃四方学者及子弟甥侄。月凡再试,泾白公临而课之,自为程以质多士,刻之曰《信心草》。赏罚激劝,会规严甚。试毕,仿糊名易书之法,公亲为甲乙。择其中之可以语上者,朝夕镞砺,期于有成。

> 缪昌期当时久困诸生,马世奇君常方垂髫,并留之家塾。又数年,张可大观甫以都司驻浏河来问业,皆受公知遇最奇。其后缪死珰、马死寇、张死登莱之难,论者以为程、朱之门所未有也。其余以文学政事称者,另有录。[①]

当时泾里的民宅、寺庙里都住满了往来学子,顾宪成跟顾自成、顾允成分头在泾河畔的唐家浜溪流旁修建数十间书舍,收留接待往来学子,安排食宿,免除他们操劳家务之苦,接济他们财力上的匮乏。一时之间,溪流两岸,白天书声琅琅,夜间灯火辉煌,过路的人停船羡慕,即使赶路的行人也想在这里走一走,亲身感受一下读书氛围。在顾宪成的书房小心斋东面,顾自成修建起高大巍峨的同人堂,由顾自成设置管理规程和考核办法,并亲自授课。他还将自己思考偶得的理论心得,汇总为专著《信心草》。同人堂每月两次集中各

[①]《顾端文公年谱》卷上。

地学者和家塾子弟进行考试,由顾宪成亲自评卷,从中发现可造之才,着力培养,以期造就。

这里有一点很值得重视:当时这个学舍聚落是由顾宪成、顾允成和顾自成弟兄三人分头建造的,他们三人均在其中主持讲务无疑。他们三人在泾里西街的东首均有宅第,这个学舍聚落位于西街的西首唐家浜畔,顾宪成的小心斋即早已建在此处,现在他们分头扩建了学舍,顾自成又修建了大会堂性质的标志性建筑同人堂,那么顾允成的书斋没有理由不在此处。顾允成长期居住泾里,外出做官的时间比顾宪成要少得多。早在顾允成考中进士之前的万历十年(1582),他就受聘于当朝宰辅申时行家,为申家儿子授经,名震京华。登第之时,他豪议朝政,一举成为清流健将,声名远播。而且天性孝友,为侍奉母亲,居然一度放弃参加会试,将唾手可得的功名弃如敝屣。这一切都使顾允成在朝野均有分量,成为不亚于其兄的杰出人物。顾允成长期蛰居泾里,求学之人断不会少。如果说,他是直到万历三十三年方才于东林书院后背苏家巷营构小辨斋,这是无法想象的。他是否原来就在顾宪成小心斋旁边建有一所小辨斋呢? 也唯有如此,才显得符合常理。在两位兄长同人堂课士的这个时期,顾允成讲学活动并不很活跃,可能跟他那几年身体欠佳、缠绵病榻有关。而此时,顾宪成本就是大病新愈、体力不支,又缺乏顾允成这个帮手,于是顾自成就只好勉为其难,赤膊上阵。

在这个泾里学舍聚落或者说同人堂讲学会所,顾宪成是主讲学者,顾自成进行日常授课和事务管理。

这时,武进吴钟峦、吴钟螯来到泾里求学。吴钟峦看到的是,学舍刚建成投用之后的另一番繁荣景象:

> 偕其弟钟螯,奉父命以文为贽,谒泾阳先生,即下帷泾溪。时溪旁构学舍数十楹,以馆诸生,后至者村落俱遍。先生时时进而课之于稠人中,所最赏者,峻伯(吴钟峦字,笔者注)与马君常世奇,留供二子楗关读书,

终年一毡，文行交砥。诸孙方总角，亦令执经以伺峻伯。①

吴钟峦是顾宪成非常欣赏的门徒，他弟兄俩来泾里求学的时候，学舍已成，但是求学者还在源源不断前来，即便建成了数十间学舍还是不敷使用，很多后来者还是不得不去各个村庄中借宿。吴钟峦亲眼看到的情景是："先生时时进而课之于稠人中。"也就是说，顾宪成经常会来到同人堂，侧身于拥挤的众多学子中间授课，当时济济一堂的盛况概可想见。

顾枢日后对于伯祖顾自成的功劳，评述十分中肯："魁岸自喜，弃举子业，治生佐二弟，下帷泾水之上，灌莽一区，经画四十年，几成邑聚。"顾自成早年为辅助父亲和长兄治理家务，自己放弃了举业，顾宪成和顾允成能够科举成功、学有所成，跟这位仲兄的财力支持是密不可分的。他为两个弟弟在泾里修建学舍招徕生徒，后来又扩大规模，建造起同人堂等学舍聚落，德泽所披，使泾里几乎与繁华的城邑相仿佛。这里，"经画四十年"的表述值得重视。顾自成逝世于万历三十九年（1611），往前推40年时间，则是隆庆五年（1571）。那年就是顾宪成青年时期开始讲学之初。也就是说，顾自成的经营谋划、鼎力扶持是跟顾宪成整个讲学活动相始终的。这也说明，不管小心斋、同人堂、东林书院乃至小辨斋的规划修建，都少不了顾自成的支持与参与。

门人钱振先日后追忆道："端文削籍里居……则与仲兄光禄公（顾自成，笔者注）辟同人堂，萃四方名彦，偕诸群从课业其中。凡今日东南所推宗工大老，当年半负笈泾皋，以望斗瞻滇为快。"钱振先说这番话的时候，已经是在满清鼎革之际。他说，当时东南文坛上半数的风云人物早年都曾负笈泾皋，他们将顾宪成视作星斗大海，大家均以聆听过顾宪成的教诲为幸，以瞻仰过顾宪成的风采为荣。可见泾里讲学的影响直到明朝灭亡，兀自傲视群伦，不断激励着一代代后人学子。

同人堂除了具有宣讲学术的会讲功能之外，还带有传授科考举业的私塾功能。因此，先后聘请学有所成的门下弟子马世奇、吴钟峦和钱振先等主持

①《泾皋渊源录》卷七。

家塾,为顾氏诸孙授经。

应该说即便到万历二十六年(1598),顾宪成与江浙诸同仁会讲于惠泉之上,会讲于宜兴山中、无锡乐志堂等处,活动范围日渐扩大,活动频率也日渐频繁,但是讲学的中心依然还是在泾里。

五

万历三十二年(1604),顾宪成、高攀龙和顾允成等人修复东林书院、重建道南祠,讲学的中心遂转移至东林书院。此后,学派中人参与政局者并与他们政见一致者遂被视为"东林党",而后人将这个学术观点相近的学术系统又称之为东林学派,"东林"之名遂传布于晚明时期的学界与政坛。

泾里距无锡县城40里路途。顾宪成每月进城讲学,只好住宿于书院之内,每每苦于奔波劳顿。直到万历三十六年(1608),顾宪成方与其兄顾自成一起在城内添置房产,房舍位于无锡县城西偏,以备进城时候居住。

万历四十年(1612)夏季,顾宪成逝世于泾里家宅正房:

> 五月二十三日寅时,公终于泾里之正寝:月望,会讲东林者三日。讲毕,憩城寓。十八日,病暑,返泾上,时与淳留南雍,候秋试。二十日,作一书寄之,命与沐代草,亲索笔改三四字。伏枕至第三日,忽起坐,执与沐手曰:"作人只'伦理'二字,勉之。"语讫,恬然而逝。呜呼! [1]

则该月月中顾宪成赴东林书院讲学3天,讲完之后住在城里家中。由于天气炎热受暑邪发烧,于是返回泾里。当时长子顾与淳在南京国子监等候乡试,顾宪成命次子顾与沐代笔写信,并亲自修改信札。此后卧床3天,一日忽然回光返照,顾宪成坐起身来握着顾与沐的手说:"讲求性命之学,说到底不过只是'伦理'二字,努力!"讲完就安静离世了。顾宪成最后是在泾里西街东首的家宅正房里去世,寿终正寝,是所谓得善终者。

---

[1]《顾端文公年谱》卷下。

六

清朝初期,顾宪成曾孙、著名文人顾贞观花费巨大精力,多方推求,钩沉史料,初撰《泾皋渊源录》,以记录顾宪成、顾允成学术师承情况。此著作后又经顾宪成十世孙顾政均增补编辑,遂成定稿。顾贞观初撰《泾皋渊源录》时便已经去顾宪成的时代较为久远,他从各种资料中寻找蛛丝马迹,百端搜集,方得成书,所载录者均是头角峥嵘、有迹可征者。对于当年负笈泾里的莘莘学子而言,此书有所缺漏实属必然。即便如此,《泾皋渊源录》载录门徒有名有姓可考可计者达60余人。其中,能确定曾经负笈于泾里者,超过20人:

吴之龙,江苏武进人,无锡籍。万历八年(1580)进士,官江西参政。

《顾泾阳先生学庸意·张纯修〈学庸辨〉题词》书影

顾言,江苏江阴人。万历二十年(1592)进士,官浙江按察司副使。

钱应娄,江苏镇江人。诸生。与其弟钱应旅求学于顾宪成,深受器重。尚名节,好持清议,考订经史,无不精审。

史孟麟,江苏宜兴人。万历十一年(1583)进士,官太常寺少卿。著作有《亦为堂集》等。

丁元荐,浙江长兴人。万历十四年(1586)进士,官尚宝司少卿。名教所关,攘臂立奋,不顾世间一切恩怨。著作有《程朱道命录》《尊拙堂文集》《西山日记》等。

安希范,江苏无锡人。万历十四年(1586)进士,官南京吏部主事。"东林八君子"之一,读书喜理学之有益身心者,经济之有益政事者。时人评价其为人"可谓不失赤子之心者"。著作有《天全堂集》等。

王永图,江苏宜兴人。万历举人,官广东韶州知府。其父为顾宪成文章道义之友,父早亡故,王永图时年方14岁,为后母凌侮百端,几致废学。顾宪成偕归泾里,抚而育之,并将长女许配为妻。

夏九鼎,浙江嘉善人。万历二十年(1592)进士。夏九鼎家境贫寒,曾经数次来泾里投学,在此读书将近两年,深得顾宪成器重,寄予厚望。官福安县令,抚民如子,清操自励。迁官衢州府学教授,卒于途,贫不能殓。

钱士升,浙江嘉善人。万历四十四年(1616)状元,官文渊阁大学士。明亡之后举兵反清,事败削发出家。著作有《赐余堂集》《逊国逸书》等。

钱士晋,浙江嘉善人。万历四十一年(1613)进士,官云南巡抚,颇著劳绩。著作有《经济录》等。

钱龙锡,上海华亭人。万历三十五年(1607)进士,官文渊阁大学士。举荐袁崇焕出任东北关宁主帅,被阉党迫害多年。著作有《兢余存稿》等。

李衷纯,浙江嘉兴人。万历举人。早负鸿才,名满天下。曾任如皋县令,廉洁干练,颇有政声,百姓为建生祠。官两淮盐运使。著作有《激楚斋草》等。

缪昌期,江苏江阴人。万历四十一年(1613)进士,官翰林检讨。因替东林党首领杨涟代草弹劾魏忠贤的奏章而遭受阉党忌恨,因他事被诬入狱,惨死狱中。著作有《从野堂存稿》《周易九鼎》《四书九鼎》等。

马世奇,江苏无锡人。马世奇弱冠之年来泾里,以世交子侍读顾宪成之侧,与顾宪成之子顾与淳、顾与沐订交,并主持顾氏家塾,为顾宪成诸孙授经。顾宪成期许郑重,务益长其声价,马世奇亦感激愈奋。崇祯四年(1631)进士,官左庶子。李自成破北京,自缢死,为明亡首位殉节官员。南明谥文忠,清廷谥文肃。著作有《书经直解》《忠镜录》《淡宁居文集》等。

钱振先,江苏无锡泾里人。早年家极贫寒,"公(顾宪成,笔者注)识之于童子中,留与马君常(马世奇,笔者注)共笔研"。按照钱振先本人的说法:

"(公)则与仲兄光禄公辟同人堂……淑人拮据四应,设馆授餐,至者如归。时先君子亦当皋比一坐,困顿佣经,端文独侨昐视之,俾回翔趋步于诸君子之间,四十年不去。迨余小子,亦以晚至。两世负箧,淑人所以经画即次之者,久而弗衰也。"则早年钱振先的父亲就已经投学于顾宪成,并且在顾氏家塾中担任教职,即所谓"亦当皋比一坐"。可能因为钱父的科名较低,承蒙顾宪成高看抬爱,因此才得以侧身诸君子之间,历40年舍不得离去。等到钱振先也负箧"同人堂"的时候,师母朱氏对他关照有加。顾宪成甚至让钱振先跟马世奇、吴钟峦一起执教于顾氏家塾,为自己的孙子们授经。考诸《锡山游庠录》《无锡县志》,钱振先于万历四十四年(1616)成诸生,崇祯四年(1631)考中进士,官浙江金华知府。顺治二年(1645),清军攻至浙江,钱振先沉水就义。

吴钟峦,江苏武进人。崇祯七年(1634)进士。弱冠为诸生,受业泾皋,备承奖披,早得大名。官南明礼部尚书,举兵抗清,兵败自尽就义。著作有《霞丹易笺》《十愿斋全集》《岁寒集》等。

张可大,万历二十九年(1601)武进士,官右军都督府同知。在平定叛乱中,自缢身亡。谥庄节,赐建旌忠祠。

李呈芬,安徽凤阳人。本为武举人,求学之后,弃官不做,以讲学为务。

叶昼,浙江嘉善人。与同乡钱士升、夏九鼎、李衷纯一起留泾读书,以学行著称于世。

何允泓,江苏常熟人。藏书家、诗人。弱冠居顾宪成门下,惜早逝。著作有《何季穆文集》等。

华元褆,江苏无锡人。万历三十二年(1604)进士,官御史。

鲍际明,江苏无锡人。万历三十二年(1604)进士。自少受业,极得顾宪成赏识。历任宁都县令等职,俱著声绩。

洪范,安徽新安人。曾读书泾上,顾宪成去世3周年的时候,重刻《百二草》及《乡会墨小试论》以纪念恩师。

以上诸人,均是可以确定曾经负箧于泾里的学子。

另有部分顾氏门徒,不能明确判断是投学于泾里抑或受业于东林书院,

姑且不录。唯有两位门下弟子,虽不能断定其投学地点,但属东林学派后期翘楚,附骊于此:

文震孟,江苏长洲人,吴门文坛领袖文徵明曾孙。天启二年(1622)状元,官东阁大学士,东林党后期领袖人物。顾宪成的墓志铭由他书写。文震孟负笈顾门的时候,顾宪成亲自在他的文稿下面题注:"可备青宫侍从之选。"对他的期许十分殷切。可是文震孟的科考路途十分艰辛,虽然早年中举,会试却连考了10场,接连9场都名落孙山,直到天启二年才一举夺魁。出仕10年,在朝却不满3载,多受阉党排挤。著作有《姑苏名贤小记》《文文起诗》等。

姚希孟,江苏吴县人。为文震孟外甥,两人一起念书,久负盛名。由文震孟偕来顾门,顾宪成逝世之后,姚希孟曾来泾里会葬。万历四十七年(1619)进士,官右庶子。秉持清议,跟阉党争斗,多受其害。著作有《清闷全集》《文远集》《公槐集》《沆瀣集》等。

顾宪成一生只活了短短62年时间,但他讲学的时间长达41年之久。顾宪成在无锡讲学前后累计33年,其中泾里授学的时间约占四分之三,前后累计居然达到25年时间。

七

顾宪成将最后的精神留给了终生孜孜以求的儒学事业,也将最后的生命时光托付给了生他养他的这片土地。终其一生,顾宪成都在努力探寻人生的真谛,在呼唤人性深处的善良,在警示不能或忘敬畏之心,在倡导公平正义的社会秩序。

当然,人类社会已经发展到今天,站在当代的角度看待历史,东林学派的时代局限性也是明显的。但是这并不能掩盖东林学派在那个时代所产生的积极意义。明末清初著名思想家黄宗羲在《明儒学案》中评价:

今天下之言东林者,以其党祸与国运终始,小人既资为口实,以为亡国由于东林,称之为两党。即有知之者,亦言东林非不为君子,然不无过激,且倚附者之不纯为君子也,终是东汉党锢中人物。嗟乎! 此孃语也。……数十年来,勇者燔妻子,弱者埋土室,忠义之盛,度越前代,犹是东林之流风余韵也。一堂师友,吟风热血,洗涤乾坤。无智之徒,窃窃然从而议之,可悲也夫![①]

泾里,是顾宪成年轻时候讲学的起步之地,也是他一生投注时间最多的讲学之地,是创造他学术成就的辉煌之地,更是他学术人生的终结之地。这里,不应该也不容被后人所忽视。

（本文作者苏迅,为无锡市文艺评论家协会主席、《太湖》杂志主编）

---

①《明儒学案》卷五十八。

东林学子马世奇的家国情怀

大明崇祯十七年甲申(1644)三月十九日凌晨,闯王李自成的农民起义军攻入北京紫禁城,大明帝国行将灭亡。无力回天、一筹莫展的崇祯皇帝自缢于玄武门外的煤山之上。朝廷之内数以百计的文武官员投降的投降,逃逸的逃逸,仅有二十一位文官相继自尽殉国。其中,第一个紧跟皇上自缢殉国者便是从无锡东林书院走来的优秀学子马世奇,他当时的官职为詹宁府左春坊左庶子,并兼掌着司经局大印。官阶虽仅为正五品,但却是皇上身边的贴心之臣。

马世奇的舍身殉国是他一生忧国忧民的家国情怀遇上不可救药的腐朽王朝而发生的必然选择和悲壮之举。他是一位爱国忠臣。因此,在惠山古镇马文肃公祠堂得到重新修复并布展成功的今天,我想就其家国情怀的形成、发展及其社会影响作一简要的论述,以资纪念。

情生东林书院

马世奇,字君常,号素修,南直隶(今江苏)无锡甘露人。明万历十二年(1584)出生于清寒的官宦之家。从小颖异嗜学,在父亲马希尹的悉心教导下,18岁时就考上儒学生员(秀才),而且县、府、院"三试皆第一",人称"小三元",曾轰动一时。

当时马希尹自己还是个老秀才。万历三十二年(1604)二月,他主动相约了几位老同学,秉承顾宪成、高攀龙、叶茂才等八位被罢官或辞职在籍的知名学者的意愿,积极起草了《请复东林书院呈辞》一文,正式上报了官府,相继得到了无锡知县林宰、常州知府欧阳东凤、江南提学御史杨廷筠的批准和支持,为在宋儒杨龟山先生在锡讲学的原址上重建东林书院立下了"首请"之功。

东林书院重建后,马希尹又随顾、高等先生游,并拜叶茂才为师,研读《周易》。马世奇及弟世名也跟随父亲进东林书院读书、听讲,成为书院的优秀学子。

晚明时期的社会上普遍存在一个突出问题,即士风日陋。大部分读书人庸庸碌碌、胸无大志,研究学问的目的不是为了国家和社会民生所用,而是营营于一己私利,热衷于升官发财,"出则竞名,处则竞利"。东林书院的讲学,力辟这种歪风邪气,强调读书首先要注重自身的道德修养,立志成为真君子,同时要学以致用,胸怀天下,关注社会民生。在讲学方式上,则注重学者相互切磋,师生互动问答,并常常联系社会实际,甚至"讽议朝政,裁量人物",非常生动活泼。这种崭新的讲学风气,引起朝野的普遍关注和钦慕。"当是时,士大夫抱道忤时者,率退处林野,闻风响附",纷纷前来参与,"学舍至不能容"。[1]这种盛况,马世奇是身临其境的,深受教育和熏陶。

八年之后,即万历四十年(1612),马世奇的父亲考上贡生并被授以太仓训导之职,去做当时人们所俗称的"学博"了。世奇、世名兄弟俩继续在东林书院深造,反复研读儒学经典,尤其是理学大师所点注的《大学》《中庸》《论语》《孟子》。不仅读书,而且以"东林八君子"为榜样,"家事、国事、天下事,事事关心"。

然而就在那一年,东林学派的创始人、"东林八君子"之首顾宪成不幸病逝。作为他的忠实门生,马世奇挥泪痛哭,并写下了《哭泾阳先生》诗一首:

> 一代元良疏,千秋社稷臣。
>
> 天王原自圣,丞相不妨嗔。
>
> 人已商山老,名还汉殿新。
>
> 但留后凋节,长发岁寒春。

先生虽不在世了,但他的教导却一直在马世奇的耳边回响:

---

①《[雍正]东林书院志》卷七。

——读书人就要像东林先贤邵宝那样，"要做真士夫，不为假道学"。

——要真正领会《大学》的宗旨，只有"格物"才能"致知"，只有"诚意、正心、修身、齐家"，才能"治国、平天下"。

——"官辇毂，念头不在君父上；官封疆，念头不在百姓上；至于水间林下，三三两两相与讲求性命，切磨德义，念头不在世道上。即有他美，君子不齿也！"

马世奇把这些教导，牢记在心上，融进自己的血脉里，养就了他心忧天下、爱国爱民的家国情怀。

情系百姓民生

凡有志气有抱负有家国情怀的"真士夫"，都是淡泊名利、不计较个人得失的人。马世奇就是这样的人。他家道清贫，恬淡寡欲，把自己的居室起名为"澹宁居"，即为淡泊安宁的意思，不热衷于追求个人的功名利禄和家庭的荣华富贵。

马世奇在东林书院读书讲学前后长达二十七年之久，其中于天启四年（1624）乡试中举之后他也没有离开。那时候，书院的第二任山长高攀龙已再次被朝廷起用，进京就任光禄寺少卿，不久又升至都察院左都御史。东林书院山长一职则由"一身正气、两袖清风"的叶茂才继任。他是因官场风气不正、时局日趋恶劣而从南京工部右侍郎的高位上辞职回来的，人们都尊称他为"叶司空"。马世奇就在这位当年父亲的老师身边，一面继续学习深造，一面授徒讲课。他的学生中，最有名的就是龚廷祥。

马世奇像

龚廷祥也是无锡人，家境贫寒。

因品学兼优,他每年都能得到奖学的馆谷,以奉父母。可惜的是他考中进士那年已是大明帝国灭亡的前夜——崇祯十六年(1643),还没有等到正式被授予官职为国效力时就已"国变"了。当他得知恩师马世奇和他参加会试时的阅卷官刘理顺先生都已殉难于京师时,特在无锡家中设两公神位,为文以祭,面北举杯,以竹如意击石,歌罢失声痛哭。他本想也自尽算了,但认为尚未到他该死的时候及场所,不急于死。后来,南明王朝在南京建立,他被补授为中书,"得封差,候礼部",但"银牌未给",清兵已渡江南下,南京城破,小王朝土崩瓦解。他痛哭道:"吾今得死所矣!"①第二天,"乃具衣冠,别文庙",高声呼喊马世奇和刘理顺两先生的英灵道:"吾今得从游于地下矣!"然后他从容登上武定桥,投秦淮河而逝。龚廷祥的殉国也足以显示马世奇讲学育人、言传身教的巨大影响力!

马世奇自己则是崇祯四年(1631)中进士的,因为才华出众,被选为翰林院庶吉士,授编修。那时他已是四十八岁的人了。他的座师是同为常州府的宜兴人周延儒,时为内阁首辅,位高权重。但马世奇并未像当时许多官员那样为了私利而投机钻营——套近乎、找靠山向上爬,而是"务引大义,非公事不以告"②。

崇祯十一年(1638),大明帝国内忧外患越来越严重,"频岁用兵,海内劳苦"。崇祯皇帝遣派词臣赴各地分谕诸藩王,要他们理解皇上体恤百姓之意,多注意自省,不得肆意妄为。马世奇奉命出使山东、湖广、江西诸王府,计行二万里,敕二十王。所至均公事公办,拒收藩王馈赠。回京后,晋升左谕德。第二年,父亲马希尹病逝,他回无锡治丧守孝。他的门生、苏州推官倪长圩将犯人赎罪之款提出三千金送来无锡给老师助办丧事。马世奇断然谢辞,并说:"现在苏州百姓正遭饥荒,你应立将这笔资金投作赈灾救民之用!"倪长圩接受了老师的意见,但他还硬要抽出其中的三百金,犒劳辛苦办事的随从人员。马世奇难以推却,但收下这三百金后,"立送所司,为乡邑修学费,其疏财乐义如此"③。

---

① 〔清〕陈鼎:《东林列传》卷十《龚廷祥传》。
②《明史》卷三百六十六《马世奇传》。
③ 同上。

在无锡丁忧期间，马世奇为家乡人民做了许多好事。其中最重要的一件是他通过当时的内阁首辅周延儒向皇上报告了东南地区赋税过重，又遇饥荒，"民力已竭"的详细情况，要求朝廷"当急蠲逋赋，使获宁宇"（计六奇《明季北略·马世奇传》）。崇祯帝得知后，允准下旨，立免东南灾区百姓所欠赋税。三年丁忧期满，马世奇回朝复职，晋升为左春坊左庶子。

情忧家国天下

从整个大明帝国盛衰的历史看，马世奇是生不逢时的，而且还可以说他也"官"不逢时。

前面已经提到，他是天启四年（1624）"登贤书"（乡试中举）的。那年，朝廷上以魏忠贤为首的阉党邪恶势力骤涨坐大，他们捧着毫无作为的熹宗小皇帝，打压忠臣良将，搜刮民脂民膏，气焰越来越嚣张。忧国忧民的正直官员对他们的斗争也愈加激烈。第二年，形势更是急转直下，阉党接连编造假案、横挑事端，疯狂迫害被他们所称的"东林党人"。同情、支持东林党人的内阁首辅叶向高被迫辞职回乡，顾宪成的铁杆好友、吏部尚书赵南星和都察院左都御史高攀龙等被他们认定为东林党的主要人物，均遭削职罢官。杨涟、左光斗、魏大中等六人则被矫旨逮入诏狱，惨遭酷刑致死。与此同时，他们还矫旨拆毁天下书院，马世奇所在的东林书院则首当其冲，被毁成一片瓦砾。天启六年（1626）三月，阉党又矫旨逮拿已被削职回籍的高攀龙、周顺昌、缪昌期、李应升等七人。高攀龙得知缇骑将至无

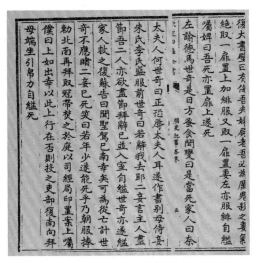

《明史纪事本末》第八十卷《甲申殉难》书影

马文肃公祠

锡,隔夜写下留给皇上的遗表,效法屈原之遗则,投入自家后园的名为"止水"的池塘中殉节。其他六人均被逮入诏狱,惨遭酷刑致死。

这一幕幕惨景,沉重打击了这位东林学子、新榜举人马世奇的赤子之心。因而,他也就不急于进京参加会试、博取进士之名而踏上仕途。但他牢记顾宪成、高攀龙、叶茂才等老师的教导,虽在"水间林下",忧国忧民的家国情怀却更加浓重了。

天启七年(1627)八月,熹宗驾崩。腐朽的大明王朝处于岌岌可危的境地时,崇祯皇帝继位。他一上位,便果断地清除祸国殃民的阉党邪恶势力,并为深受迫害的东林党人平反昭雪,使国人看到时局好转的一线希望。马世奇也终于有了勇登仕途、为治国平天下效力的决心。

然而,当他考上进士、正式踏上仕途后,时局却又急剧恶化。除了东北边患更加危急外,国内因连年饥荒、官府腐败、税赋不减反增而多地爆发农民起义。崇祯皇帝虽宵衣旰食、英武彰瘅,"三日一视朝,漏下四鼓,辄出御殿"。但他轻信而多疑,刚愎而尚气,动辄削籍大臣、大辟疆吏,弄得朝臣大多手足无措。"政府部院等,视官如传舍,事多废不举。"[1]忧国忧民的马世奇看在眼里,急在心里。每次上朝,他总比别人先到,而且不顾自己位低权轻,积极上奏,献计献策。

针对国家兵力不足、粮饷紧缺的问题,马世奇进策道:"用兵以人心为本,人心乐为之用,虽寡亦强;人不乐用,虽众亦弱","兵多冒饷,饷多冒兵",若增

①〔清〕计六奇:《明季北略》卷二十一上《马世奇传》。

招许多无用之兵,既不能打胜仗,还徒增百姓税赋负担,大失民心。又说:"两军交战,谍在其间,有资彼谍以误彼者""有资彼谍以为我者",故"兵无妙于间,间无妙于反间"。(《明季北略·马世奇传》)这是在婉言批评皇上轻信满清间谍之言,冤杀了守边功臣、爱国名将袁崇焕的特大错误!

崇祯七年(1634)春,钦命马世奇为武会试主考官。他带领考官们为国家精选了武进士200名,并勉励他们不要牵挂自己的家庭和亲人,有国才有家。他经常问道:"天下乱有安国、国乱有安家、家乱有安身者乎?"用我们今天的话来说,他要武进士们为了国家的安全,天下的太平,奔赴战场,奋勇杀敌!

崇祯十六年(1643)冬,李自成起义军已占领陕西、山西全境,紧逼河北。张献忠则大破湖广、四川。大明王朝"内外帑一空,营兵解体",而"廷臣持文法,明党贿赂益甚"。皇上无策,不时召廷臣以对。马世奇挺身而出,作廷对曰:

> 今闯、献并负滔天之逆,而治献易,治闯难。盖献,人之所畏;闯,人之所附。非附闯也,苦兵也:一苦杨嗣昌之兵,而人不得守其城垒;再苦于宋一鹤之兵,而人不得有其室家;三苦于左良玉之兵,而人之居者、行者,俱不得安保其身命矣。贼知人心之所苦,特借"剿兵安民"为辞。一时愚民被惑,望风投降。而贼又散财赈贫,发粟赈饥,以结其志。遂至视贼如归,人忘忠义。其实贼何能破各州县,各州县自甘心从贼耳。故目前胜着,须从收拾人心始。收拾人心,须从督抚、镇将约束部伍,令兵不虐民、民不苦兵始。①

皇上称马世奇的廷对很好,下旨办理。然而有谁会去办理执行呢?廷对中说到的杨嗣昌、宋一鹤、左良玉,都是皇上委任的"剿匪"重臣宿将,但他们却各自拥兵自重自保,见强敌而遁逃,掳掠骚扰百姓倒非常凶狠。百姓何时能"不苦兵"呢?

三百年之后,现代文学泰斗、历史学家郭沫若先生在他的名作《甲申三百年祭》中特地引录了这段廷对,称之为"是一篇极有价值的历史文献"。然而

---

① 《明季北略》卷十九《马世奇入对》。

他也说:"到了十六年再来喊'收拾人心',其实已经迟了。而迟到了这时,却依然没有从事'收拾'。"实在是历史的一大遗憾!

情殉大明江山

崇祯十七年(1644)三月十六日,声势浩大的农民起义军在未遇到多大抵抗的情况下,攻进了北京城,十七日又进入了紫禁城。不可救药的大明王朝走到了它的尽头。于是便出现了本文开头所述之悲壮的一幕,崇祯皇帝和马世奇、刘理顺等忠臣国士接连自尽。

马世奇的自尽是早有思想准备的。因为他深受他的老师高攀龙言传身教的影响,也因为他年轻时就非常崇拜和景仰民族英雄文天祥,梦中还背诵他的悲壮诗句"从今别却江南路,化作啼鹃带血归"。当自己的治国平天下的志向无法实现而且走投无路时,只能像屈原、文天祥、高攀龙那样,以死来效忠自己的祖国和人民。

马世奇的自尽,又是从容不迫、义无反顾的。因为当时并没有人逼迫他,连全副武装的起义军士卒进入他的官邸也没有动他一根毫毛,"贼睨视公,公安坐不动。贼顾四壁萧然,乃去"。倒是有几位同朝官员"微服相过,中有削发者,谓公曰:皇上已南,吾辈以此故偷生,君可不死"。面对同僚的相劝,他毅然回答:"吾意已定,君等休矣!"他唯一放心不下的是身在江南无锡家中的老母亲,愧疚自己不能尽孝。但他知道,"忠孝不能两全",故南向泣拜良久后才慷慨赴死!

时隔三百年后,郭沫若先生所作的《甲申三百年祭》一文被伟人毛主席所重视和赞赏,还特将它推荐给全党全军研读学习,要求大家在大革命胜利即将来到之时,务必要吸取明朝灭亡和李自成成败的深刻教训,始终不能违背民意,永远牢记"为人民服务"的根本宗旨,不骄不躁,把中国的无产阶级革命进行到底!

我想,这中间也应该有马世奇廷对之功和他的家国情怀在其中的。因此我认为,马世奇值得我们追怀、学习和纪念。

华允诚：最真诚的学生

　　明代东林书院学子华允诚，字汝立，号凤超，是无锡东乡荡口人，生于万历十六年（1588）。

　　他从小就很聪颖，二十一岁时参加长洲（今属苏州）儒童考试，得第一名。二十五岁时，以院试第二名的成绩受到江南学政使熊廷弼的赏识。从万历四十四年起，他便常乘伯渎港上的班船来往于荡口与无锡城之间，受业于东林书院。先从易学大师钱一本先生研习《易经》，又得书院山长高攀龙"静坐说"和"心性说"的熏陶，还常与吴桂森等同志一起切磋"安贫说"等学问，学业大有长进，由此踏入了理学之门。他成了高攀龙诸多弟子中最得意的一员，而且是先从其学后拜为师的最真诚的学生。

　　天启元年（1621）八月，华允诚乡试中举。第二年二月，公车进京参加礼部会试，荣登贡士之榜。三月殿试时，他在廷对策论中，以理学思想为指导，以历代有关史实为依据，旁征博引，极言君子小人之分、天理人欲之界，并大胆论述了宦官专权之害，影射了当时以权阉魏忠贤为首阉党逐步得势的严重隐患。文章写得非常深刻精彩，使主考官何宗彦、朱国祚两人在一致叫好的同时，竟不敢将其列入必须由皇上亲阅点定的一甲（状元、榜眼、探花）"赐进士及第"名单之中，只得置于二甲之列，为"赐进士出身"。

　　新科进士华允诚被授予的第一个官职是都察院的见习御史。当时都察

华允诚像

院的左都御史是邹元标,左副都御史是冯从吾。他们两人都是顾宪成、高攀龙的老朋友,又都是万历年间被革职回乡多年新近又重新被召起的朝廷重臣。而使华允诚特别高兴的是,自己的老师高攀龙也在被罢职乡居近三十年后又被诏起,也回到了朝廷,担任了光禄寺少卿。在办完公事之后,华允诚经常去光禄寺看望高先生,并跟随他到京城宣武门内的首善书院去聆听邹元标、冯从吾等的会讲。

这首善书院是邹元标、冯从吾等人回朝后捐资新开办的,其目的是想在京城这一"首善之区"能开辟一个像无锡东林书院那样的思想舆论阵地,通过理学讲学,提高在京官员的思想道德素质和从政为民的能力。当时的内阁首辅叶向高也是一位正直廉洁、博学多才之臣,很支持东林人士的言行,亲自为首善书院撰写了创办的碑记。华允诚是每次都来听讲的新官员之一。

有一次,冯从吾先生在讲学中说到"身不妄动易,心不妄动难"的话题。华允诚听后很有感悟,悄悄地对坐在其旁的高先生说:"心不妄动固然难,但身不妄动更难。"高攀龙听了,会心地微笑,点头称是。可见高先生的"主静说"已被华允诚扎根在心中,活用在脑海里了。

天启三年(1623)二月,高攀龙奉旨出差江南办事。四月,乞假顺道回无锡探亲。同年八月,华允诚也请假归,师生两人又重会于东林书院。这时候,华允诚已非常钦佩高攀龙的高尚品行和渊博的学问,决心终生相随,学无止境。于是,在东林书院正式拜高攀龙为师,隆重施行弟子之礼。他和高先生这对师生,被当时儒学界比作是孔子和颜回,被誉称为"孔颜之乐"。

同年十一月,高攀龙在无锡接到御旨,被擢升为刑部右侍郎。他便于第二年三月,同华允诚一起启程,乘京杭大运河的驿船返京。途中历时两个多月,华允诚一路侍奉、照顾老师,还时常与老师相对而坐,听老师面授、观老师身教。

在京城,华允诚和高攀龙各住一处寓所,但仍朝夕过从。老师患疟疾,华允诚每天早晚相陪,侍奉汤药。看到老师在病中仍同平时一样,泰然自若,毫不忧愁,深感老师确实善于养心,"乐天知命",深受感动和教育。

天启四年(1624)八月,华允诚通过谒选,被授以正式官职——工部都水清理司主事。而一个月后,高攀龙也擢升为从一品的都察院左都御史,进入了九卿的高官行列。

然而此时,魏忠贤的权势越来越大,他与熹宗皇帝的乳母客氏的勾结也越来越紧密,阉党的气焰甚嚣尘上。他们上蒙皇上,下压群臣,内外勾结,横行无忌,朝廷内外情势急转直下。高攀龙忧国忧民,上疏弹劾贪赃枉法的御史崔呈秀。崔呈秀向魏忠贤求救,认魏忠贤作义父,结果不倒反升。都察院左副都御史杨涟疾恶如仇,上疏力揭魏忠贤等人祸国殃民的二十四大罪状,但其奏本未能到达皇上手中,却被魏忠贤党羽截获,杨涟等人反遭御旨切责,举朝正直官员纷纷声援也争而无用。尤其是新入内阁的辅臣魏广微、顾秉谦,却与魏忠贤相勾结,阉党势力更大。他们朋比为奸,倾陷正类,疯狂打击被他们诬称的所谓"东林党人"。先是制造假案,矫旨杖毙工部郎中万燝,逮问御史林汝翥,逼迫内阁首辅叶向高辞职、告老还乡。天启四年(1624)十月,又编织罪名削夺吏部尚书赵南星、都察院左副都御史杨涟、左光斗等的官职。朝廷善类几乎为之一空。

高攀龙尤其为群奸所忌恨,被指为东林党党魁,因而也被矫旨罢黜。华允诚义愤填膺,怒形于色,对老师说:"我要上疏,奋力除奸,同他们拼到底!"高攀龙立即阻止,语重心长地说:"不行! 你还年轻,要好好保护自己,以待今后所用。千万别尽入他们的罗网啊!"华允诚默默点头,接受了老师的劝告。他克制住心中的怒火,揩干了眼泪,将老师送出都门,送上驿船,踏上回归无锡之路。临别时,他又对老师说:"学生骨气懦弱,未能有所作为。是否也乞假回家,闭门读书两三年,以观时变?"高攀龙略作思索,然后点头道:"也好。等你回无锡后,我们再作商议。"

这年十二月初,华允诚果真请年假离开京城,年底回到了无锡。他经常到五里湖边高攀龙在二十多年前就建好的四面环水的可楼去看望老师。高攀龙在此读书、静坐。凡闭关期间,谢绝亲友来访,唯独华允诚来,他总亲自架好小木桥上临时抽掉的桥板,迎接、请进。

天启五年(1625)五月,阉党编造了原任兵部侍郎、辽东经略熊廷弼的行贿大案,逮捕并用酷刑杀害了杨涟、左光斗、魏大中等"东林六君子"。第二年三月,他们又派出锦衣卫的缇骑来到江南继续抓人,先逮江阴缪昌期、李应升,又逮苏州周顺昌等。高攀龙自度不免,作了应对的思想准备。

三月十六日,他带着华允诚等几位弟子到东林书院道南祠,拜祭了杨龟山先生等东林先贤。回家时,还一路谈笑风生。华允诚非常担心老师的安危,劝他是否躲避一阵,以免不测。高攀龙沉着地说:"我视死如归啊! 心同太虚,原无生死,为何把生和死看作两回事呢?"

这天晚上,华允诚一夜没有睡好。第二天一早,他便赶到位于无锡南城门内水曲巷的高府去陪老师,心里还做好打算:今天,万一老师真的被逮,自己便跟随老师一起去北京! 谁知他一到高府,便见高家人慌作一团、哭声四起。原来老师已于凌晨二时左右,穿戴着整齐的官服官帽,投入自家后园名为"止水"的池塘中自尽了! 投水前,他从容地写下了《遗表》和《别友柬》绝笔两篇。《遗表》云:"臣虽削夺,旧系大臣。大臣受辱,则辱国。故北向叩头,从屈平之遗则。君恩未报,结愿来生。臣高攀龙垂绝书,乞使者执此报皇上。"《别友柬》则是专为华允诚所留的,云:"仆得从李元礼、范孟博游矣! 一生学力到此,亦得少力。心如太虚,本无生死,何幻质之足恋乎?"[①]

华允诚读罢,泪如泉涌,抱着老师的遗体号啕大哭:"高先生啊! 您常对我说,生和死是一回事。生要学杨龟山先生,死要学楚大夫屈原、东汉名臣李膺和范滂。您真的做到了啊! 您曾关照我,要保护好自己,以为今后所用。可是,您的重托,学生没有能做到啊!"

不一会儿,缇骑果从苏州来无锡,闯入高府。见高攀龙已投水自尽,便将其

---

①〔清〕谈迁:《国榷》卷八十七。

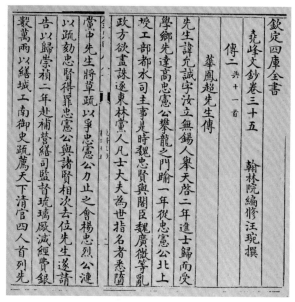

汪琬《尧峰文钞》卷三十五《华凤超先生传》

儿子高世儒带走。华允诚和叶茂才老师等人再三请求,并一直追跟到常州,在常州知府曾缨一起帮助周旋之下,总算保下了世儒。

崇祯元年(1628),阉党被钦定为逆案,魏忠贤、客氏、崔呈秀等人被诛,其党羽邪恶势力也被大量铲除。东林党人则一批批获得平反昭雪。第二年五月,华允诚也被召回朝廷,任工部营缮司主事,七月升任员外郎兼督琉璃厂。他为了能使朝廷尽早为高攀龙翻案,特上《崇祀真儒疏》,疏中盛赞高攀龙"讲求于孔孟程朱之学,实践于纲常名教之大。取义成仁,至死不二",乞求皇上"忧恤备至"。同年,"冬,京师戒严",华允诚奉命"分守德胜门,四十余日不懈,帝微行察知之,赐白金,叙功,加俸一年,改(兵部)职方(司)员外郎"。[①]

崇祯五年(1632)六月,阉党余孽、内阁次辅温体仁和吏部尚书闵洪学"阁部勾结"、朋比为奸。忧国忧民的华允诚上呈《三大可惜四大可忧疏》,力揭他们

①《明史》卷二百五十八《华允诚》。

的卑劣行径。皇上只知道他俩是同乡有私,但一时难辨对错,竟没有处置温体仁,只罢去闵洪学尚书之职,却罚去华允诚半年之俸。此时,他深知"去河北贼易,去朝中贼难",自己不宜再留在朝中。于是便以母亲年高体衰,"思亲成疾,乞归终养"为由而辞职离京。

回到无锡,他首先去拜谒高攀龙先生之墓,并竭力将师母王夫人的灵柩与高先生合葬。崇祯八年(1635)正月,写成了《高忠宪公年谱》。十月,又为高攀龙所著《周易孔义》一书作序并付梓出版,以谢老师的在天之灵。

华允诚继承了老师的学说和品德,一生"践履笃实,不慕荣达"。清顺治元年(1644),南明王朝在南京成立,福王召他为吏部验封司员外郎,他应诏入都。权奸马士英设宴迎接,他"不报谢"。在职仅十多天,目睹了这个小朝廷的腐败情景,便引疾而归。

南明王朝覆亡后,华允诚坚决不肯降清,以全发隐居于无锡太伯乡的亲戚邹氏家中数年。顺治五年(1648)四月,他被奸人告发而遭逮捕,先解苏州府,仍不肯剃发归顺,于是便押解去南京。舟过无锡城时,亲友二十多人沿运河驿道相送,但只允许其仲兄华允谊上船送别。他见二哥泪流满面的样子,自己却神态怡然地说:"兄长为何要如此悲伤?弟今日幸得死所矣!请你为我敬谢亲友,不必远劳相送。我是完成我分内的事啊!"他在船中展纸挥笔,写下《与仲兄诀别》诗一首。诗云:

> 振衣千仞碧云端,殀寿由来不贰看。
>
> 日月光华宵又旦,春秋迁革岁方寒。
>
> 每争毛发留诗礼,肯逐波流倒履冠。
>
> 应尽只今期便尽,不堪回首问长安。

到南京,清政府以高官厚禄诱他变节剃发,他仍不为所动。他把自己留发、赴死,看作是实践老师高攀龙的教导、尽士礼之举,是对大明忠贞不贰的爱国情操。

顺治五年(1648)四月十四日,他慷慨就义于南京雨花台,时年六十一岁。留下的著作有《春秋三传合删》《四书大全参补》等。

　　顾宪成万历四年(1576)刻有《百二草》，已佚失。同时代袁黄有《游艺塾文规》正续编，其中《游艺塾续文规》卷六收有《顾泾阳先生论文》，反映顾宪成的文学思想。袁黄(1533—1606)，字坤仪，号了凡，先于顾宪成入薛应旂之门。《游艺塾续文规》第一、二卷为王守仁、王鏊、唐顺之、瞿景淳、薛应旂等十位嘉隆前辈的文论，第六至九卷为顾宪成等万历二十人文论，而以宪成为首。

顾宪成像

　　顾宪成万历丙子年(1576)应天府乡试第一，与南乐魏允中(字懋权，号昆溟)、漳浦刘庭兰(字国徵，号纫华)并称丙子科的"三解元"。顾宪成墨卷论、策两篇论文，观点新颖，思想深邃，文笔雄豪，名重天下，为广大学子称颂并效仿。乡试后，顾宪成定期在泾皋讲学，"吴越间故设夜航，至日，并于清晨来泊馆下，诸生罗列听讲"，"虞山、松陵、檇李诸家先后聘主两塾"①，"为具马融之帐、郑玄之席，雍容都甚"②。当时，顾宪成的《顾泾阳选义》（以下简称《选义》）与隆庆五年（1571）会元邓以赞的《定宇制义稿》齐名，湖广按察使蔡献臣认为"当以顾泾阳为第一手"，称顾宪成"大笔力"可"与苏长公（苏轼）驰骋上下，令人不可逼视"，"公尤以长江大河、奇变瑰丽之文，为海内学子所宗，文体为之一变"，还拿顾宪成与唐宋派领袖唐顺之相比较："荆川之文精深引跃，泾阳之文凌驾雄伟，唐善用实以为虚，顾善用虚以为实，均之大家也。"③在此，"实"指理学实理，"虚"指文章的气韵气场，换现在的话说，唐荆川的文章占领理论高度，顾宪成的文章以气势见长。

韩愈提出"文以载道"，到明代演变成"代圣贤立言"，重道轻文。顾宪成不满"拘于理"的文风，主张"文道结合"，宗程朱，法《史》《汉》，融合宋汉。他同意"前七子"何景明的观点："汉之文人，工于文而昧于道，故其言杂而不可据，疵而不可训；宋之大儒，知乎道而啬乎文，故长于循辙守训……故尝病汉之文其道驳，宋之文其道拘。"④他是理学家，又接受唐宋八大家的写作方法，"比事联类，开其未发"，文风活泼，文体别开生面。何景明与李梦阳并称"李何"，顾宪成赞成他对台阁体"循辙守训"的批评，主张写文章要有真情实意："有奇意、有古意、有玄意、有理意、有巧意。"（《选义》）当然，顾宪成强调"铸意"还有一层意思：有创意才能吸引考官先生的眼球。明代科举出题、应试都不能脱离《四书章句集注》，翻来覆去那几句话，考官早已看得老眼昏花，没点新意，谁会欣赏你的文章？

顾宪成虽然赞同"前七子"对台阁文学的批评，但并不支持文学复古运动，他给徐学谟祝寿序文中说："予又闻当弘正之际，李、何用古文辞创起，其言务称秦汉，迄于嘉隆，遂以成俗。就而问之，不出摽掠、模拟两端而已，顾于柳州、昌黎诸君子蔑如也。而独先生不然其说，间尝语余：'秦汉之于文譬若

①〔清〕张纯修：《顾泾阳先生学庸意》"题辞"。
②〔清〕邵松年辑：《海虞文征》卷十八《管一德·孙齐之先生传》。
③〔明〕蔡献臣：《清白堂稿》卷五《题顾泾阳选义序》。
④〔明〕何景明：《述归赋序》。

沧海，今人朝取一勺焉置诸樽，暮取一勺焉置诸樽，而居然自命以为秦汉也，必不行矣。'"①指出所谓复古，不过是在浩瀚的秦汉文中寻章摘句，句模字拟，仿古抄袭，并未得到秦汉文的真髓。对"后七子"主张"诗必盛唐"，顾宪成也有不同看法，两汉至宋元的诗人，他只服膺"言理则近经，言

袁黄《游艺塾文规》正续编

事则近史"的杜甫，赞颂《工部集》"洪纤、浓淡、浅深、肥瘦、新陈、奇正、险易、巧拙无不具备"②。顾宪成不喜作诗，现在能搜寻到他的诗作仅七首。

顾宪成说："意与辞相为联属者也，意铸矣而辞不琢，将并其意而失之。"（《选义》）如果说"铸意"包含了"道"，"琢辞"则代表了"文"，这与苏轼主张"文与道俱"是一致的。顾宪成的文章体大思精，起点高屋建瓴，结构严密推理，文句精心推敲，不死守韵律，但有居高临下的气势。他的论文综合运用设问、赋陈、排比等修辞手法，尤其擅长的是上下对偶长句，字数自由，但必定上下对称，仄起平收，读起来朗朗上口，有音乐美。内容或正反推挽，或古今对照，或递进层析，如百尺飞练倾泻而下，给人不容置辩的感觉。有人评价他的手笔"博控阴阳，埏植造化""斟酌古今，独辟乾坤"，应该不是过谀之词。所以，蔡献臣称他为"于今之世苏长君"③。

顾宪成文章的意趣、格调、品位，来自于他的博大精深。《选义》开了两张书单，一张是经史，有五经、《左传》、《战国策》、《吕览》、《老子》、《庄子》、《列子》、《荀子》、《扬子法言》、《文中子中说》以及诸史列传，显与科举考试书目不

①《泾皋藏稿》卷八《贺大宗伯太室徐先生六十许》。

②《小心斋札记》卷十六。

③《清白堂稿》卷十二《哭顾泾阳少卿》。

万历四年顾宪成乡试试卷得中第一名(解元)

一样。一张是闲书,有《四十家唐诗》《蔡中郎传》《北西厢记》,甚至还有《楞严经》,几乎是无书不读,后一张书单,可以说颠覆了他"道学先生"的形象。他提出"化格""集成",就是融会贯通,不同文章有不同切入点。顾宪成笔锋锐利,还与他"出入论题"的习惯有关,论必有据,不乱扣帽子。"出入佛学""出入王学",在与管志道辩论中,佛学经典、王门语录信手拈来,王学后期禅化的病根一点就明。

　　一般的制义集是教人写八股文,顾宪成的这篇文章,几乎没有提及科考八股,但又是应试文章能入考官法眼的"独门秘诀"。顾宪成中举前,就已经认识到举子业不是自己安身立命之所,转向研究学术,同时也不倾向年轻人专注科举。所以这篇文章没有编入《泾皋藏稿》和《顾端文公遗书》,这是需要说明的。

附：顾泾阳先生论文（全文）①

一曰"铸意"。

文之妙未易言也，而其原皆起于意。意不立，则行文不失之枯，必失之淡矣。是故有奇意，有古意，有玄意，有理意，有巧意，自破入结，即一字一句不可无意。然得意不同，有兴致所得意，如涌泉而至者，是化工之意也；其或题旨牵缠，一时未就，必须极力寻思，未得则求其得，已得则求其妙，如金锡之数经火力锻炼，精纯庶可耐咀嚼，而免枯淡之病矣。若今文之善铸意者：王阁老《桃应问曰》篇、唐司谏《予未得为》篇、邵司教《天与》篇是也。

二曰"琢辞"。

意与辞，相为联属者也，意铸矣而辞不琢，将并其意而失之。如以奇古之意，而发为腐烂冗杂之辞，则观者但觉其腐烂冗杂之可厌，而不觉其为奇古矣。况意不甚出人，而又无佳句以达之，其为俚鄙可笑，可胜言乎？故宁有辞无意，不可有意无辞，此辞之贵琢也。琢辞者何？短则欲掉，如欧阳公"环滁皆山也"一句，省出许多字面，而意自尽者是也；长则欲逸，如昌黎公"若驷马驾轻车就熟路，而王良、造父为之先后也"句，字虽多，而风致则飘然动人也。余此类可见。

三曰"博古"。

文中词意必须根据，方见有本之学。所以行文贵读古书，如上自五经、《左》、《国》、《吕览》、诸史列传、六子九流之言，下自历代纲目、性理、诸名家文集、策论，俱要拣阅精粹者一一读记，不惟后场赅博，而时义中自无杜撰疏脱之病。予观近来举子仅读《文章轨范》数篇，自以为胸中有物，此管窥蠡测之见，徒令识者掩口耳。

四曰"集成"。

予观何仲默先生有言："汉之文人，工于文而昧于道，故其言杂而不可据，疵而不可训；宋之大儒，知乎道而啬乎文，故长于循辙守训，而不能比事联类，

---

①本文根据袁黄《〈游艺塾文规〉正续编》（武汉大学出版社2009年版）中收文录入，有改动。

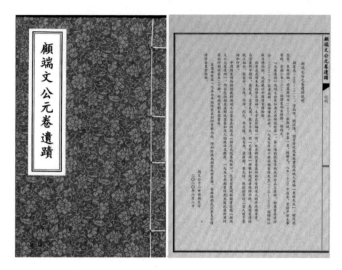

《顾端文公元卷遗迹》书影

开其未发。故尝病汉之文其道驳,宋之文其道拘。"噫!此确论也。所以今之学者博古之后,当集其成而用之,如《吕览》《国策》,则法其高古;如六子,则法其玄博;如四大家,则法其华裕;如程、朱,则法其性学。罗百家精髓而时出不穷,令人莫可端倪,譬之富人之家,随取随足,斯其为善属文者矣。国朝惟荆川先生近之,故予尝曰:"乃所愿则学荆川也。"

五曰"涉趣"。

文机活泼泼地,非胸中有潇洒不穷之趣,则为文不免烟火尘氛,迷障人目。迩来士子拘拘读举业书,最是困人,人一困,则意趣便不森发。故予尝谓读书之暇,当观《四十家唐诗》与《蔡中郎传》《北西厢记》,盖古之律诗,即今之排比,所以学诗者,不惟得其严整,而其含蓄感慨之趣,每每令人醉心。至《蔡中郎传》情思逶迤,《北西厢记》兴致流丽,学者细味而吟咏之,则描情写景处,自有一种仙风道骨,恐不减四家之文矣。且读书漏深时,令童子煮苦茗焚香,或抚瑶琴,或弄箫管,或朗诵《楞严经》一卷,此中若泠然嘘我以清风而不自知者,其所谓牵缠困缚之态舒释尽矣。孰谓涉趣之无补于文哉?涉者,言乎博而不有也。予为此言颇诞,彼不知者闻之,将缩颈吐舌矣。而在高品同调者,必顿足许我也。然予亦以俟高品同调者,而岂为不知者言也?

六曰"化格"。

看书、作文两事不同:看书死煞处多,圆活处少;作文圆活处多,死煞处少。若天分高、学力到,则死煞中求出圆活,圆活中求出死煞,变化如游龙,不可捉摸矣。予观古人作文,每为书旨缚住手脚,不得转舒。所以下笔都是缠扰牵合,绝无化工天趣。如吴江杜静台是何等学者,荆川、方山之道俱赖此君阐扬,大有加惠晚辈之功。只缘他以看书工夫作文,所以理趣虽多,仅学得宋朝文字。故士子须将题格融化,凡提掇、呼应、关锁、起伏诸法,一气浑成,绝无痕迹,方是高手。

七曰"继功"。

文义乃是理学生活,最忌心粗。若功夫间断,则精神意气便觉收摄不来。构思则枯而无味,泛而不切;遣辞则俚而不文,晦而不达。故士子当讲贯之暇,即宜命题为文,日就一二草,久之,则文机自然熟烂,理趣自然横溢矣。昔者纪昌学射于飞卫,先学不瞬,则偃卧妻之机下,以目承牵挺者二年,虽锥末倒眦不瞬也;后学视,乃以牦悬虱于牖,南面而望之不置,三年之后如车轮焉,乃以燕角之弧、朔逢之竿射之,贯虱之心而悬不绝。此继功之验也。夫射且然,而况于文乎?甚哉!功之不可不继也。

八曰"诣极"。

文章家不同,有奇古,有雄杰,有浑厚,有丰润,有雅逸,有清爽,先儒所谓"习焉而各得其性之所近者"是也,然莫不有极至之地。士子造诣,必须随其质之优为者而各造其极,若秦青之讴,韩娥之歌哭,甘绳之射,泰豆氏之御,方成一家。是故两司马之文,汉文之极者;程、朱之文,宋文之极者也。其文不同,而要于成名则一也。迩来士子专为应试之文,求合主司之目,虽幸博一第,而文章绝不足为世法。甚至负英迈之质者,因亟于徇时,降为龌龊卑琐,而尤终身不得有所成就,亦足悲矣。予尝谓出处有时,而文章不可加损。苟诣其极,则精之所通,天必佑之,未有不为世用者也。况仰弃高明,而俯就卑暗,即相过且扪心愧矣。昔老苏文雄当代,卒为眉山布衣,天遂大发其,二子,而其名亦以闻于世。呜呼！天亦何负于能文者，而必欲拘拘为徇时计哉？

九曰"甘劳"。

予尝谓读书做文，人生第一劳苦事。今人语博弈饮酒，辄欣欣喜，语读书做文，即惝然不乐者，恶其劳也。然博弈饮酒未尝不劳，而人独甘之，读书做文非不可忘劳，而人独苦之。是以诗书为世流毒，而尼父所以难好学也。第吾辈习此生活，惮劳不得，直须冬不炉，夏不扇，食不知味，寝不贴席，将读书做文两事循环无间。譬之僧家闭关坐定，从个中讨出天趣，即有劳苦，且甘之焉。则虽未尝假此幸福，而老苍有知，当不令苦心人终堕地狱矣。若曰夸父逐日，徒贻不量力之讥；曾史属性，只取骈拇之诮。乃博而弈焉，饮而酒焉，以求快此生焉。噫！弈、酒果可快此生哉？

九龙不改江南色
——顾宪成的《怀友》赏读

晚明时期的东林党,并非现代意义上的政党组织,而是在当时社会情势下,一批志同道合的官员和士子自发联系在一起的一个松散的群体,或者叫"一堂师友"。他们在探求学问时,相互切磋,相互砥砺,阐发儒学正脉,力辟歪道邪说,而且笃学躬行,经世致用。他们在政治舞台上,勤政廉洁,忧国忧民,敢言直谏,刚正不阿,扬善惩恶,忠心不二。所谓"东林党",是以权奸魏忠贤为首的阉党强加给他们的称号。

被阉党称为东林党党魁的顾宪成,是无锡东林书院的首席主讲人和东林学派的创始。他文才出众,学识渊博,而且非常注重师友之情和同志之义。这在他的许多著作和写给同志、师友的书简中都能得到充分的体现。其中,有一首题为《怀友》的七言律诗,可谓是这方面的代表之作了。其诗云:

> 伏枕燕山两鬓疏,于时诸子复何如?
>
> 九龙不改江南色,双鲤谁传冀北书?
>
> 白雪怜君怀绝调,红尘惭我满征车。
>
> 相看意气中原在,未得逢人叹索居。

这首诗最先著录于清初无锡人黄蛟起所著《西神丛语》一书,后又被乾隆年间的无锡文人顾光旭收录于《梁溪诗钞》之中。虽未注明写作的时间和地点,但从诗句的字里行间我们却能看出是顾宪成在朝中任职的最后一两年中

位于惠山古镇的顾端文公祠

所作,即在万历二十一年(1593)秋冬到二十二年早春这段时间里作于京师官邸的。

据《顾端文公年谱》记载,明万历二十一年(1593)二月三十日,顾宪成被调任吏部考功司员外郎。此时,恰逢六年一次大计京官(全面考核京城和朝廷官员)的"京察"开始。主持这次"京察"的是吏部尚书孙鑨和吏部考功司郎中赵南星。他们铁面无私,秉公澄汰,依据事实,奖惩分明。尤其严查"附丽政府"而贪赃枉法者,连内阁大学士赵志皋之弟"皆不免",尽列于被黜之名单中。结果使执政者皆不悦,原省亲在籍、刚刚还朝将升任首辅的内阁大学士王锡爵看到这份名单"亦不能无憾"。于是,他们纠集党羽如给事中刘道隆等"小人",上疏弹劾吏部官员。昏庸固执、偏听偏信的万历皇帝遂严旨切责吏部"专权结党""着堂上官回话"。顾宪成奉尚书孙鑨之命,代为起草奏本回话,力作申辩。皇上阅后火冒三丈,批曰:"这本通不认罪,明是吏部专权!堂上官罚俸,该司郎中降三级调外。""堂上官"即指吏部尚书孙鑨,"该司郎中"则指考功司郎中赵南星。孙鑨随即上疏乞休,并重申赵南星无罪。万历帝不听。于是,金都御史王汝训,右通政使魏允贞,大理寺少卿曾乾亨、郎中于孔兼、员外郎陈泰来，主事顾允成、张纳陛、贾岩，国子监助教薛敷教等，交章上奏申救。帝怒，反谪于孔兼、陈泰来、顾允成、张纳陛等人官职并外放。左都御史李世达又抗疏论救。帝益怒，干脆将赵南星削职为民，放归故里。之后，"论救者悉被谴，一时善类几空"。吏部尚书孙鑨则接连上疏十次，请求辞职回乡。万历帝竟然温言允准。

其实，在这次"京察"的全过程中，作为吏部考功司员外郎的顾宪成也是主要参与者之一，而且还是能左右决策的重要人物。当自己的好友、上司被罢官时，他立即上疏申救，申救不成又请求同罢。然而很奇怪，顾宪成非但没有被罢官、降级或罚俸，反而被提升为本部验封司郎中，不久又相继被调任为权职更重的考功司郎中和文选司郎中。这就是《顾端文公年谱》上所载的"三月，奏为闻命惕衷自惭独免事"。当时，顾宪成确实弄不明白，为什么别人都遭罢黜而自己却独免反升？心里着实感到惭愧、不安，甚至有些惶恐。他细细猜想，这很可能是内阁首辅王锡爵等执政者采用的挑拨离间、多打一拉的恶劣手法，企图瓦解他与赵南星等一大批志同道合者的友好关系。

赵南星（1550—1628），字梦白，号侪鹤，别署清都散客，高邑（今河北省南部高邑县）人。万历二年（1574）进士，为人正直，为官清廉，博学多才。早在户部任主事时，就与同在户部任职的顾宪成一起拒不参加为内阁首辅张居正祷寿的活动，两人结为好友。他曾因受小人打击而两次引疾归，起为吏部文选司员外郎后，又疏陈天下有"四害"（均为当时执政者所庇护之人），"四害不除，天下不可得治"。结果，他又得罪了权臣，几乎获谴，便第三次引疾归。再起，历任吏部考功司郎中。如今，这样的好友却被罢官回籍，顾宪成的心里能好受吗？因此，他连日伏枕，夜不成寐。这也就是《怀友》一诗写作的政治背景和环境气氛；所怀之友，就是赵南星等人。

这首诗的开头就不同凡响。"伏枕燕山两鬓疏，于时诸君复何如？"这首联两句不但巧妙地交代了写诗的地点和作者的心情，而且点出了诗题。"伏枕"，卧而不寐也。语出《诗经·陈风·泽陂》："寤寐无为，辗转伏枕。""燕山"，有三层含义：明指河北省北部的燕山山脉，借指明朝都城北京，引申义是燕王朱棣继承其父朱元璋所开辟的大明江山。"两鬓疏",显示作者因朝廷纷争和思念好友而十分劳神、过度忧伤致使鬓发稀疏的状态。"诸子",指已被罢官或降职外放的赵南星、魏允贞、邹元标、于孔兼、陈泰来、张纳陛、薛敷教以及自己的胞弟顾允成等一大批正直之士,甚至也包括自己的老上司、已辞职回乡的孙鑨尚书。

接着是颔联两句:"九龙不改江南色,双鲤谁传冀北书?"作者巧用借代手法,明确表示自己虽然不罢反升,但决不会改变原来的思想观点和本色。然而,他又感到自己的这番心里话,又怎么能转告给朋友们呢?"九龙",就是无锡的惠山,这里借指出生成长于江南无锡的顾宪成自己。"双鲤",是古时封装书信的一种形式,杨慎《丹铅录》:"古乐府诗:'尺素如残雪,结成双鲤鱼。要知心里事,看取腹中书。'据此诗,古人尺素结成鲤鱼形,即缄也,非如今人用蜡。"[1]这里还要注意:凡是律诗,其颔联两句和颈联两句都必须要对仗。现在看这颔联的两句:"九龙"对"双鲤","不改"对"谁传","江南色"对"冀北书"。数字对数字,名词对名词,动词对动词,方向对方向。对得非常工整,一丝不苟,而且其诗意还表达得更加自然、形象、生动。

再下来是颈联两句:"白雪怜君怀绝调,红尘惭我满征车。"这里又一次点题。作者采用对比手法,称赞赵南星等人具有白雪般高洁的品格而且胸怀绝世之才,可自己却还独留在红尘滚滚的"征车"里(暗指是非纷争的朝廷里),感到非常的惭愧。这两句的对仗也很工整巧妙:"白雪"对"红尘","怜君"对"惭我","怀"对"满","绝调"对"征车",读起来感觉声律非常优美。还得注意的是,这里的"车"应读古音 jū,指古代打仗乘用的战车,如读 chē 就不押韵了。

最后是尾联两句:"相看意气中原在,未得逢人叹索居。"其意思是说:你虽然罢官在家,但浩气却充盈在中原大地。而我,一个人留在朝中,离群索居,其难受之情又能对谁说啊!这里,流露出作者无可名状的慨叹。

古人云:"文以载道","诗言志"。顾宪成一生虽写诗不多,至今我们能看

---

①〔明〕杨慎:《丹铅录》卷十八《双鲤》。

到的,也就仅六七首而已。但每做一首,必含深邃之意,必有惊人之句,其思想性和艺术性均很高。《怀友》这首七言律诗就是十分典型的代表作。全诗韵节铿锵,平仄协调,对仗工整,并采用了明喻、暗喻、双关、反衬等多种修辞手法,生动、真切地表达了作者在特定的环境中对友人的怀念,也充分显示了作者的艺术功力。

值得注意的是,作者在写了这首诗之后,即在会推阁臣、力荐王家屏入阁的激烈斗争中,又得罪了权臣王锡爵等人,也违背了万历皇帝的旨意。因而在万历二十二年(1594)五月他也被削职为民,终于结束了他十四年的仕途生涯,走上了与好友赵南星同样的道路,同时也开启了他后来十八年的办学、讲学生涯。从此,他的名声更高,与赵南星、邹元标三人并称"三君"。

《东林学派著作集成》① 前言

　　以顾宪成、高攀龙为代表的东林学派是一个因东林书院讲学而得名,影响遍及全国,并对明清政治和思想文化产生重大深远影响的重要学术流派。东林学派在中国思想史上有着重要的承前启后作用:一方面承受朱子学和阳明学的影响,对理学和心学做出了广泛而深刻的综合性批判;另一方面,它又对清代学术有引导之功。钱穆先生在《中国近三百年学术史》首章即专论东林学派,他说:"余观明清之际,学者流风余韵,犹往往沿东林","即谓清初学风尽出东林,亦无不可"。

　　明末清初学者黄宗羲最先提出"东林学派"这一概念,他在《明儒学案》的"东林学案"下开列顾宪成、高攀龙、钱一本、孙慎行、顾允成、史孟麟、刘永澄、薛敷教、叶茂才、许世卿、耿橘、刘元珍、黄尊素、吴桂森、吴钟峦、华允诚、陈龙正十七人,用四卷篇幅缕述学派的思想学术精要。这十七人中,仅耿橘籍贯河北,但亦曾任常熟知县,任上修复并主持虞山书院,其余皆为江、浙两省人士。除黄尊素未临东林讲席,且都参与过东林书院的讲学活动。按照黄宗羲的界定,东林学派是以顾宪成、高攀龙为代表,以东林书院讲会的参与者为主体构成的明代江南地区的区域性学术流派。他们推尊程朱理学,抨击阳明无

---

① 尹楚兵主编:《东林学派著作集成》,北京:北京燕山出版社,2021年。本书为国家社科基金重大项目"东林学派文献整理与文献研究"阶段性成果。

善无恶之说,力挽王学末流空谈心性之弊,倡导经世、实行,对明清之际儒学思想的转型曾产生重大影响。

本集成在东林学派内涵的界定上,遵从黄宗羲之说。成员构成上,除《明儒学案》所列十七人外,又增补安希范、冯从吾二人。安希范与顾宪成、高攀龙等并称"东林八君子",八人思想相近,联袂执掌东林讲席,其余七人均在学派中。冯从吾则师从顾宪成,并参与校刊顾氏遗著,学派成员吴桂森及《〔康熙〕东林书院志》编者严毅皆主张将冯从吾归入东林学派。(参见吴桂森《真儒一脉叙》,严毅《东林书院志》附录《东林或问》)

在东林学派的界定上,本集成编者不赞同将东林学派等同于东林党,前者属于学术范畴,后者属于政治学范畴。东林党是由政治倾向趋同的朝野士人构成,这些士人其学术思想却并不一定相同,而且其中很多人甚至没有明确的学术思想,而当时反对派炮制的所谓"东林党",更是将东林书院讲学者以及与之有联系或支持同情讲学的朝野人士乃至无关的政治异己皆一概斥之为"东林党"。东林学派与真正的东林党人之间应是一种交叉的关系。另外,本集成编者也不主张将东林学派扩大化。晚明讲学活跃,不同学派之间交往频繁,参与东林讲会者并非都是东林学派中人,有些明确属于其他学派,而参与讲会的大多数人从其学术思想水平与认识程度及影响等方面考虑,也不足以被列入学派成员之中。

长期以来,相对于程朱学派、阳明学派研究的火热局面,东林学派相关研究显得相对冷清和滞后。已有研究成果中,也主要聚焦于理论研究,忽视文献的集成会通。由于文献视野的有限和文献基础的薄弱,导致两个结果:一是在东林学派的构成、学派与东林党的关系以及与朱学、王学的关系,学派的思想属性与定位等许多理论问题上观点歧异,认识难以统一;一是由于缺乏文献的支撑,相关研究难以全面展开和深入。

《东林学派著作集成》是编者承担的国家社科基金重大项目"东林学派文献整理与文献研究"(19ZDA258)的阶段性成果,搜辑影印东林学派传世文献,主要由三个层面的文献构成:一是学派成员个人著述,这是本集成的主体部

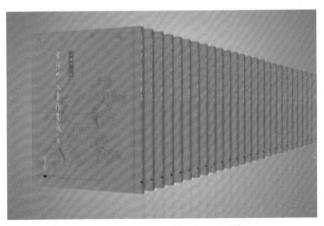

尹楚兵主编《东林学派著作集成》

分；二是与学派相关的书院文献、讲学文献、学案文献，如《东林书院志》《虞山书院志》《关中书院志》《道南渊源录》《东林粹语》《明儒学案·东林学案》《泾皋渊源录》等；三是学派成员的年谱、传记文献，如《东林列传》《高忠宪公年谱》《安我素先生年谱》《华凤超先生年谱》等，已附载于学派成员个人著述之后的年谱此处不再重复收入。需要说明的是，由于种种原因，部分文献目前尚难以获取，只能俟诸将来续辑的补入。

本集成的意义和价值，归纳起来，大体有三：

一、具有专题文献数据汇编集成价值

东林学派存世文献包括学派成员个人著述，与学派相关的书院文献、讲学文献、学案文献，东林学人的年谱、传记等。这些存世文献散见于海内外各类图书馆、博物馆，学者查阅利用十分不便。特别是其中的稿本、抄本，因为稀见而有亡佚之虞。因此，对东林学派存世文献全面系统地进行搜辑影印，既有保存文献之功，同时这种汇编集成性的整理，又为东林学派的相关研究提供了坚实的文献基础。

二、具有拓展和深化东林学派研究的学术价值

东林学派是中国思想史上具有重要地位和深远影响的一个学派，长期以来，由于存世文献的分散性、复杂性以及相关文献整理的滞后，研究者所掌握文献史料不够系统全面，导致在对学派及其成员的思想属性、东林学人是否有党、东林学派与东林党以及与朱学、王学的关系，对学派的评价等的认识上众说分歧，对学派学术史的梳理总结和对东林文学的整体研究也有待展开。

对东林学派存世文献的全面搜集整理,将拓展和深化东林学派的研究,有助于对学派的整体把握和重新认识。

三、具有传承优秀文化传统的当代价值

东林文化作为中华优秀传统文化的重要组成部分,东林学人的爱国忧世精神,整顿吏治、反腐倡廉的实践,反对空谈心性、倡导经世致用的实学思想,开放包容、不执门户之见的学风,在明末社会转型、思潮流变、士风和文风重塑等方面曾发挥了深刻影响,在当前我国高度重视传承发展优秀传统文化的时代背景下,对我们吸取优秀文化传统,重建当代文化精神,也必将提供丰厚的学术思想资源。

最后需要说明的是,本集成的面世,端赖曹辛华教授的推介和采薇阁主人王强先生之力。久闻王强先生从法学专业毕业生到书店店主再到古籍采编出版商的传奇经历,一直为他对学术的热忱所感佩。至去年秋天,因辛华兄的推介,始有缘结识。在下为人疏懒,本集成编辑出版的相关事务主要是在王强先生的主持和大力推动下得以完成的,目录及分类主要由编者拟定,王强先生及其团队在此基础上有所补充,相关文献除少数罕见文献外,则大多由王强先生及其团队负责搜罗整理。值此出版之际,聊缀数语,以记出版始末,并致谢意。

(本文作者尹楚兵,为上海大学文学院教授)

附:《东林学派著作集成》总目录

第四册

泾皋藏稿二十二卷(一) 〔明〕顾宪成撰 清文渊阁四库全书本

第五册

泾皋藏稿二十二卷(二) 〔明〕顾宪成撰 清文渊阁四库全书本

第六册

顾端文公集二十卷 附录二卷 又附录九种十一卷(一) 〔明〕顾宪成撰 明崇祯无锡顾氏家刻本

第七册

顾端文公集二十卷 附录二卷 又附录九种十一卷(二) 〔明〕顾宪成撰 明崇祯无锡顾氏家刻本

第八册

顾端文公集二十卷 附录二卷 又附录九种十一卷(三) 〔明〕顾宪成撰 明崇祯无锡顾氏家刻本

第九册

顾端文公遗书十二种三十七卷(一) 〔明〕顾宪成撰 清康熙三十七年刻本

第十册

顾端文公遗书十二种三十七卷(二) 〔明〕顾宪成撰 清康熙三十七年刻本

第十一册

顾端文公遗书十三种四十九卷 附录三种十五卷(一) 〔明〕顾宪成撰 清光绪刻本

第十二册

顾端文公遗书十三种四十九卷 附录三种十五卷(二) 〔明〕顾宪成撰 清光绪刻本

第十三册

顾端文公遗书十三种四十九卷　附录三种十五卷（三）　〔明〕顾宪成撰　清光绪刻本

第十四册

顾端文公遗书十三种四十九卷　附录三种十五卷（四）　〔明〕顾宪成撰　清光绪刻本

顾端文公遗书十三种四十九卷　附录三种十五卷（五）　〔明〕顾宪成撰　清光绪刻本

第十六册

大学意一卷　中庸意二卷　大学说一卷　中庸说一卷　语孟说略二卷　〔明〕顾宪成撰　清钞本

第十七册

顾泾阳先生学庸意三卷　〔明〕顾宪成撰　〔清〕张纯修编　清康熙淑躬堂刻本

四书讲义不分卷　〔明〕顾宪成撰　〔清〕同治小石山房丛书本

第十八册

顾泾阳集一卷　〔明〕顾宪成撰　〔清〕康熙五经堂刻广理学备考本

顾泾阳稿一卷　〔明〕顾宪成撰　〔清〕陈名夏编　明末陈氏石云居刻国朝大家制义本

顾端文公大学通考一卷　大学质言一卷　大学重定一卷　〔明〕顾宪成撰　明钞本

顾端文公元卷遗迹不分卷　〔明〕顾宪成撰　一九五七年顾宝琛影印本

第十九册

小辨斋偶存八卷　事定录三卷　〔明〕顾允成撰　明万历四十一年无锡顾与演刻本

第二十册

小辨斋偶存八卷 〔明〕顾允成撰 清文渊阁四库全书本

小辨斋偶存八卷 附录一卷 〔明〕顾允成撰 清光绪武进盛氏思惠斋刻常州先哲遗书本

第二十一册

小辨斋偶存八卷 附泾皋家塾三书一卷 〔明〕顾允成撰 清光绪十二年泾里宗祠刻本

高攀龙书信录真迹不分卷 〔明〕高攀龙撰 明稿本

第二十二册

高子遗书十二卷 附录一卷（一） 〔明〕高攀龙撰 〔明〕陈龙正辑 明崇祯五年刻本

第二十三册

高子遗书十二卷 附录一卷（二） 〔明〕高攀龙撰 〔明〕陈龙正辑 明崇祯五年刻本

第二十四册

高子遗书十二卷 附录一卷（三） 〔明〕高攀龙撰 〔明〕陈龙正辑 明崇祯五年刻本

第二十五册

高子遗书十二卷 附录一卷（四） 〔明〕高攀龙撰 〔明〕陈龙正辑 明崇祯五年刻本

第二十六册

高子遗书十二卷 附录一卷（一） 〔明〕高攀龙撰 〔明〕陈龙正辑 清同治汉鹿齐传钞明崇祯刻本

第二十七册

高子遗书十二卷 附录一卷（二） 〔明〕高攀龙撰 〔明〕陈龙正辑 清同治汉鹿齐传钞明崇祯刻本

第二十八册

高子遗书十二卷　附录一卷　附高忠宪公年谱一卷(一)〔明〕高攀龙撰　〔明〕陈龙正辑　清光绪二年东林书院刻一九二二年补刻本

第二十九册

高子遗书十二卷　附录一卷　附高忠宪公年谱一卷(二)〔明〕高攀龙撰　〔明〕陈龙正辑　清光绪二年东林书院刻一九二二年补刻本

第三十册

高子遗书十二卷　附录一卷　附高忠宪公年谱一卷(三)〔明〕高攀龙撰　〔明〕陈龙正辑　清光绪二年东林书院刻一九二二年补刻本

第三十一册

高子遗书十二卷　附录一卷　附高忠宪公年谱一卷(四)〔明〕高攀龙撰　〔明〕陈龙正辑　清光绪二年东林书院刻一九二二年补刻本

第三十二册

高子遗书十二卷(一)〔明〕高攀龙撰　〔明〕陈龙正辑　清文渊阁四库全书本

第三十三册

高子遗书十二卷(二)〔明〕高攀龙撰　〔明〕陈龙正辑　清文渊阁四库全书本

第三十四册

高子遗书十二卷(三)〔明〕高攀龙撰　〔明〕陈龙正辑　清文渊阁四库全书本

第三十五册

高子遗书六卷　〔明〕高攀龙撰　清道光二十八年泾县潘氏刻同治五年印乾坤正气集本

第三十六册

高子遗书节钞十一卷　附高忠宪公年谱一卷〔明〕高攀龙撰　一九三一年上海中华书局宋字排印锡山先哲丛刊本

高忠宪公诗集八卷 〔明〕高攀龙撰 明崇祯刻本

高景逸诗一卷 〔明〕高攀龙撰 〔明〕陈济生辑 一九二〇年旧学庵影刊天启崇祯两朝遗诗本

第三十七册

高子未刻稿六卷(一) 〔明〕高攀龙撰 清钞本

第三十八册

高子未刻稿六卷(二) 〔明〕高攀龙撰 清钞本

第三十九册

高子遗书未刻稿不分卷 附高子日记约钞不分卷 〔明〕高攀龙撰 明钞本

第四十册

高景逸先生集一卷 〔明〕高攀龙撰 清康熙二十五年五经堂刻广理学备考本

周易易简说三卷 〔明〕高攀龙撰 清文渊阁四库全书本

第四十一册

春秋孔义十二卷 〔明〕高攀龙撰 明崇祯十三年秦塯刻本

第四十二册

春秋孔义十二卷 〔明〕高攀龙撰 清文渊阁四库全书本

第四十三册

正蒙集注四卷 〔明〕高攀龙注 〔清〕华希闵编 清康熙四十七年刻性理四书注释本

第四十四册

正蒙释四卷 〔明〕高攀龙注 明万历刻本

第四十五册

程子节录四卷 文集钞一卷 〔明〕高攀龙辑 清乾隆七年华希闵刻高子全书本

朱子节要十四卷 〔明〕高攀龙辑 明万历三十年刻本

第四十六册

武林游记一卷 〔明〕高攀龙撰 〔清〕丁丙编 清光绪钱塘丁氏嘉惠堂刻武林掌故丛编本

邵文庄公年谱一卷 〔明〕高攀龙订 民国间朱丝栏钞本

邵文庄公年谱一卷 〔明〕高攀龙订 一九二四年上海中华书局宋字排印锡山先哲丛刊本

第四十七册

四圣一心录六卷 〔明〕钱一本撰 清康熙钱济世兰雪堂刻本

第四十八册

黾记四卷 〔明〕钱一本撰 明万历四十一年钱氏日启新斋刻本

第四十九册

范衍十卷 〔明〕钱一本撰 明万历三十四年刻本

第五十册

像抄六卷(一) 〔明〕钱一本撰 明万历四十一年钱氏日启新斋刻本

第五十一册

像抄六卷(二) 〔明〕钱一本撰 明万历四十一年钱氏日启新斋刻本

第五十二册

像象管见五卷 〔明〕钱一本撰 明万历三十二年毗陵钱氏原刻本一

第五十三册

像象管见九卷 〔明〕钱一本撰 清光绪武进盛氏思惠斋刻常州先哲遗书本

第五十四册

像象管见九卷(一) 〔明〕钱一本撰 清文渊阁四库全书本

第五十五册

像象管见九卷(二) 〔明〕钱一本撰 清文渊阁四库全书本

第五十六册

遁世编十四卷(一)　〔明〕钱一本辑　明万历刻本

第五十七册

遁世编十四卷(二)　〔明〕钱一本辑　明万历刻本

第五十八册

钱启新集一卷　〔明〕钱一本撰　清康熙二十五年五经堂刻广理学备考本

钱启新诗一卷　〔明〕钱一本撰　〔明〕陈济生辑　一九二〇年旧学庵影刊天启崇祯两朝遗诗本

玄晏斋所著书二种六卷　〔明〕孙慎行撰　明万历四十二年刻本

第五十九册

玄晏斋集五种十五卷(一)　〔明〕孙慎行撰　明崇祯刻本

第六十册

玄晏斋集五种十五卷(二)　〔明〕孙慎行撰　明崇祯刻本

第六十一册

玄晏斋集五种十五卷(三)　〔明〕孙慎行撰　明崇祯刻本

第六十二册

玄晏斋集五种十五卷(四)　〔明〕孙慎行撰　明崇祯刻本

第六十三册

玄晏斋奏议二卷　〔明〕孙慎行撰　明万历刻本

玄晏斋诗选五卷　〔明〕孙慎行撰　明启祯刻本

第六十四册

玄晏斋困思钞三卷　中庸慎独义一卷　〔明〕孙慎行撰　明万历刻本

玄晏斋困思钞三卷　〔明〕孙慎行撰　清光绪武进盛氏思惠斋刻常州先哲遗书本

孙淇澳稿一卷　〔明〕孙慎行撰　明末陈氏石云居刻国朝大家制义本

孙淇澳诗一卷　〔明〕孙慎行撰　〔明〕陈济生辑　一九二〇年旧学庵影刊天启崇祯两朝遗诗本

恩恤诸公志略一卷　〔明〕孙慎行撰　清光绪武进盛氏思惠斋刻常州先哲遗书本

第六十五册

事编内篇八卷（一）　〔明〕孙慎行辑　明崇祯十一年孙士元刻本

第六十六册

事编内篇八卷（二）　〔明〕孙慎行辑　明崇祯十一年孙士元刻本

第六十七册

真儒一脉不分卷　〔明〕吴桂森辑　明天启刻本

吴素衣先生集一卷　〔明〕吴桂森撰　〔清〕范鄷鼎编　清康熙二十五年五经堂刻广理学备考本

第六十八册

存笥诗草五卷　〔明〕吴桂森撰　明崇祯吴升之刻本

息斋笔记二卷　首一卷　附年谱一卷　〔明〕吴桂森撰　明崇祯刻本

第六十九册

周易像象述七卷　像象金针一卷（一）　〔明〕吴桂森撰　明末钞本

第七十册

周易像象述七卷　像象金针一卷（二）　〔明〕吴桂森撰　明末钞本

第七十一册

周易像象述十卷（存六卷）　总论一卷　〔明〕吴桂森撰　清钞本

第七十二册

周易像象述十卷　像象金针一卷（一）　〔明〕吴桂森撰　清文渊阁四库全书本

第七十三册

周易像象述十卷　像象金针一卷（二）　〔明〕吴桂森撰　清文渊阁四

库全书本

第七十四册

天全堂集不分卷　〔明〕安希范撰　明稿本

第七十五册

天全堂集四卷　附录一卷　〔明〕安希范撰　清乾隆四十六年安吉校刻本

安希范游记一卷　〔明〕安希范撰　明稿本

安希范万历乙酉科应天乡试朱卷一卷　〔明〕安希范撰　明稿本

安母吴孺人葬录一卷　〔明〕安希范编　明万历安氏刻本

第七十六册

冯少墟集二十二卷　续集一卷(一)　〔明〕冯从吾撰　明万历四十五年浙江巡按张惟任刻本

第七十七册

冯少墟集二十二卷　续集一卷(二)　〔明〕冯从吾撰　明万历四十五年浙江巡按张惟任刻本

第七十八册

冯少墟集二十二卷撰　续集一卷(三)　〔明〕冯从吾撰　明万历四十五年浙江巡按张惟任刻本

第七十九册

冯少墟集二十二卷(一)　〔明〕冯从吾撰　明万历四十年毕懋康刻天启元年冯嘉年增修本

第八十册

冯少墟集二十二卷(二)　〔明〕冯从吾撰　明万历四十年毕懋康刻天启元年冯嘉年增修本

第八十一册

冯少墟集二十二卷(三)　〔明〕冯从吾撰　明万历四十年毕懋康刻天

启元年冯嘉年增修本

第八十二册

冯少墟集二十一卷(一) 〔明〕冯从吾撰 清康熙十二年洪琮刻本

第八十三册

冯少墟集二十一卷(二) 〔明〕冯从吾撰 清康熙十二年洪琮刻本

第八十四册

冯少墟集二十一卷(三) 〔明〕冯从吾撰 清康熙十二年洪琮刻本

第八十五册

冯少墟集二十一卷(四) 〔明〕冯从吾撰 清康熙十二年洪琮刻本

第八十六册

少墟集二十卷(一) 〔明〕冯从吾撰 清文渊阁四库全书本

第八十七册

少墟集二十卷(二) 〔明〕冯从吾撰 清文渊阁四库全书本

第八十八册

少墟集二十卷(三) 〔明〕冯从吾撰 清文渊阁四库全书本

第八十九册

冯少墟先生集一卷 〔明〕冯从吾撰 〔清〕范鄗鼎编 清康熙二十五年五经堂刻广理学备考本

冯少墟关中四先生要语录四卷 语要一卷 〔明〕冯从吾辑 〔清〕李元春注 清道光十年朝邑蒙氏刻关中道脉四种书本

第九十册

关学编六卷 〔明〕冯从吾撰 清嘉庆七年周元鼎增修本

元儒考略四卷 〔明〕冯从吾撰 明万历四十三年刻本

第九十一册

元儒考略四卷 〔明〕冯从吾撰 旧钞本

元儒考略四卷 〔明〕冯从吾撰 清文渊阁四库全书本

第九十二册

常熟县水利全书十卷 附录二卷(一) 〔明〕耿橘撰 明万历刻本

第九十三册

常熟县水利全书十卷 附录二卷(二) 〔明〕耿橘撰 明万历刻本

第九十四册

治水要法一卷 〔明〕耿橘撰 〔清〕顾士琏辑 清康熙五年序刻吴中开江书本

刘练江先生集八卷 离骚经纂注一卷 附刘职方公年谱一卷 〔明〕刘永澄撰 〔清〕刘颖编 清乾隆宝应刘氏兴让堂刻本

第九十五册

家塾绪言二卷 诗筒遗草一卷 〔明〕刘永澄撰 清康熙宝应刘中柱刻本

邸中杂记一卷 〔明〕刘永澄撰 清初刘中从刻本

史太常三疏一卷 附赵南星二疏一卷 〔明〕史孟麟撰 明万历四十四年赵南星刻本

第九十六册

十愿斋全集易说一卷 易笺二卷 〔明〕吴钟峦撰 清康熙刻十愿斋全集本

吴峦稚诗一卷 〔明〕吴钟峦撰 〔明〕陈济生辑 一九二〇年旧学庵影刊天启崇祯两朝遗诗本

黄忠端公文略三卷 诗略二卷 说略一卷 附黄忠端公正气录一卷 〔明〕黄尊素撰 清康熙十五年许三礼清远堂刻本

第九十七册

余姚黄忠端公集六卷 附集两种六卷 〔明〕黄尊素,〔清〕黄炳垕撰 清光绪十三年重刻本

第九十八册

余姚黄忠端公集六卷　附集六种十七卷　〔明〕黄尊素,〔清〕黄炳垕撰　清光绪十三年重刻本

黄忠端公集三卷　〔明〕黄尊素撰　清道光二十八年泾县潘氏刻同治五年印乾坤正气集本

黄真长诗一卷　〔明〕黄尊素撰　〔明〕陈济生辑　一九二〇年旧学庵影刊天启崇祯两朝遗诗本

第九十九册

华氏传芳集八卷(一)　〔明〕华允诚撰　〔明〕末刻本

第一〇〇册

华氏传芳集八卷(二)　〔明〕华允诚撰　〔明〕末刻本

第一〇一册

华汝立诗一卷　〔明〕华允诚撰　〔明〕陈济生辑　一九二〇年旧学庵影刊天启崇祯两朝遗诗本

几亭文录三卷　〔明〕陈龙正撰　明崇祯四年刻本

第一〇二册

几亭外书九卷(一)　〔明〕陈龙正撰　明崇祯四年刻本

第一〇三册

几亭外书九卷(二)　〔明〕陈龙正撰　明崇祯四年刻本

第一〇四册

几亭续文录八卷　〔明〕陈龙正撰　明崇祯刻本

几亭外书二卷　〔明〕陈龙正撰　清光绪四年秀水孙氏望云仙馆刻槜李遗书本

第一〇五册

几亭全书五种　附一种六十四卷(一)　〔明〕陈龙正撰　清康熙云书阁刻本

第一〇六册

几亭全书五种　附一种六十四卷(二)　〔明〕陈龙正撰　清康熙云书阁刻本

第一〇七册

几亭全书五种　附一种六十四卷(三)　〔明〕陈龙正撰　清康熙云书阁刻本

第一〇八册

几亭全书五种　附一种六十四卷(四)　〔明〕陈龙正撰　清康熙云书阁刻本

第一〇九册

几亭全书五种　附一种六十四卷(五)　〔明〕陈龙正撰　清康熙云书阁刻本

第一一〇册

几亭全书五种　附一种六十四卷(六)　〔明〕陈龙正撰　清康熙云书阁刻本

第一一一册

几亭全书五种　附一种六十四卷(七)　〔明〕陈龙正撰　清康熙云书阁刻本

第一一二册

陈几亭集一卷　〔明〕陈龙正撰　清康熙二十五年五经堂刻广理学备考本

陈几亭诗一卷　〔明〕陈龙正撰　〔明〕陈济生辑　一九二〇年旧学庵影刊天启崇祯两朝遗诗本

几亭诗余一卷　〔明〕陈龙正撰　赵尊岳辑　民国刻惜阴堂丛书本

陶诗衍二卷　〔晋〕陶潜撰　〔明〕陈龙正辑　明崇祯十六年陈揆刻本

第一一三册

程子详本二十卷(一)　〔明〕陈龙正纂　明崇祯十六年刻本

第一一四册

程子详本二十卷(二) 〔明〕陈龙正纂 明崇祯十六年刻本

第一一五册

程子详本二十卷(三) 〔明〕陈龙正纂 明崇祯十六年刻本

第一一六册

程子详本二十卷(一) 〔明〕陈龙正纂 清康熙十四年刻本

第一一七册

程子详本二十卷(二) 〔明〕陈龙正纂 清康熙十四年刻本

第一一八册

程子详本二十卷(三) 〔明〕陈龙正纂 清康熙十四年刻本

第一一九册

朱子语类大全集二十五卷(一) 〔明〕陈龙正辑校 明刻清印宝翰楼本

第一二〇册

朱子语类大全集二十五卷(二) 〔明〕陈龙正辑校 明刻清印宝翰楼本

第一二一册

朱子语类大全集二十五卷(三) 〔明〕陈龙正辑校 明刻清印宝翰楼本

第一二二册

朱子语类大全集二十五卷(四) 〔明〕陈龙正辑校 明刻清印宝翰楼本

第一二三册

阳明先生要书八卷 附录五卷(一) 〔明〕王守仁撰 〔明〕陈龙正辑 明崇祯八年刻本

第一二四册

阳明先生要书八卷 附录五卷(二) 〔明〕王守仁撰 〔明〕陈龙正辑 明崇祯八年刻本

第一二五册

阳明先生要书八卷 附录五卷(三) 〔明〕王守仁撰 〔明〕陈龙正辑

明崇祯八年刻本

第一二六册

阳明先生乡约法一卷　阳明先生保甲法一卷　〔明〕陈龙正辑　清道光十一年六安晁氏木活字印学海类编本

救荒策会七卷　〔明〕陈龙正辑　明崇祯十五年洁梁堂刻本

明东林八贤遗札一卷　〔明〕赵南星等撰　〔清〕邓实辑　清光绪三十四年上海国学保存会石印本

第一二七册

虞山书院志十五卷(一)　〔明〕张鼐纂　明万历刻本

第一二八册

虞山书院志十五卷(二)　〔明〕张鼐纂　明万历刻本

第一二九册

虞山书院志十五卷(三)　〔明〕张鼐纂　明万历刻本

第一三〇册

关中书院志九卷　〔明〕何载图撰　明万历刻本

东林书院志二卷　附录一卷　续一卷　〔清〕严瑴辑　清康熙刻本

第一三一册

东林书院志二十二卷(一)　〔清〕高廷珍撰　清雍正十一年刻本

第一三二册

东林书院志二十二卷(二)　〔清〕高廷珍撰　清雍正十一年刻本

第一三三册

东林书院志二十二卷(三)　〔清〕高廷珍撰　清雍正十一年刻本

第一三四册

东林书院志二十二卷(一)　〔清〕高廷珍撰　清光绪七年重刻本

第一三五册

东林书院志二十二卷(二)　〔清〕高廷珍撰　清光绪七年重刻本

第一三六册

东林书院志二十二卷(三) 〔清〕高廷珍撰 清光绪七年重刻本

第一三七册

道南渊源录十二卷(一) 〔清〕邹钟泉撰 清道光二十八年道南祠刻本

第一三八册

道南渊源录十二卷(二) 〔清〕邹钟泉撰 清道光二十八年道南祠刻本

第一三九册

泾皋渊源录八卷 〔清〕顾贞观撰 〔清〕顾政均辑 清孙宗伟钞本

东林粹语三卷 〔清〕凌鸣喈辑 清道光刻凌氏传经堂刻本

第一四〇册

明儒学案·东林学案四卷 〔清〕黄宗羲撰 清康熙三十二年贾朴刻本

东林列传二十四卷 末二卷(一) 〔清〕陈鼎撰 清康熙五十年刻本

第一四一册

东林列传二十四卷 末二卷(二) 〔清〕陈鼎撰 清康熙五十年刻本

第一四二册

东林列传二十四卷 末二卷(三) 〔清〕陈鼎撰 清康熙五十年刻本

第一四三册

东林始末一卷 〔清〕蒋平阶撰 清道光十一年六安晁氏木活字印学海类编本

东林点将录一卷 〔明〕王绍徽撰 清李文田钞本

东林籍贯一卷 盗柄东林伙一卷 〔明〕佚名撰 清李文田钞本

东林同难录一卷 列传一卷 附传一卷 〔明〕杨坤,〔清〕缪敬持辑 清钞本

第一四四册

东林同难录一卷　列传一卷　附传一卷　〔明〕杨坤,〔清〕缪敬持辑　清同治十年周氏书钞阁钞本

东林事略一卷　东林纪事一卷　东林纪事本末论一卷　始安事略一卷　〔明〕瞿玄锡等撰　旧钞本

东林九贤象赞一卷　佚名撰　旧钞本

第一四五册

高忠宪公年谱二卷　〔清〕高世宁编　〔清〕高世泰订　清康熙刻本

安我素先生年谱一卷　〔清〕安绍杰,〔清〕安吉增辑　清乾隆五十九年刻本

华凤超先生年谱二卷　汪传一卷　严诗一卷　徐志一卷　建祠录一卷　〔清〕华衷黄撰　〔清〕华王澄编　清道光二十八年刻本

《泾皋渊源录》说明

儒家学说到了北宋时期进入了理学时代,它的发展贯穿于整个北宋和南宋。从周敦颐到二程(程颢、程颐),同时还有张载和邵雍,经二程的学生杨时传至罗从彦,再从罗从彦传到李侗,而以李侗为师的正是朱熹。这些思想家不但形成群星璀璨的局面,而且他们之间都有师承关系或者朋友关系,他们活跃在理学思想体系发展的过程中。到了朱熹,他综合各家,集其大成,使理学成为中国古代儒家思想的新阶段,不但完全学术化,也更为世俗化,被称为程朱理学,它上升为官方的价值观和统治思想。从南宋后期到清代灭亡的六百多年中,程朱理学成为教育和官员选拔考试的唯一内容。朱熹的学说成为整个社会的意识形态。

南宋时期,理学的著作十分流行,朱熹编写了《伊洛渊源录》,以二程为核心,收集与他们相关的各位学者的传记、遗事、家传、行状,甚至墓志铭和祭文等,揭示他们之间的师承关系、学术传承、并载遗闻轶事,"取其生平出处履历之详,以及师友之所授受者,粹而录之,曰《伊洛渊源录》,以见圣贤之所谓学者,皆言行一致,体用一源,而理之未始不该于事,事之未始不根于理也"(谢铎《伊洛渊源续录序》)。通过朱熹《伊洛渊源录》,可以看到这是由学者传记组成的一部学术发展史,理学在北宋发展的脉络,前后师承,清晰地呈现在读者眼前,其所述到杨时为代表的二程门人为止。整个程朱理学发展的主要线索是这样的：周敦颐—程颢、程颐—杨时—罗从彦—李侗—朱熹。《伊洛渊源录》之伊洛所指正是二程，二程是处于北宋理学发展的核心地位。到明代谢铎写了《伊洛渊源续录》，把后面的罗从彦、李侗、朱熹续了上去。

南宋理学的核心人物是朱熹，他同时又是整个程朱理学发展的顶峰、集大成者。明人宋端仪编写了《考亭渊源录》，考亭就是朱熹，以此作为《伊洛渊源录》的又一续篇。宋端仪去世前，此书仅为初稿，后由薛应旂重修，增加了稿中原缺的内容。此书材料编排与形式全仿《伊洛渊源录》之例，首列李侗等朱熹之师的传记材料，以溯师承之所自，接着重点介绍朱熹，后列朱熹朋友，再下列朱熹门人黄榦以下二百九十三人等，这就是我们今天所见到的《考亭渊源录》。

薛应旂为明代八股文名家，又是理学大家。顾宪成二十一岁时率弟顾允成拜薛为师。薛一见即大为称赏，称兄弟二人"此东南珍物也"，手书《考亭渊源录》郑重授之，曰："洙泗以下，姚江以上，萃于是矣。异日无忘老夫也。"命两孙敷政、敷教出拜订交。此后顾、薛兄弟四人先后都考中了进士，同朝为官。顾宪成重建东林书院，倡导程朱理学，与薛应旂的《考亭渊源录》的影响有密切关系。"东林八君子"顾宪成、顾允成、高攀龙、安希范、薛敷教、钱一本、刘元珍、叶茂才等人，成为程朱理学在明代的直接传承者。朱熹所受李侗之学，其中有两点："学问之道，不在多言，但默坐澄心，体认天理。若见虽一毫私欲之发，亦退听矣。……讲学切要，在深潜缜密，然后气味深长，蹊径不差。若以理一而不察其分之殊，此学者所以流于疑似乱真之说而不自知也。"（《朱子年谱》）这两点正是东林讲学中的核心内容。

东林讲学演变为朝廷政治上的斗争，由于封建体制带来的制度性腐败，东林正人遭到空前的迫害和屠杀，明朝也随之灭亡。清朝统治者上台后，对东林正人忌惮甚多，绝不允许新朝官员仿效东林。当时盛行文字狱，把东林正人的许多著作，包括高攀龙的诗集在内，都列入禁毁书目，不许流传。到康熙中期，明令停止了东林讲学活动，从此东林书院成为生童学习八股文的学塾，而《泾皋渊源录》的作者正是生活在这样的年代。

顾贞观(1637—1714),字华峰,号梁汾,无锡张泾人,顾宪成曾孙。其父顾枢是高攀龙入室弟子。顾贞观在北京应顺天乡试考中举人,被康熙选任为内国史院典籍,扈从康熙东巡,后来丁母忧回无锡守制,这期间撰《顾端文公年谱》,又撰《泾皋渊源录》,此乃有关东林讲学师承史实之作。顾贞观丁忧期满后未回到官场,不久被满洲权贵明珠聘为家庭教师,再次到了北京,期间他与明珠之子纳兰性德友谊甚笃,通过纳兰性德,营救好友吴汉槎,使之从流放地回到江南。纳兰性德去世后回无锡,在惠山顾端文公祠旁建积书岩,中有新咏堂,"坐拥万卷,领袖溪山风月三十年"(《梁溪诗抄》)。晚年他编定诗集《栌塘集》,仅收诗二十七首,表现了在异族统治下视往日荣华如镜花水月,甘于寂寞。然《泾皋渊源录》却是不忘先人的辉煌,因全书以顾宪成为核心,故称泾皋。泾皋者,顾氏世居之地也。

顾贞观的《泾皋渊源录》是一份东林讲学的思想学术和师友传承的人物传记,它表达了东林讲学的思想源头、脉络和成果。书中把薛应旂列第一位老师,正是他传授了《考亭渊源录》,使东林讲学成为程朱理学的直接继承者。顾宪成手订的《东林会约》,明确远崇孔孟,近宗程朱,以修齐治平为己任,成为东林讲学具体方针。顾贞观为了保存东林学脉,思想传承,也采取渊源录的形式。《泾皋渊源录》以东林领袖顾宪成为核心,所有的师承关系亦围绕他展开。第一卷首列业师薛应旂、张淇,座师无锡知县周邦杰。第二卷为顾宪成、顾允成。第三卷为与顾宪成关系密切的东林讲学人物,有邹元标、赵南星、钱一本、魏允中、刘庭兰、高攀龙、叶茂才、刘元珍、于孔兼、沈思孝、张纳陛,这些人是东林政治派别的中坚力量,但更多的人没有包括进来,作者排除了朝廷上政治派别的标识,甚至也排除了讲学的若干人物,仅以私人关系亲疏远近为取舍标准。这样的写法可以说与清廷对东林持否定态度的政治高压有关,这样可以避免政治色彩过于强烈,从而达到避祸的目的,当然也更符合《泾皋渊源录》的内容要求。卷五以下皆是顾宪成门人的传记,他们是史孟麟、丁元荐、安希范、冯从吾、夏九鼎、缪昌期、刘永澄、耿橘、马世奇、萧思似、张维枢、文震孟、王永图、张可大、笪继良、丁鸿明、何允泓、钱士升、李衷纯、吴钟峦。第八卷为门人之无传者。后附有顾贞观父亲顾枢的传。从顾宪成门人传记看，其中有"东林八君子"之人，有为魏阉所残害者，有东林讲学的坚持者，有任朝廷大臣而殉国者，有跟随顾宪成读书多年者。时间跨度从万历末直到明亡。这些传记反映了以顾宪成为核心的学问内容及学脉传承，也是东林气节的传承，指明了顾宪成倡导讲学，注重人品道德，目的是挽明末颓风之狂澜于既倒，使人们看到东林讲学，"一堂师友，吟风热血，洗涤乾坤"，忠义之盛，度越前代，为后人所敬仰。这些对研究东林书院是不可或缺的。

此书成书后一直以抄本流传，至民国年间又有顾允成后人稍加增辑，然而此书流传稀少，一直仅有少数图书馆收藏，为世人所罕睹。此次由顾贞观九世孙顾定安先生从上海图书馆获得无锡玉鉴堂抄本复印件，编辑影印分送海内外图书馆及诸亲好友，可谓此书三百年来第一次出版，使关心此书之人都可获观，诚可告慰于梁汾公矣。

（本文作者徐志钧，为无锡市历史学会会员）

后记

　　东林书院和东林讲学是在中国历史乃至世界史上有影响的事件。东林书院的读书声是书香梁溪不可或缺的一部分。东林精神是梁溪人勇于担当和廉正风骨的文化基因。本书通过对东林书院读书生活的介绍，使人了解东林书院的缘起，东林实学的民本旨归，东林书院的制度规定，东林讲会的内容，东林学人的节操品格以及东林讲学对后世的影响，冀期继承和发扬东林优秀传统文化，凝心铸魂。

　　本书写作坚持以历史唯物主义为指导，全书架构出于以下思考：

　　"东林书院"部分，会通思想史、教育史、书院史、儒学史以及建筑史，通过书院和东林书院的历史沿革，说明书院讲学是"人文治国"的一部分，是普及教育的重要手段。

　　"东林导源"部分，通过对顾宪成、高攀龙学术传承溯源，说明东林思想是社会思潮，早在明代正德、嘉靖时期，顾、高的师辈们已经由虚反实，回归儒学经世传统。

　　"东林讲学"部分，在全面介绍顾宪成"东林会约"的基础上，重点介绍东林学派的哲学思想，东林实学是从形上与形下的关系立论的，顾、高批"无善无恶"，主张"性善""小心工夫"，无论从世界观、价值观，还是认识论、辩证法，都到达了一定的高度。东林学派有自身的学术逻辑，不了解顾、高的哲学贡献,就会混淆东林学派和东林党人。

"嘉万时代"部分,说明"存在决定意识",社会思想源于社会现实,儒学转型是中晚明经济社会转型的反映,从嘉万时代无锡的经济社会的变化,可以加深理解无锡为什么会产生东林学派。《万历一朝的大数据》则回应了人们对"明代为什么会亡"这一问题的关切。

"东林学子"部分介绍了顾宪成的学生构成,讴歌了马世奇、华允诚、龚定祥等优秀学子的民族气节。《顾泾阳先生论文》介绍了顾宪成的文学观以及与唐宋派的关系,可以有个非正式的副标题"顾宪成教你写作文"。

东林书院是无锡市拿得出手的历史名片,守望东林优秀传统文化是无锡历史文化工作者和爱好者的责任。我们垂垂老矣,不揣浅陋写作是书,是为呼吁更多的人关心东林,爱护东林,为东林正名,文中不当不妥之处,望不吝赐教。

在东林"读书声"的感召下,无锡涌现了一批又一批栋梁之材。希望书香梁溪能出现更多的"读书种子"。

上海大学尹楚兵教授对本书写作给予指导,无锡市图书馆孟明锋、无锡文联苏迅老师帮助搜寻、提供资料,在此一并表示感谢。

蔡家彬　夏刚草

2023 年 12 月 20 日